全国中国特色社会主义政治经济学研究中心（福建师范大学）学者文库

主编 李建平

国家自然科学基金青年项目（71302175）：
组织变革过程中的员工应对及变革演进：构建联接宏微观情境的变革管理模型

教育部人文社科青年项目（12YJC630185）：
员工应对组织变革的策略及过程机理研究：基于两岸高科技企业纵向数据分析

价值观匹配
与组织变革类型
对员工应对组织变革的影响

INFLUENCES OF VALUE FIT AND
CHANGE TYPES ON EMPLOYEES' COPING
WITH ORGANIZATIONAL CHANGE

唐杰 ◎ 著

中国财经出版传媒集团
经济科学出版社
Economic Science Press

图书在版编目（CIP）数据

价值观匹配与组织变革类型对员工应对组织变革的影响/唐杰著 . —北京：经济科学出版社，2018.11
（全国中国特色社会主义政治经济学研究中心
（福建师范大学）学者文库）
ISBN 978 - 7 - 5218 - 0036 - 4

Ⅰ. ①价… Ⅱ. ①唐… Ⅲ. ①企业管理 - 组织管理学 - 研究 Ⅳ. ①F272. 9

中国版本图书馆 CIP 数据核字（2018）第 275681 号

责任编辑：孙丽丽 何 宁
责任校对：蒋子明
责任印制：李 鹏

价值观匹配与组织变革类型对员工应对组织变革的影响
唐 杰 著
经济科学出版社出版、发行 新华书店经销
社址：北京市海淀区阜成路甲 28 号 邮编：100142
总编部电话：010 - 88191217 发行部电话：010 - 88191522
网址：www. esp. com. cn
电子邮件：esp@ esp. com. cn
天猫网店：经济科学出版社旗舰店
网址：http://jjkxcbs. tmall. com
北京季蜂印刷有限公司印装
710×1000 16 开 12.75 印张 240000 字
2019 年 7 月第 1 版 2019 年 7 月第 1 次印刷
ISBN 978 - 7 - 5218 - 0036 - 4 定价：42.00 元
（图书出现印装问题，本社负责调换。电话：010 - 88191510）
（版权所有 侵权必究 打击盗版 举报热线：010 - 88191661
QQ：2242791300 营销中心电话：010 - 88191537
电子邮箱：dbts@ esp. com. cn）

总　序[*]

在 2017 年春暖花开之际，从北京传来喜讯，中共中央宣传部批准福建师范大学经济学院为重点支持建设的全国中国特色社会主义政治经济学研究中心。中心的主要任务是组织相关专家学者，坚持以马克思主义政治经济学基本原理为指导，深入分析中国经济和世界经济面临的新情况和新问题，深刻总结改革开放以来中国发展社会主义市场经济的实践经验，研究经济建设实践中所面临的重大理论和现实问题，为推动构建中国特色社会主义政治经济学理论体系提供学理基础，培养研究力量，为中央决策提供参考，更好地服务于经济社会发展大局。于是，全国中国特色社会主义政治经济学研究中心（福建师范大学）学者文库也就应运而生了。

中国特色社会主义政治经济学这一概念是习近平总书记在 2015 年12 月 21 日中央经济工作会议上第一次提出的，随即传遍神州大地。恩格斯曾指出："一门科学提出的每一种新见解都包含这门科学的术语的革命。"^① 中国特色社会主义政治经济学的产生标志着马克思主义政治经济学的发展进入了一个新阶段。我曾把马克思主义政治经济学150 多年发展所经历的三个阶段分别称为 1.0 版、2.0 版和 3.0 版。1.0 版是马克思主义政治经济学的原生形态，是马克思在批判英国古典政治经济学的基础上创立的科学的政治经济学理论体系；2.0 版是马克思主义政治经济学的次生形态，是列宁、斯大林等人对 1.0 版的

＊ 总序作者：李建平，福建师范大学原校长、全国中国特色社会主义政治经济学研究中心（福建师范大学）主任。

① 马克思．资本论（第 1 卷）［M］．北京：人民出版社，2004：32.

坚持和发展；3.0 版的马克思主义政治经济学是当代中国马克思主义政治经济学，它发端于中华人民共和国成立后的 20 世纪 50～70 年代，形成于 1978 年党的十一届三中全会后开始的 40 年波澜壮阔的改革开放过程，特别是党的十八大后迈向新时代的雄伟进程。正如习近平所指出的：“当代中国的伟大社会变革，不是简单套用马克思主义经典作家设想的模板，不是其他国家社会主义实践的再版，也不是国外现代化发展的翻版，不可能找到现成的教科书。”① 我国的马克思主义政治经济学“应该以我们正在做的事情为中心，从我国改革发展的实践中挖掘新材料、发现新问题、提出新观点，构建新理论。”② 中国特色社会主义政治经济学就是具有鲜明特色的当代中国马克思主义政治经济学。

中国特色社会主义政治经济学究竟包含哪些主要内容？近年来学术理论界进行了深入的研究，但看法并不完全一致。大体来说，包括以下 12 个方面：新中国完成社会主义革命、确定社会主义基本经济制度、推进社会主义经济建设的理论；社会主义初级阶段理论；社会主义本质理论；社会主义初级阶段基本经济制度理论；社会主义初级阶段分配制度理论；经济体制改革理论；社会主义市场经济理论；使市场在资源配置中起决定性作用和更好发挥政府作用的理论；新发展理念的理论；社会主义对外开放理论；经济全球化和人类命运共同体理论；坚持以人民为中心的根本立场和加强共产党对经济工作的集中统一领导的理论。对以上各种理论的探讨，将是本文库的主要任务。但是应该看到，中国特色社会主义政治经济学和其他事物一样，有一个产生和发展过程。所以，对中华人民共和国成立七十年来的经济发展史和马克思主义经济思想史的研究，也是本文库所关注的。从 2011 年开始，当代中国马克思主义经济学家的经济思想研究进入了我们的视野，宋涛、刘国光、卫兴华、张薰华、陈征、吴宣恭等老一辈经济学家，他们有坚定的信仰、不懈的追求、深厚的造诣、丰硕的研究成果，为中国特色社会主义政治经济学做出了不可磨灭的

---

① 李建平. 构建中国特色社会主义政治经济学的三个重要理论问题 [N]. 福建日报（理论周刊）. 2017 - 01 - 17.

② 习近平. 在哲学社会科学工作座谈会上的讲话 [M]. 北京：人民出版社，2016：21 - 22.

贡献，他们的经济思想也是当代和留给后人的一份宝贵的精神财富，应予阐释发扬。

　　全国中国特色社会主义政治经济学研究中心（福建师范大学）的成长过程几乎和改革开放同步，经历了 40 年的风雨征程：福建师范大学政教系 1979 年开始招收第一批政治经济学研究生，标志着学科建设的正式起航。以后相继获得：政治经济学硕士学位授权点（1985 年）、政治经济学博士学位授权点（1993 年），政治经济学成为福建省"211 工程"重点建设学科（1995 年）、国家经济学人才培养基地（1998 年，全国仅 13 所高校）、理论经济学博士后科研流动站（1999 年）、经济思想史博士学位授权点（2003 年）、理论经济学一级学科博士学位授权点（2005 年）、全国中国特色社会主义政治经济学研究中心（2017 年，全国仅七个中心）。在这期间，1994 年政教系更名为经济法律学院，2003 年经济法律学院一分为三，经济学院是其中之一。40 载的沐雨栉风、筚路蓝缕，福建师范大学理论经济学经过几代人的艰苦拼搏，终于从无到有、从小到大、从弱到强，成为一个屹立东南、在全国有较大影响的学科，成就了一段传奇。人们试图破解其中成功的奥秘，也许能总结出许多条，但最关键的因素是，在 40 年的漫长岁月变迁中，我们不忘初心，始终如一地坚持马克思主义的正确方向，真正做到了咬定青山不放松，任尔东西南北风。因为我们深知，"在我国，不坚持以马克思主义为指导，哲学社会科学就会失去灵魂、迷失方向，最终也不能发挥应有作用。"① 在这里，我们要特别感谢中国人民大学经济学院等国内同行的长期关爱和大力支持！因此，必须旗帜鲜明地坚持以马克思主义为指导，使文库成为学习、研究、宣传、应用中国特色社会主义政治经济学的一个重要阵地，这就是文库的"灵魂"和"方向"，宗旨和依归！

　　是为序。

李建平

2019 年 3 月 11 日

---

① 习近平. 在哲学社会科学工作座谈会上的讲话［M］. 北京：人民出版社，2016：9.

前　言

过去的几十年，我们见证了组织结构的变迁、组织的破产和扩张以及员工的快速流动。信息技术高速地改变着管理者、员工和组织（尤其是一些互联网和高科技企业），这就是现在的商业环境。柔性、灵活的组织结构和临时性、共享性地雇用员工在不断增加（王钦，2014）。管理组织变革不再是例外而是常规的情况（Michel，2014；Rafferty，Simon and Restubog，2017），这使组织变革的管理陷入两难的境地——环境要求组织不断改变，而改变又很容易导致员工流失（Shin，Taylor and Seo，2012）。组织既要通过不断变革来维持生存和竞争优势，又必须在此过程中留住并能够持续激励员工，只有如此才能保证组织变革带来的是成长或新生而不是分崩离析。然而目前我们还缺乏足够的前沿理论来指导新形势下组织变革推进与员工行为管理之间的矛盾。

传统管理理论中关于组织变革的研究长期以来停留在一个较为宏观的、系统导向的层面上，主要考虑组织的战略、文化、结构、制度等组织宏观层面的因素如何影响组织变革的内容和过程。在微观层面，研究员工对变革的态度，尤其是员工抵制变革的问题一直是变革研究的焦点（Oreg and Berson，2011），但是这方面的研究成果十分有限。因为研究者们缺乏合适的切入点来探讨员工如何对变革做出反应。研究发现，包括中层管理者在内的大多数企业员工，并不像高层管理者那样将变革视为战略的机遇，他们对变革的支持或反对大多停留在心理层面，而不会轻易在行动中直接表现出支持或反对，从而很难将理论的问题——员工应对组织变革的策略——转化为研究变量进行验证

1

和进一步发展理论，也就更谈不上成功地指导变革实践了。既然如此，如果管理者能够引导员工积极解决个人所面对的实际问题和调节个人面对组织变革时的压力从而提高个人绩效表现，对于组织而言就是莫大的帮助。因此，20世纪末以来，大量心理学和管理学领域的研究开始从个人压力应对的视角来探索员工应对组织变革（Coping with Organizational Change）的心理过程及其所导致的结果。现有研究发现，让员工参与变革、领导者身体力行、公开变革的信息等因素有利于获得员工支持变革。可是，当这些研究结论和变革新理念被运用于实践后，一个难以忽视的事实是：变革的成功率依然很低，员工依旧抵制变革（Rafferty，Jimmieson and Armnakis，2013）。

理论与实践上的矛盾让研究者不得不反思这些变革信条的充分性和适用性。而正是基于这样的反思，本书试图借鉴社会心理学、组织行为学和组织理论中的相关理论来寻找矛盾产生的原因、完善现有的员工应对组织变革的理论模型并探讨其在管理实践中的运用。

可以认为，员工应对组织变革的研究还远远未达到成熟。同大多数组织行为领域的研究一样，在研究员工个体的行为倾向时，组织宏观层面的因素包括变革本身都仅仅是作为背景，而没有被作为行为的情境影响因素真正加以考量。现有探索员工应对组织变革的研究甚少涉及关于组织的战略、结构、文化，乃至变革的类型和策略等因素，导致该领域的研究与传统的组织视角的变革研究脱节。这其中部分原因是传统的管理研究一直区分宏观的组织理论和微观的组织行为研究的结果。

近年来，越来越多的学者号召在管理学领域研究要弥补宏微观研究的鸿沟，因此本书的研究试图将员工应对组织变革过程的关键情境因素，尤其是传统变革理论中涉及的组织宏观层面的因素加入现有的员工应对组织变革的过程模型，建立从宏观到微观的桥梁。

本书主要的研究内容与结论包括：

第一章是绪论。描述了本书的五个方面背景，四个主要目标及相应的意义和采用的研究方法。

第二章是概念界定与文献回顾。研究发现当前员工应对组织变革的研究存在以下三个方面的问题：首先，在研究员工应对组织变革前因时，对组织层面稳定因素的探讨缺乏；其次，没有明确组织层面稳定因素的作用过程机制；最后，对一些组织变革本身属性对员工应对策略的影响大小和机理的阐述不够清晰。

第三章是理论基础与研究假设。通过理论演绎和推导，整合竞争价值框架（competing values framework）（Quinn and Rohrbaugh，1983）、变革承诺模型（commitment to organizational change）（Meyer and Herscovitch，2002）、压力和应对的认知现象模型（cognitive-phenomenological model of stress and coping）（Lazarus and Folkman，1984），探讨并建立组织—员工价值观匹配、变革属性、员工变革承诺与员工应对策略选择之间的关系模型。模型遵循"个体评价→个体态度→个体应对"，以及"组织情景×认知差异→个体应对"的思路，对员工应对组织变革的影响因素及其作用机制和适用范围做整合性研究。

第四章是实证研究设计。分为预测试研究和正式研究两部分。

预测试研究部分。探讨并检验了新的员工应对组织变革的结构维度和变革属性的结构维度，并重新检验了中文环境下员工变革承诺的结构维度。其中，员工应对组织变革的结构根据积极/消极和行为/认知两个维度，分为直面应对、计划应对、行为脱离和空想应对四个具体的应对策略。这一结构既保证了以往二维结构的应用有效性，同时也弥补了以往结构严谨性不足的问题。变革属性的结构根据变革的节奏和影响力两个维度，将组织变革分为持久的渐进性变革、持久的根本性变革、间断的渐进性变革和间断的根本性变革四类。这一结构是后续探讨组织变革类型影响员工应对变革策略的基础。员工变革承诺的检验结果支持了迈耶和赫斯科维奇（Meyer and Herscovitch，2002）提出情感性变革承诺、持续性变革承诺和规范性变革承诺的三维结构。

正式研究部分。收集数据检验了价值观匹配通过变革承诺影响员工应对变革策略的过程模型。研究将个人—组织价值观匹配作为前因，员工组织变革承诺作为中介因素，检验它们对员工应对组织变革的策略选择是否存在显著的影响。结果表明多个维度的个人—组织价值观能够显著影响员工的应对选择，而无论是情感性还是规范性变革承诺都对价值观匹配与员工变革应对的关系起到中介作用。然后研究继续检验了员工感知变革属性对个人—组织价值观匹配与员工应对以及变革承诺与员工应对间关系的调节作用，结果表明员工感知的变革影响力对主效应模型和中介效应模型都具有明显的调节作用。

第五章、第六章分别是数据分析和研究结论与实践探讨。本书从数据结论出发，对员工应对组织变革领域研究的理论价值和理论研究结果对当代企业开展组织变革管理的实践启示进行讨论。本书的研究在原有员工应对组织变革的过程模型基础上，将个人—组织价值观匹配作为一种组织稳定因素的反映加入模型，并重新探讨了其影响员工应对的过程机制，拓展提出以组织变革的类型作为判断组织层面稳定因素预测作用大小的依据。

对于那些处于动荡环境中的组织而言，组织的变革经常性地发生，准确把握每一个变革的特征并保持对变革情境的控制会让管理者应接不暇。相比而言，管理者在招聘和选拔员工时重点控制或通过一些有效的策略保证员工与组织在价值观上的匹配就是更为持久而有效的措施。从这个角度来看，建立价值观的匹配是一种更基本、更彻底地改善员工在变革中表现的方式。现有一些控制情境因素的变革管理方式，如加强信息沟通、提倡员工参与和提高领导效能无非是希望提高员工对于组织和变革的认同，那么如果同样是为了引导员工的应对选择，这些临时抱佛脚的政策与未雨绸缪地关注价值观匹配相比就相形见绌了。更进一步，在管理者需要推动组织变革之前，可以通过科学合理的手段审查或测量员工与组织在价值观上的匹配度，如果匹配度较低，那么实施根本性的变革，尤其是持久地根本性变革将使组织面临很大的风险，即使管理者很好地控制变革的一些情境因素也很难获得员工的支持。也就是说，如果管理者发现员工与组织的价值观匹配度较低，而又不得不推行根本性的变革时，一方面应该积极营造有利的变革情境；另一方面应该尽量加快变革的节奏，降低价值观匹配的影响，才能在最大限度上避免员工的消极应对。相反，如果管理者发现组织的员工与组织有很高的价值观匹配度，那么在推行根本性的变革时就可以尽量降低变革的节奏，使得价值观匹配的影响得以充分发挥，以最大可能获得员工的支持。

　　第七章是员工应对组织变革研究的展望。虽然本书的研究对员工应对组织变革的过程进行了有价值的拓展，但这种拓展还远远不够。本书在最后一章，从层次性、动态性、方法论三个方面，提出在当前研究基础上的展望：一是进一步探索和完善员工应对组织变革的过程模型，综合组织和个人两个层面的情境因素实现模型的层次性拓展。二是通过方法的改进，提升现有模型的效度和实践意义。三是利用多时段的纵向数据验证在不同变革发生时，各类情境因素对员工应对的影响及整体层面员工应对策略的反作用，实现模型的动态性拓展，也同时将个体层面的行为问题提升回到组织层面的变革问题上，从另一个角度实现层次性拓展。这三方面的完善将弥补以往研究所存在的宏微观层面的割裂，也将能够填补了员工行为与变革发展动态关系研究的空白。

　　全书所有内容由我撰写并最后审校定稿，但要特别感谢我的研究生黄永康在修订过程中的付出。最后我也要感谢经济科学出版社的孙丽丽老师和何宁老师的大力支持，她们给我提供了非常诚恳、详细而有益的反馈，得以完成本书。

　　由于个人能力和精力有限，不足之处在所难免，欢迎各位读者提出宝贵意见。

唐　杰

2018 年 7 月

目录
CONTENTS

第一章　绪论 /1
　　第一节　研究背景 /1
　　第二节　研究目的和主要内容 /4
　　第三节　理论贡献与实践意义 /14
　　第四节　研究的框架与方法 /15

第二章　概念界定与文献回顾 /18
　　第一节　个人—组织价值观匹配 /18
　　第二节　员工应对组织变革 /22
　　第三节　变革承诺 /34
　　第四节　变革属性 /36

第三章　理论基础与研究假设 /39
　　第一节　研究的概念框架 /39
　　第二节　直接效应：个人—组织价值观匹配与员工应对组织变革 /40
　　第三节　中介效应：变革承诺 /44
　　第四节　调节效应：变革属性 /52
　　第五节　有调节的中介效应 /57

第四章　实证研究设计 /59
　　第一节　程序与样本 /59
　　第二节　变量测量与量表 /64

第五章 数据分析/73

第一节 预测试数据分析/73

第二节 正式测量数据的量表检验/84

第三节 直接效应模型的假设检验/92

第四节 中介效应模型的假设检验/100

第五节 调节效应模型的假设检验/112

第六节 有调节的中介效应模型的假设检验/120

第六章 研究结论与实践探讨/125

第一节 实证研究结果与分析/125

第二节 本书的主要结论与实践启示/133

第三节 研究局限/138

第七章 员工应对组织变革研究的展望/141

第一节 员工应对组织变革过程要素的完善/141

第二节 完整检验员工应对组织变革的精细加工可能性模型/144

第三节 员工应对组织变革过程的跨层次检验/147

第四节 价值观匹配对员工变革应对组织变革的多重效应检验/149

第五节 员工应对组织变革的多时间点研究/151

第六节 员工变革应对与组织变革演进/154

附录/156

附录1 员工应对组织变革研究调查问卷（预测试）/156

附录2 员工应对组织变革研究调查问卷/158

参考文献/163

第一章

绪　　论

第一节　研究背景

背景一：组织变革成为常态，但传统的管理策略正在失效。

根据制度理论的观点，组织要保持活力就必须不断变革（Meyer and Rowan，1977；Petrou，Demerouti and Schaufeli，2018），因此关注组织变革的研究一直是管理学领域的热点问题。长期以来组织变革领域的研究主要是从组织发展、战略选择、资源依赖和种群生态学四个范式展开，这些研究绝大部分是从一个宏观的、系统的角度来分析组织变革（唐杰，2012）。无法忽视的事实是，大量将这些研究成果作为指导的组织变革实践以失败告终（Vakola，Armenakis and Oreg，2013），这说明致力于提高组织变革效率和效果的研究还有很大的空间值得去探索（Rafferty，Simon and Restubog，2017）。其中一个重要的途径就是转变研究的视角，更多考虑员工在变革过程中的反应（Van den Heuvel，Demerouti and Bakker，2014）。

背景二：员工的支持是变革成败的关键，但他们很少明显抵制。

学者布雷（Bray，1994）曾经呼吁学术界应该更多地从微观的、个体层面的角度来关注一些在组织变革中十分重要却被忽视的问题。但直到20世纪末，从微观层面考察组织变革的研究仍然非常有限（Judge，Thoresen，Pucik and Welbourne，1999）。早期的这类的研究主要聚焦于能够引导变革全局的高层管理者的特质和行为（Hambrick and Mason，1984），这些研究大都在强调领导者，而忽略了被领导者。虽然不少学者认识到员工抵制变革是变革失败的重要原因，意识到管理者需要密切关注员工在不同时间段对变革的反应（Herscovitch and Meyer，

2002），并尽量消除变革对员工产生的困扰，从而降低他们给组织变革带来的负面影响，但学术界一直没有找到很好的研究切入点。这是因为，对大多数员工包括中层管理者而言，他们并不会像高层管理者那样将变革视为企业发展中战略性机遇；相反，变革可能给他们带来许多不利的影响（如收入下降甚至工作不保），也就不受他们欢迎。当然，考虑到反对变革所可能带来的各种风险（如丧失晋升的机会），他们也不会轻易表现抵制的行为（Oreg，2018）。国内研究者白长虹和孙旭群（2016）认为受传统文化影响，中国企业的员工比较含蓄，往往碍于面子而不会对组织变革的目标有所质疑。所以，对于多数的员工而言，支持或反对变革更多的是停留在心理层面的态度，而不是直接的行为。而即使反映在具体的行为中，也更多的是与个体相关，如更努力地工作或者自己私下抱怨，对组织整体的变革进程并非起到真正直接的影响。正因为如此，针对员工个体层面的研究如何进行，如何将纯理论的思想与实际的员工管理联系起来，如何将研究员工个体行为与组织变革有效结合就成为组织变革中员工行为研究的桎梏。

背景三：员工的压力应对开始成为探索变革中员工行为的新视角。

20世纪末，一些学者开始从心理过程和个体—组织交互作用的角度来审视员工对组织变革的影响。例如，贾奇等（Judge et al.，1999）从压力应对的角度探讨了人格特质、员工应对组织变革与个人绩效之间的关系；万博格和巴纳斯（Wanberg and Banas，2000）同样从应对的视角审视这样的关系，发现员工低水平的变革接受（oppeness toward change）导致低的工作满意和高离职倾向；同时，舍克和基尼齐（Scheck and Kinicki，2000）的研究将更多心理因素（如评价和情绪）纳入员工应对组织变革的研究，并更详细地就不同类型的应对，包括空想应对（wishful thinking）、直面应对（confrontive coping）以及自我孤立（self-isolation）等进行了探讨。这些研究开启了组织变革研究的新契机，也验证了个人心理因素在组织变革过程中的作用。

背景四：组织变革成为员工的主要压力源，由此造成的社会损失巨大。

另一方面，从个人压力研究的角度看。美国职业压力协会（American Institute of Stress）的调查报告显示，工作压力导致美国企业每年在员工药物治疗、离职以及旷工上损失大约3000亿美元。华信惠悦咨询公司（Watson Wyatt Worldwide）在加拿大的调查显示，工作压力是员工离职的首要原因，参与调查的公司中有52%的公司因为工作压力需要费尽心思地留住优秀员工。

在个人层面上，工作压力导致心脏疾病、癌症、自杀和事故的结论在压力相关的研究文献中很早就达成共识（Smith，Haynes，Lazarus and Pope，1993；Trevino，1986）。大量的研究关注于如何创造好的工作环境以调节压力，所建立的压力和应对的理论模型也对如何降低压力源（stressor）的影响进行了阐述（Teo, Pick and Newton et al.，2013），但绝大多数的研究都只将压力调节的努力建立在个体层面上（Sundaram, Sekar and Subburaj，2014）。

2008 年的金融危机导致工作不确定带来的压力越来越大，全球化的推进使得企业变革变得频繁，这些环境要求管理者利用多层面的手段来帮助员工调节工作压力以提高组织的绩效（Carter, Armenakis and Field et al.，2013）。在此背景下，心理学研究者对于个体在不同工作压力情境下的不同应对方式选择及其结果的讨论越来越多。其中，组织变革已被研究者和管理者一致视为工作、生活中最主要的压力源之一（Smollan，2015），并且可能带来包括失业、心理疾病和个人绩效下降等一系列负面的结果（Armstrong‐Stassen，1994；Ashford，1988；Briscoe, Henagan, Burton and Murphy，2012；Noblet, Rodwell and McWilliams，2006）。

对于员工在组织变革情境下的压力应对和个人心理健康的研究开始备受关注。在企业变革时期，企业的组织结构、规章制度、业务流程和资源配置方法都可能会发生变化，这使企业的员工感到未来充满了不确定因素。而未来的不确定性被认为是潜在压力事件的最重要特征和员工感知压力最重要的影响因素（Holmes and Rahe，1967）。万博格和巴纳斯（Wanberg and Banas，2000）以及诺布利特等（Noblet et al.，2006）的实证研究分别验证了不同的变革应对会对工作情绪和个人心理健康产生影响。泰奥等（Teo et al.，2013）在澳大利亚医院开展的多时间点调查显示，员工在组织变革期间的压力感显著提升，而有效的应对策略能够降低变革带来的负面影响。

背景五：宏微观视角的结合是研究变革中员工行为和开展实践的趋势。

虽然组织变革和压力研究两个领域的学者都开始关注员工在组织变革中的应对反应，但卡梅耶‐穆勒、贾奇和斯科特（Kammeyer‐Mueller, Judge and Scott，2009）指出虽然个体差异与应对选择及不同应对选择与各类结果变量的关系被许多研究证实，但是很少有研究涉及这些过程如何解释，是否受其他相关环境因素的制约。卡特等（Carter et al.，2013）也认为现有的研究对于员工应对组织变革的过程还远没达到清晰的了解，许多组织环境和组织变革特有的因素并没有被纳入现有的实证模型，员工的个人情绪、评价和承诺等因素的相互关系在理论上也还没有达成一致。

笔者在 2010 年和 2012 年分别发表了关于员工应对组织变革的综述性研究和实证研究，呼吁植根于国内组织变革的特殊情景开展相关研究。学者王钦（2014）也呼吁组织变革应更多关注企业与员工之间的关系。王玉峰和金叶欣（2016）认为应该将传统外生视角和内生视角的组织变革研究相结合。但纵观组织变革和压力管理两个领域的现有文献，可以发现组织变革研究的演变路径是从组织整体视角推进到兼顾个人视角来审视变革，即从宏观趋近微观；而压力应对的研究则是从压力对个体的影响推广到压力事件对员工群体影响，即从微观趋近宏观，两者在员工应对组织变革这一个管理实践意义突出的焦点上汇集。

　　未来的研究趋势，从组织变革研究的角度来看，要将影响变革成败的研究落在个体层面，综合考虑员工与组织的交互关系；从压力管理的角度看，在变革情境中个体压力应对的过程需要纳入更多组织环境中的影响因素，这些正是本书下面所要阐述的研究问题。

第二节　研究目的和主要内容

　　拉撒路和福克曼等（Lazarus and Folkman et al.，1984）所建立的压力和应对的认知现象模型（cognitive-phenomenological model of stress and coping），也被称为压力应对的过程模型，是个人压力应对研究领域最有影响力的理论模型，且具有较强的情景扩展适用性（王震和宋萌，2015）。许多学者在此模型基础上展开了理论探索和实证检验，这些研究大体上可以归结为三个方面，即员工应对组织变革的前因、过程（中介）和边界（调节）（如图1－1所示）的研究，而对于边界效应的探讨则相对较少。为了推进现有研究，本书将综合考察员工应对组织变革的前因、中介和调节效应，即图1－1中虚线方框中的内容。

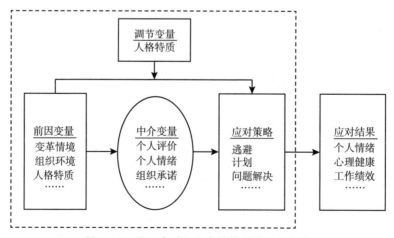

图1－1　员工应对组织变革的主要研究内容

一、探讨价值观匹配如何影响员工应对组织变革策略

应对作为个人对压力的反应，在过去的研究中已经被证实会受到许多内外部因素的影响。一般而言，学术界将其分为稳定的因素（stable factors）和情境的因素（situational factors）两类（Carver, Scheier and Weintraub, 1989；Lazarus and Folkman, 1984）。所谓稳定的因素，是指那些能够跨情境且稳定地影响个人的应对选择的因素，它们与压力事件发生的情境无关。卡佛等人（Carver et al., 1989）认为存在两类影响应对反应的稳定因素，第一类称为应对风格（coping style）或人格特质，如自我控制（Lewin and Sager, 2010）、乐观（Carver et al., 1989）、理念与职业态度（Briscoe et al., 2012）；第二类稳定的因素来自环境，是那些能够帮助个人掌控环境，降低压力感的外部资源（Rafferty and Jimmieson, 2018），如社会支持（Wanberg and Banas, 2000）、组织支持（Erdem, Turen, Gokmen and Tuz, 2017）。情境因素所包含的内容更为广泛，会因压力事件的不同而有较大的变化，如压力事件的不同发展阶段（Folkman and Lazarus, 1985）、压力的类型（Billings and Moos, 1984）和个人对环境的控制度（Ashford, 1988）等。

聚焦员工应对组织变革的文献看，前因变量的研究虽然有引入新的元素，但大体上仍可以分为上述两类（如表 1-1 所示）。阿姆斯特朗-史塔生（Armstrong-Stassen, 1994）在一项针对裁员幸存者的研究中提出并验证了乐观和情感控制力强的员工在裁员过程中更可能采用控制导向（control-oriented coping）的应对（Armstrong-Stassen, 1994）。贾奇等人（Judge et al., 1999）的研究则探讨了员工的自我意识（self-concept）、风险容忍度与员工主动管理（reactance to change）和引导变革（leading change）的正向关系。另外，万博格和巴纳斯（Wanberg and Banas, 2000）提出具有高自尊（self-esteem）和控制观（locus of control）的个人更能够接受和正面评价的变革。相比于其他压力事件的应对研究，员工应对组织变革的研究中，人格特质并不算被重点关注的因素。实证研究的结果也表明，只有少数几种人格特质对特定的员工应对策略的选择产生影响（Connor-Smith and Flachsbart, 2007）。

表1-1 员工应对组织变革的前因变量

变量类型	前因变量	具体研究
稳定因素	个性特征	乐观、情感控制力（Armstrong - Stassen, 1994）；自我意识和风险容忍（Judge et al., 1999）；乐观、自尊、控制观（Wanberg and Banas, 2000）；控制观（Anderson, 1977）；自我效能和控制观（Lewin and Sager, 2010）；积极情感特质（Rafferty and Jimmieson, 2018）
	社会支持	舍克和基尼齐（Scheck and Kinicki, 2000）；万博格和巴纳斯（Wanberg and Banas, 2000）
情景因素	变革特征	员工参与、信息公开（Wanberg and Banas, 2000；Teo et al., 2013）；员工参与、信息公开和领导效率（Amiot et al., 2006）
	情绪	愤怒、悲伤（Scheck and Kinicki, 2000）；正、反面情绪（Fugate et al., 2008）
	压力评价	安德森（Anderson, 1977）；阿米奥特等（Amoit et al., 2006）；科勒等（Kohler et al., 2006）；阿姆斯特朗 - 史塔生（Armstrong - Stassen, 1994）；泰奥等（Teo et al., 2013）
	负面评价	罗斯基、路易斯 - 格林和福尼尔（Roskies, Louis - Guerin and Fournier, 1993）；富盖特等（Fugate et al., 2008）
	正面评价	罗斯基等（Roskies et al., 1993）；科勒等（Kohler et al., 2006）
	自我评价	万博格和巴纳斯（Wanberg and Banas, 2000）；阿米奥特等（Amoit et al., 2006）

资料来源：本书整理。

组织层面的因素中工作相关的社会支持是指个体工作环境下的他人或团队所提供的常规性和临时性的需求满足（Cohen and Wills, 1985），被认为是个人据以应对环境的重要资源。舍克和基尼齐（Scheck and Kinicki, 2000）认为不论个人的个性特征及对情境的评价如何，社会支持都直接影响应对策略的选择。当一个人需要帮助来解决所面对的压力事件时，他会充分运用他的人际关系网络中所包含的资源。就工作相关的社会支持而言，个人关系网络中上级和同事的支持是最为重要的，如他们可以通过安慰、体谅、沟通等方式直接影响员工的应对（Armstrong - Stassen, 1994；Petrou et al., 2018；Vakola, 2014）。

相比而言，情境因素的研究在员工应对组织变革的文献中更为广泛，主要包括以下三类：第一类是变革的事件特征，主要包括领导效能（leadership effectiveness）、员工参与（employee participation）和信息公开（information provision）。管理者如果身体力行并表现出高效率，那么对于降低员工在变革中所经受的压力有很大的帮助（Schweiger, Ivancevich and Power, 1987）。顿菲和史戴斯（Dunphy and Stace, 1990）认为员工是否参与变革对员工如何对变革做出反应有重大影响，而信息是否公开也具有相似的影响作用。万博格和巴纳斯（Wanberg and Banas, 2000）的实证研究仅支持了员工参与和应对策略的关系。而阿米奥特、特里、吉米森和卡伦（Amiot, Terry, Jimmieson and Callan, 2006）则认为上述三个方面的变革特征是通过个人情境评价的中介作用对员工应对选择产生间接影响。

第二类情境影响因素是员工的个人评价，包括变革情境的压力水平、正面或负面评价及自我效能（self-efficacy）。安德森（Anderson, 1977）较早时候就提出感知高压力的员工会更多地采用关注情绪的应对（emotion-focused coping），而较少采用关注问题的应对（problem-focused coping）。阿姆斯特朗－史塔生（Armstrong – Stassen, 1994）在关注工作不稳定员工的研究中将压力的情境分为具有威胁的和无法控制的两类，认为在员工感知到情境具有威胁时将会同时采用控制导向（control-oriented）和逃避导向（escaped-oriented）的应对，而感知到情境无法控制时将会更多采用逃避而不是控制应对。科勒、明茨和格拉维奇（Kohler, Munz and Grawitch, 2006）建立的组织变革环境下动态压力模型中检验了挑战性评价分别与控制导向应对和回避导向应对显著相关。米什拉和斯伯莱茨（Mishra and Spreitzer, 1998）提出对高层管理者越信任，越认为裁员是公正的员工就会越倾向于表现出建设性的（对变革有帮助和充满希望的）反应，而认为被充分授权的员工则更可能做出积极的反应。自我效能评价则反映了个人在特定情境下感知到的自身操控压力事件的能力。当个人感觉到变革所引发的事件将超出自己所能应付的水平，而又不得不作出一定反应的时候，他们更多是会避免直接地行动（Conner, 1992）。万博格和巴纳斯（Wanberg and Banas, 2000），阿米奥特等（Amoit et al., 2006）以及卢因和萨格尔（Lewin and Sager, 2010）的研究也都对员工自我效能评价与应对选择的关系进行了探讨。

第三类情境影响因素是个人的情绪。根据应对的定义，降低个人的负面情绪和提升正面情绪正是应对的目标之一，因此个人对变革情境作出评价后所产生的情绪会影响个人应对策略的选择。如当员工感到高兴的时候，更可能采取实际行动改变所处的环境并对挫折和失败有更高的忍受能力（王叶飞和谢光荣，2016）。其中，变革环境下的研究以负面情绪居多，如舍克和基尼齐（Scheck and Kinicki, 2000）提出愤怒和悲伤的情绪会导致员工更多采用关注情绪的应对。刘和佩瑞（Liu and Perrewé, 2005）建立了一个变革过程的四阶段认知情绪模型，指出恐惧会导致个体做出比真实情况差的情境评价，从而引发个人的消极应对，而兴奋的情绪则相反，会激发个人积极应对。富盖特等（Fugate et al.，2008）的研究模型则第一次同时考虑了正面和负面情绪对应对的影响。

从表1-1中，我们可以很直观地发现在对前因变量的研究中，情境因素的文献更为丰富。而在对稳定因素的研究中，组织层面的研究非常之少，组织与个人交互层面的研究则是空白，这对于被视为个人与组织交互作用过程的员工应对组织变革的研究而言，不能不说是一个巨大的缺陷。

从组织行为的相关研究文献中可以发现，许多组织层面因素被认为会影响员工行为。其中，哈奇、特维诺、维纳以及维纳和瓦迪（Hatch，1993；Trevino，1986；Wiener，1988；Wiener and Vardi，1990）等学者都认为组织中的个体行为会受到在整个组织体系中居于核心位置的组织文化的强烈影响。因为，文化被定义为组织相信能够指向成功的价值观和行为准则（Schein，1996），当员工能够理解这种价值观和行为准则，他们才会努力参与到组织的发展中，所以施恩（Schein，1990）认为文化是一个组织中对员工行为影响程度最深同时也是使之保持最稳定的影响之一。

更具体的，莫维斯（Mirvis，1988）指出理解组织文化与员工行为的关系对于指导变革的过程非常重要。当组织变革发生时，组织的文化就奠定了员工对于变革认知的价值基础（Lau，Tse and Zhou，2002），与组织有相匹配的价值认知的员工就会有更多交流和更少的矛盾感知（Jung and Avolio，1999）。从压力应对的角度看，萨旺、黄和吴（Sawang，Oei and Goh，2006）以及特威德、怀特和雷曼（Tweed，White and Lehman，2004）的研究都指出个体不同的价值形态会对他们选择应对的策略产生影响。

虽然个人—组织匹配（person-organization fit）与员工态度和行为关系以及组织文化与员工应对压力方面的相关研究在近年来都受到关注，但目前还没有研究直接探讨个人—组织匹配与员工应对组织变革间的关系。有调查表明，与组织不匹配的员工将在第一年多耗费组织30%的成本（Lam，Huo and Chen，2018）。更重要的是，现有压力应对的文献研究表明组织层面以及个体—组织交互层面的因素对于探索员工应对组织变革的过程机理具有重要作用。因此，本书研究的第一个研究动机及其引出的研究内容就是：弥补现有文献对员工应对组织变革在个人—组织交互层面影响因素研究中存在的不足，基于个体—组织价值观匹配（person-organization value fit）影响个体态度和行为这一前提，深入而具体地探讨不同类型的价值观匹配与员工应对组织变革之间的关系。

二、审视员工应对组织变革的心理过程

应对研究的心理学发展路径决定了员工应对组织变革的研究从一开始就非常关注探讨应对策略选择与前因变量之间内部过程的机理。如前文研究背景中所述，虽然已经有不少研究从不同的理论出发剖析员工应对的心理过程，包括相应的中介变量、甚至双中介变量的模型，但学术界仍然没有就它们之间的相关关系或因果关系达成共识，反而认为有许多值得进一步探析的方面（Fugate et al.，2008）。其中，个人对情境的认知评价（包括压力评价、变革评价、自我效能评价等）和情绪是最为常见的两类中介变量（Amiot et al.，2006；Armstrong - Stassen，1994；Fugate et al.，2008；Rafferty，Simon and Restubog，2017；Roskies，Louis - Guerin and Fournier，1993；Scheck and Kinicki，2000；Terry and Jimmieson，2003；王叶飞和谢光荣，2016）。这些研究大多是基于拉撒路和福克曼（Lazarus and Folkman，1984）提出的压力应对过程模型和拉撒路（1991）情绪理论所展开的，如图1-2所示。

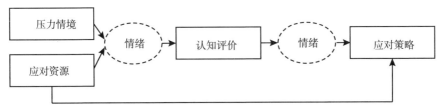

图 1-2 应对过程模型

注：在拉撒路和福克曼（1984）的研究中将相对稳定的影响因素称为应对资源（coping resources）。
在拉撒路和福克曼（1984）的理论模型中并没有包括情绪要素，拉撒路（1991）的研究指出个人情绪在应对的过程中扮演重要的角色，后续的多项实证研究在这一理论基础上展开，但是情绪在这一过程中的具体角色目前学术界并没有达成一致，所以本书在图1-2中用虚线表示。
资料来源：本书根据拉撒路和福克曼（1984）以及拉撒路（1991）的研究绘制。

本书将这些中介变量与前因变量的关系列在表1-2中。如表1-2所示，包含中介变量的研究要么是完全停留在个体层面上；要么是基于情境前因变量与应对选择的关系。在较少的涉及组织稳定因素的研究中，工作环境下的社会支持与员工应对的关系在舍克和基尼齐（Scheck and Kinicki，2000）的研究中没有被实证结果支持，并指出实证的结果说明在组织变革的情景下社会支持可能并不是通过对情境的认知评价和对员工的应对选择产生的影响，这类稳定的应对资源可能对员工变革情境的认知并没有什么明显的帮助。

表1-2 员工应对组织变革研究中的中介变量

作者（年份）	前因变量	中介变量
阿米奥特等（Amiot et al., 2006）	变革事件特征（员工变革参与、领导效能和变革信息沟通）	自我效能评价、压力评价
安德森（Anderson, 1977）	人格特质	压力评价
阿姆斯特朗 - 史塔生（Armstrong - Stassen, 1994）	人格特质	压力评价
福格特等（Fugate et al., 2008）	负面评价	正面情绪、负面情绪
罗斯基等（Roskies et al., 1993）	失业风险、人格特质	压力评价
舍克和基尼齐（Scheck and Kinicki, 2000）	人格特质、社会支持、环境条件、应对效能	认知评价、负面情绪
特瑞等（Terry et al., 1996）	变革事件特征，应对资源（负面事件、上级支持和同事支持）	自我效能评价、压力评价、情境控制评价

资料来源：本书整理。

那么，是否理论本身存在问题呢？拉撒路和福克曼（Lazarus and Folkman，1984）的压力应对过程模型在众多一般压力环境（如成长压力、生活压力）和工作压力环境（如员工外派压力、职场骚扰压力）下得以验证，具有很好的稳定性和认知度。因此本书认为现有研究中存在的关于稳定因素中介变量的研究缺陷可能并不在于理论和模型本身，而在于没有找到合适的研究变量。

根据舍克和基尼齐（Scheck and Kinicki, 2000）的结论，我们很容易可以推导出：既然现有研究中社会支持等组织层面前因变量是相对稳定的因素，不能够通过个体对于情境的评价来发生影响，那么这种影响就可能是通过一种相对稳定的认知评价（或者说是态度）来产生作用的。特里等人（Terry et al., 1996）在分析研究的假设没有得到验证的原因时也指出，同事与上级的支持与应对选择的关系和预期不一致，可能与中介变量的选择有关，它们之间的关系可能受到员工感知组织公正的影响。这种假设也符合本书的推论，因为员工感知的组织公正就是一种员工对于组织公平的相对稳定的评价。

如果结合上述推论、应对过程模型和本书的第一个研究动机来考虑，那么本书为了要研究个人—组织价值观匹配与员工应对组织变革间关系的内部机理就应该选择一个能够代表员工对组织相对稳定评价的研究变量来建立联系。既然如此，从现有文献看，在个人—组织匹配领域的研究中学者们对员工态度和行为的关注一直没有停止过。如凯布尔和贾奇（Cable and Judge, 1996），梅格利诺、拉夫林和阿德金斯（Meglino, Ravlin and Adkins, 1989），奥莱利、查特曼和考德威尔（O'Reilly, Chatman and Caldwell, 1991），奥斯特罗夫、裕雄和基尼齐（Ostroff, Yuhyung and Kinicki, 2005）的研究都探讨了个人—组织价值观匹配对于员工态度和行为的直接影响。而克里斯托夫 - 布朗、齐默尔曼和约翰逊（Kristof - Brown, Zimmerman and Johnson, 2005），维尔克、比尔和瓦格纳（Verquer, Beehr and Wagner, 2003）的元分析研究显示工作满意、组织承诺和离职倾向是被采用最多的结果研究变量。近年来的研究则更进一步开始探讨它们之间的关系，遵循"个人—组织价值观匹配→员工态度→员工行为"的研究思路展开。

埃尔多安、克雷默和里登（Erdogan, Kraimer and Liden, 2004）的研究考虑了领导—成员交换以及组织支持对离职倾向的中介作用，爱德华兹和凯布尔（Edwards and Cable, 2009）的研究则分别探讨了组织认同、工作满意等因素对留职倾向的中介作用；国内学者韩翼和刘竞哲（2009）的研究也检验了工作满意对离职倾向的中介作用。

再回到变革情境下员工的态度与行为关系来看，迈耶和赫斯科维奇（Meyer and Herscovitch, 2002）提出员工的变革承诺可以被视为引发员工主动支持变革的最重要因素。与组织承诺的概念相似，员工的变革承诺也被看作是一种个体的态度，这种态度与员工的组织承诺有关，但在组织变革的过程中自发形成，并对员工应对组织变革起到重要的影响（Rafferty and Restubog, 2010; Shin, Taylor and Seo, 2012），例如，员工对于变革相关工作的投入程度，以及激发员工积极响应变革（Herscovitch and Meyer, 2002）。白长虹和孙旭群（2016）认为中国企业的员工虽然碍于面子和领导权威不容易对组织的目标有所质疑，但如果缺乏承诺，则往往在执行变革时就会止于表面。

综上所述，一方面，学术界对于"价值观匹配→员工态度→员工行为"的内部机制已经达成初步共识，但并没有相关的研究在变革情境下展开；另一方面，员工的变革承诺作为代表员工态度的研究变量符合上述研究模型，其产生的机理既与变革的情景有关，又反映员工与组织的长期稳定关系。因此，本书研究的第二个研究动机及其引出的研究内容是：补充现有员工—组织价值观匹配在变革情境下的研究不足及应对过程模型中稳定因素研究变量的缺失，检验不同维度的变革承诺在员工—组织价值观匹配影响员工应对组织变革过程中所起的中介作用。

三、区分不同组织变革的类型对员工变革管理的影响

如前文所言，20 世纪末已经有不少组织的管理者和研究者们开始关注那些被忽略很久的员工对组织变革成败的影响。员工参与变革、领导者身体力行、变革信息公开等策略有利于变革获得员工的支持在学术界的理论探讨中也达成了共识（Dunphy and Stace，1990；Sagie and Koslowsky，1994；Schweiger et al.，1987），但在这些结论已经成为变革实践者们的口头禅并加以实施的情况下，为什么变革的成功率依然如此之低，为何员工依旧抵制变革？

斯特雷贝尔（Strebel，1999）对 1000 家企业的调查表明变革成功的案例仅占 20%，米勒（Miller，2002）的研究显示涉及组织核心的变革失败的比例高达70%。金、霍农和卢梭（Kim，Hornung and Rousseau，2011）调查显示仅有30%~40% 的组织变革达到了预期效果。实践的结果证明，现有理论研究的成果还是远远不足以认清员工应对组织变革的机理，一些组织变革的实践手册将其中某些因素的作用无限放大，造成管理者对变革进程盲目乐观，这是十分危险的。从这一点出发，研究者不得不反思这些变革信条是否具有一般的适用性，而这一点正是需要针对性地研究不同变革类型的调节机理。

本书将通过区分不同变革的类型来进一步探讨个人—组织价值观匹配对员工应对变革策略的影响边界——即变革类型的调节作用——不仅能够明晰个人—组织价值观匹配与员工应对组织变革间的理论关系，并且是员工—组织匹配当前研究的热点所在（Oh et al.，2014）。对直接发生影响的两个变量间关系起调节作用的研究在管理学和组织行为学领域的研究中已经非常常见。通过检验调节变量的作用，能够为既定的理论（或者具体地说就是变量间的关系）界定限制条件和适用范围（罗胜强和姜嬿，2012），从而使变量间关系的作用机制更加清晰，也有利于理论在实践中的运用（限定理论适用的范围或情境）。

现有针对员工应对组织变革的研究大多是将变革作为一个背景因素加以考虑（Oreg，2018；Petrou et al.，2018），少数的涉及变革情境变量的研究更多考虑的是管理者不同的变革实施策略，如加强信息沟通、鼓励员工参与等（Amiot et al.，2006；Petrou et al.，2018；Terry and Jimmieson，2003；Wanberg and Banas，2000）。更重要的是，这些关注组织变革中员工行为的研究，大多是在间断性的一次性变革的背景下展开的，很少围绕越来越普遍的持续性变革展开（Michel，2014）。

有少数变革研究者区分了变革自身固有属性的差异，而实际上这些属性会对

身在其中的员工产生重大影响。拉弗蒂和格里芬（Rafferty and Griffin，2006）的实证研究具有重要意义，他们第一次在变革情境下检验了组织变革发生的频率、影响力和计划性等属性对于员工评价情境压力和应对具有影响。

格里克、胡贝尔、米勒、哈罗德和萨克利夫（Glick, Huber, Miller, Harold and Sutcliffe，1995）提出变革发生的频率越低，员工越能够识别变革发生的开始和结束，从而把不同的变革事件区分开来，而当变革频繁发生时，组织成员很难把不同的变革区分开来，这就会使员工感到变革是非常不确定和不可把握的。同时，当变革非常频繁地发生时，个体很可能会感觉到疲惫且越来越焦虑，这是由变革的不可预测性带来的。再者，在组织变革研究的文献中，学者广泛认同员工对组织变革的影响力非常关注（Herscovitch and Meyer，2002；Lau and Woodman，1995）。涉及传统工作方式、价值观、结构及战略等核心问题的变革会导致员工更多的负面评价，同时带来更大的压力（Levy，1986）。

组织变革准备的研究指出，当变革是发生在有充分的准备时，员工会更加信任组织并伴随更好的心理状况（韩雪亮，2016）。这是因为详细的计划能够使员工在变革发生之前对变革有充分的了解和准备，当变革发生时，带给员工的不确定感和压力就较小（Rafferty et al.，2017）。这些论述和研究表明如果发生的变革的属性（频率、影响）有所差异，即使身处相似的组织和变革情境中，员工对于变革也会有不同的心理反应。因此，本书的第三个研究动机及其引出的研究内容是：为了开拓新的视野，解决变革实践所反馈的问题以及深入探寻现有应对理论的适用性，本书将尝试探索作为可能影响员工应对选择的个人—组织价值观匹配在不同的变革属性下，其影响是否发生显著的变化，即检验变革属性对于两者关系的调节作用。同时，这种调节不但可能发生在直接关系中，还可能发生在通过变革承诺所产生的中介关系中。

根据本节的上述探讨，本书研究的主要内容可以用图 1 - 3 的模型来表示。该整合模型包括一个直接效应、一个中介效应、一个调节效应和一个被调节的中介效应的子模型。

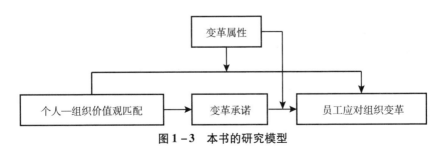

图 1 - 3　本书的研究模型

第三节　理论贡献与实践意义

本书研究理论贡献与实践意义主要体现在以下几个方面：

第一，弥补现有文献对组织层面因素与员工应对组织变革间关系研究的不足。目前针对员工应对组织变革的前因变量的研究主要集中在个人层面的因素及个人对变革情境的评价方面，虽然少数的研究探讨了包括社会支持、工作控制等组织层面的稳定因素的作用，但没有得到证实。这种研究的偏向很大程度上限制了对于员工应对组织变革的全面理解，势必影响理论的完整性和实际的应用性。在这一结论基础上，本书将个人—组织价值观匹配作为前因变量引入现有模型，在变革情境变量和人格特质因素之外提供了分析员工应对组织变革差异的新视角，对现有研究不足将是重要的弥补。

第二，补充对于员工应对组织变革过程内部机制的探索，这种补充体现在中介和调节作用两个方面。一方面，现有文献中对于前因变量影响员工应对组织变革的中介变量的研究还非常有限，主要是认知评价和个人情绪两类。但这两类变量的作用机理与个人—组织价值观匹配并不是在同一层面，这也反映了现有实证研究模型的弊端。因此本书在已有的行为学和心理学理论中探寻合适的研究变量后，以变革承诺作为中介变量进一步探讨个人—组织价值观匹配对于员工应对组织变革的影响机制。另一方面，已有研究模型中涉及调节作用的因素仅仅只有人格特质，说明这一方面的研究还非常欠缺。引入变革属性作为调节变量，不但可以拓宽研究的思路，更能够解释作为稳定因素的价值观匹配在怎样的变革中能够发挥更大的影响，这对于现有的研究无论是理论上还是实证上都是突破性的。

第三，本书对员工应对组织变革的研究进行了详细的文献综述，并在一定程度上填补了目前国内员工应对组织变革研究在实证检验方面的空白。虽然员工应对组织变革的研究在西方应用心理学和组织行为学领域已经广受关注，但这些研究都是基于西方文化背景。而文化背景对于理解个人的应对认知和行为具有重大影响（Masuda and Nisbett, 2001; Sukanlaya, Tian and Yong, 2006），因此现有西方研究成果的跨文化适用性将受到质疑。而国内在这方面的研究非常之少，仅有的少数研究都从介绍性的角度来阐述（唐杰和林志扬，2009；唐杰，2010；张婕、樊耘和纪晓鹏，2013；王玉峰、蒋枫和刘爱军，2014），还没有涉及相关理论的探讨，更没有员工应对组织变革在中国文化环境下的实证研究。本书将通过表格、图示等多种方式对现有压力应对和员工应对组织变革的研究进行了综述和文献分析，并在中国文化和中文语境下对现有员工应对组织变革的测量量表进行修订和结构检验，这将为国内学者今后进行相关研究提供一个参考和比较的对象。

第四，为组织变革的相关研究在实践中的应用提供新的理论设想。组织的变革浪潮在21世纪势必会持续很长一段时间，变革的高失败率依旧，而理论的研究却一直停滞不前。本书的研究为变革实践提供了一个很好的思路和理论借鉴，帮助变革的管理者思考一些组织层面的稳定因素对于员工的变革应对在怎样的变革属性下能产生更大的影响。一方面，对于某些特定目的的组织变革而言，很多属性是难以改变的（如变革推行的时间、范围和程度等），因此变革的管理者就需要在这些前提的基础上以影响更为显著的因素（稳定的或情境的因素）作为重点考察的对象来展开针对性的人员选择和资源分配；另一方面，对于某些组织变革而言，变革推行的方式可能相对灵活，那么管理者就可以根据组织现有的一些稳定因素来考虑是否通过改变变革推行的方式来加强或减弱这些因素的影响。

第四节 研究的框架与方法

一、本书的框架设计

本书共有七章，图1-4说明了本书的基本路线，各章的大致内容如下：第一章"绪论"从本书的选题背景入手，在"组织变革"和"压力应对"两个领域的文献分析的基础上推演本书研究的主体内容、贡献及研究意义；第二章"概念界定与文献回顾"在文献回顾的基础上对本书所涉及的个人—组织价值观匹配、变革承诺、员工应对组织变革以及变革属性等研究构念的基本定义和概念维度进行界定；第三章"理论基础与研究假设"根据现有的理论探讨和实证研究成果推导出本书各个变量间具体关系的研究假设；第四章"实证研究设计"对实证研究的整个步骤进行说明，包括调查的对象、方法和测量工具；第五章"数据分析"将利用相关的统计分析方法对具体的研究假设进行检验；第六章"研究结论与实践探讨"将报告各类数据分析的结果，联系全书的研究主旨给出基本结论并尝试给出可能的悖论解释，在此基础上将研究结论与管理的实践活动相联系。对研究中所存在问题进行相应的解释和说明，为后来者的研究提出应关注的问题。第七章"员工应对组织变革研究的展望"。本书在研究结论的基础上提出了三个方向的研究展望。

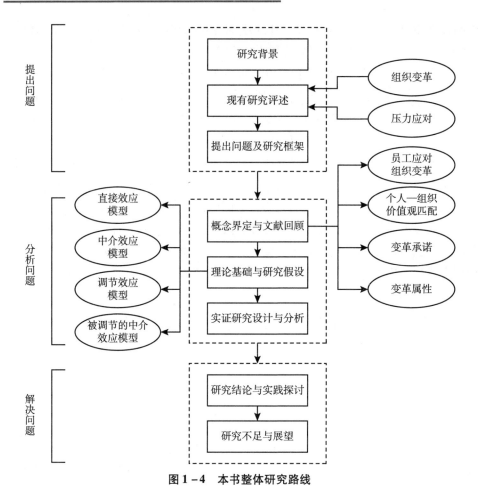

图 1 – 4　本书整体研究路线

二、本书涉及的研究方法

文献分析法。本书的研究强调立足于现有组织变革文献和压力应对文献，从中梳理关键的研究缺失，着重思考理论研究与实践运用的差距，挖掘管理实践中亟待解决却没有相应理论指导的问题作为研究的基本出发点。

逻辑推理法。本书的研究是基于组织学、组织行为学、社会学、社会心理学和人力资源管理的相关理论，在回顾已有的与个人—组织价值观匹配、变革承诺和员工应对组织变革的研究成果后，对上述构念间的关系（包括直接、中介和调节作用）进行逻辑推导、演绎和归纳，首先从理论上建立各个研究构念之间的关系，其次提出相应的实证研究假设并进行验证，最后分析研究的结果。

调查研究法。在实证研究方面，调查的内容主要围绕本书的具体研究所设计。调查的方式是在借鉴现有相关研究的测量方式和测量量表的基础上，通过面谈和问卷的形式收集相关的信息。在问卷的收集方面，采用实地发放和在线网络调查相结合的方式进行。

统计分析法。在预测试阶段，多种统计分析的方法（包括探索性因子分析、信度分析等）将被用以修订量表。在正式测试中，验证性因子分析和信度分析将首先被分别用于对多个多维量表的信度和效度进行检验，以保证测量量表的有效性和可靠性。在此基础上，采用描述性统计指标、相关系数对数据和变量之间的关系进行初步的分析，再利用分层回归和结构方程模型来检验研究中所涉及的变量间关系的基本假设。统计分析过程将使用 Spss 18.0 和 Amos 18.0 软件进行。

比较分析法：由于本书的研究模型具有一定的开创性，因此基于多种可能的拟合模型的对比分析就非常重要。通过对比结构方程模型的拟合指数、优势分析（domiance analysis）和有用性分析（usefulness analysis）对研究的结论进一步深入探讨。

第二章

概念界定与文献回顾

第一节　个人—组织价值观匹配

由于人们相信和谐总是美好的，因此朴素的观念认为员工与组织的匹配会积极地影响组织和员工的许多行为（Schuh，Van Quaquebeke，Keck et al.，2016；陈卫旗，2009），这使得个人—组织匹配在过去30多年里成为学者和管理者们最关注的话题之一。管理实践者们通过雇佣和组织社会化来实现高的个人—组织匹配，从而使员工在面对竞争性的挑战时能够保持高的适应性和组织承诺（Kristof，1996）。多项研究证实，当组织发生变革时，高的个人—组织匹配更会突出表现出正面的效应（Bridges，1994；Howard，1995；Ostroff et al.，2005）。本书的研究正是基于组织变革的情景考察员工采用的应对组织变革策略的前因，根据以往的研究，个人—组织匹配可能将是重要的影响因素。

一、个人—组织价值观匹配的概念界定

无论理论还是实证的研究都必须扎根于它们所针对的概念中。与研究数量的增长和内容的拓展相对应，匹配的概念在过去30多年也得到不断丰富（Oh et al.，2014）。克里斯托夫（Kristof，1996）在综述以往的研究时将个人—组织匹配定义为"个人与组织之间的相容性"。但对于如何理解这种相容性，则存在两个重要的区分：第一种是从一致性和互补性的角度来理解相容性，将个人—组织匹配划分为一致性匹配（supplementary fit）和互补性匹配（complementary fit）

（Edwards and Cable, 2009; Chuang, Shen and Judge, 2016）。当相容表现为个体的特征和属性（如个性、价值观、目标、态度等）与其所在组织的特征或属性（如组织文化、氛围、价值观、组织目标、规范等）一致（congruence）时，就是一致性匹配。具体地说，当组织雇用的一个员工拥有在这个组织中被广泛拥有并运用的技能，那么这个员工与该组织具有一定程度的匹配。当个体和组织在特性和资源（如个体的经验、能力、忠诚、努力程度和组织的报酬、工作条件、发展机会等）对另一方的需求满足上存在相互补充的关系时称为互补性匹配。第二种是按需要—供给观点（needs-supplies）和需求—能力观点（demands-abilities）的区分来理解（Kristof, 1996）。需要—供给观点主要从组织的角度出发，认为匹配发生在组织满足个体的需要、期望和偏好时，而需求—能力观点则是从个体角度出发，这种观点认为个体拥有组织所要求的能力时，匹配就发生了。

克里斯托夫（Kristof, 1996）提出个人—组织匹配应该是一个多维度的概念，上述两种匹配的理解方式在本质上存在联系。一致性是互补和需要—供给的基础，而互补正是在员工与组织发生需求—供给关系时产生的。所以研究个人—组织的匹配就是考察两者之间是否存在以下三种情况之一：（1）个人和组织二者至少有一方满足了另一方的需要；（2）个人与组织二者之间具有某些相似的基本特征；（3）前两种情况同时具备。

本书将匹配研究的对象界定于员工与组织在价值观层面的一致性。这里所说的价值观，本书借鉴前人的研究，将其定义为判断事物或行为的意义及是否可取的一般标准（Meglino and Ravlin, 1998; Quinn and Rohrbaugh, 1983; Schwartz, 1992）。价值观会支配个体的决策和行动，当社会单位组织内的成员的价值观相互分享，就会形成一种基本的社会期望或规范，然后这种组织的价值观则会规范新成员的行为及资源的调配（Edwards and Cable, 2009）。组织的基本价值观形成之后，会不断出现一些规范、符号、仪式及其他文化相关的活动来反映基本的价值，并且使价值分享在更大范围内实现，那么组织的文化和价值体系也就形成了。因此，匹配早期的部分研究是考察员工个人价值观与组织文化的一致性程度，但不少学者认为文化是一个较为模糊的概念，其核心就是组织的价值观（O'Reilly et al., 1991; Schuh et al., 2016），因此后来的研究者更多将目光聚焦于个人—组织价值观匹配（P－O value congruence or P－O value fit）。

综合来看，考察员工和组织在价值观层面的匹配度是因为：（1）不论对于个人还是组织来说，价值观都是一个最基本的属性。根据上述个人和组织价值观的定义，价值观是组织文化形成和社会化活动的起点，是个人—组织匹配的核心（Schuh et al., 2016），并且这些属性较为持久稳定（O'Reilly et al., 1991）；

（2）个人—组织匹配研究的具体内容非常广泛和复杂，在大多数实证研究中，为了便于操作和控制，学者们总是倾向于选择价值观匹配作为最能够反映匹配核心内容的代表（Ostroff et al.，2005）；（3）相比较匹配的其他内容，更多的研究探讨了价值观匹配对于员工态度和行为的影响（Amos and Weathington，2008；Edwards and Cable，2009；Menguc，Auh，Katsikeas et al.，2016），这些探索能够为本书的研究假设提供部分理论支持。

二、个人—组织价值观匹配的结构维度

虽然个人—组织价值观匹配仍然是一个多维度的概念，但它的存在是取决于个人价值观与组织价值观的维度及它们之间的重叠，因此大多数学者都是从个人或组织价值观的划分中甄选可以匹配的维度加以考察。而对于价值观划分的方式依据源自人类学、社会学和社会心理学的研究，早期的研究者们对于理解个人行为与团队文化间的联系进行了大量的前期研究，并将符号、仪式、规范、语言等文化相关的概念也纳入研究的范畴，并产生了多种定义和划分价值观的方式（Smircich，1983；Swidler，1986；Trice and Beyer，1984）。巴利（Barley，1983）指出虽然这些研究基于不同的理论，但都采用了大体相同的结构和措辞，差别只是在于具体的研究目的和调查方式。

早期价值观匹配的研究存在的一个问题就是大多基于对照组织和个人价值观描述的目录来对匹配进行考察，而不是基于成熟的理论框架（Kalliath，Bluedorn and Strube，1999）。采取类似方法进行的研究中包括超过 30 种不同的匹配目录（Ostroff et al.，2005），这导致研究的结果相互之间无法印证，也无法对比哪一类的匹配对于组织和个人层面的结果有更显著的影响。

在现有的匹配研究中，奥莱利等（O'Reilly et al.，1991）开发的组织文化剖面图（organizational culture profile，OCP）是比较成熟且经常被采用的价值观匹配的衡量框架。OCP 包括创新（innovation）、关注细节（attention to detail）、结果导向（outcome orientation）、进取心（aggressiveness）、相互支持（supportiveness）、注重奖赏（emphasis on rewards）、团队导向（team orientation）、决断力（decisiveness）共 8 个维度的价值观特征。

奎恩等（Quinn and Rohrbaugh，1983；Quinn and Spreitzer，1991）基于 4 种不同的组织理论模型提出的"竞争性价值模型"则是被最为广泛应用的框架（Gregory，Harris，Armenakis and Shook，2009；Meyer，Tsui and Hinings，1993）。"竞争性价值模型"包含了两个基本维度。第一个维度是"灵活性—控制度"，

强调对变化或稳定的期望，灵活性取向反映灵活适应性和行为的自主性，而控制度反映对稳定、控制和秩序的追求。另一个维度是"内部取向—外部取向"，内部取向强调维护和改善现存的组织，而外部取向则强调竞争、适应和与外界环境的互动。这两个维度组合成4种典型的组织价值取向：（1）人群关系。即支持导向的价值观，强调组织中的凝聚力和员工发展，注重团队协作、上下级间相互支持、反馈和员工参与等价值；（2）开放系统。即创新导向的价值观，强调灵活、成长、创新、外部支持和外部资源获取等；（3）内部过程。即规则导向的价值观，强调过程监控、规范流程、制度遵从、稳定和秩序等管理价值观；（4）理性目标。即目标导向的价值观，特别关注计划、目标设置、产出效率和目标实现等。这4种价值取向之间并不是绝对的互斥，而是可以同时在一个组织中存在，但是彼此之间又存在竞争关系（Quinn and Rohrbaugh，1983）。

还有一个具有广泛影响力的理论框架是施瓦茨（Schwartz，1991）基于20个国家的调查研究所开发出的价值观"圆丛模型（circumplex model）"。这一模型反映的是所有个人和群体都具有的一般价值要求，包含"开放（openness to change）—保守（conservation）"和"自我增强（self-enhancement）—自我超越（self-transcendence）"两个基本维度。其中"开放—保守"维度描述的是个人或群体对外部变化刺激的反应，是倾向于朝不确定的方向和难以预测的结果改变还是保持目前的状态。并根据倾向于受外部引导发生改变还是自我引导而改变将"开放"分为"外部刺激（stimulation）"和"自我引导（self-direction）"两类，同时根据倾向于遵循个人安全还是规范和传统将"保守"分为"安全（securi-ty）"和"规范（tradition）"两类。施瓦茨（Schwartz，1992）的概念框架具有很好的一般性和很强的跨文化适用性，因此许多学者基于这一模型进行了相关的价值匹配研究或针对不同情境的量表开发（Batra，Homer and Kahle，2001；Cable and Edwards，2004；Hitlin，2003；Kashima et al.，1995；Schuh et al.，2016）。

相比纯粹基于个人和组织价值观特征对照所得的匹配结构，"竞争价值模型"和"圆丛模型"明显具有更好的理论深度和研究价值。再比较两者各自的特点：第一，前者具有很强的针对性，专门为个体—组织之间的价值匹配而建立模型，而后者则具有更好的可拓性，可以据以进一步探讨不同领域的价值匹配。第二，"圆丛模型"是基于文化和价值观研究而开发的概念模型（Schuh et al.，2016），而"竞争价值模型"同时从价值观和组织理论两个角度来建立模型，因此对于组织领域的价值匹配研究而言具有更好的理论联结性。考虑到本书研究的范畴正是组织领域，但重心并不在于探讨和开发组织情境下个体—组织价值观匹配的概念结构，而陈卫旗（2009）新近在中国文化环境和中文语境下的研究也验证了

"竞争价值模型"的结构效度，所以本书采用奎恩和罗尔博（Quinn and Rohr-baugh，1983）的"竞争价值模型"作为理论假设和实证研究的概念基础。

第二节　员工应对组织变革

一、应对的概念界定

在对有关应对研究文献的梳理过程中，研究者发现应对定义的理解在学术界经历了两个发展阶段，本书将其中具有影响力的定义总结如表 2－1 所示。这些定义遵循的基本逻辑是：应对是人和环境相互影响的一部分，在一个人认为环境会带给他压力的时候，应对就会发生（Lazarus and Folkman，1984）。

表 2－1　　　　　　　　　　　　　　应对的基本定义

作者（年份）	定义	视角
奥德温和瑞文森（Aldwin and Revenson，1987）	应对包含了认知和行为上的策略，这些策略用来管理压力情境（问题关注的应对）和随之而来的负面情绪（情绪关注的应对）	应对的对象
卡佛等（Carver et al.，1989）	压力由三个过程组成：第一步是感知到对自我的威胁；第二步是在脑海里形成应对威胁的可能反应；而第三步则是执行这个反应的过程	应对的过程
科恩等（Coyne et al.，1981）	应对就是在认知或者行为上做出的努力，去管理耗尽或者超出一个人资源的外在、内在的要求，和影响一个人的冲突	应对的对象和情景
德威（Dewe，1987）	主动或被动地对一个威胁的环境产生反应，目的是移除威胁或减少不舒服的感觉	应对的情景
德威和阿尔文（Dewe and Alvin，1999）	应对是一个由初级评价激活的过程，应对策略从个体对事件的重要性及意义的理解开始	应对的过程
爱德华兹（Edwards，1992）	防止或减低压力对于各种个人心理状况的负面作用	应对的对象
福克曼和拉撒路（Folkman and Lazarus，1980）	为了控制、忍受或者减弱外部或内部的要求以及他们之间的冲突，而进行的认知或者行为上的努力	应对的对象和情境

作者（年份）	定义	视角
富盖特等（Fugate et al., 2008）	应对是一个个体与环境交互作用的过程，这个过程开始于个人对人—环境邂逅的评价，然后个体根据评价决定如何最好地处理压力事件，最后应对会影响许多个体和组织的产出，如工作绩效、雇佣关系、幸福感等	应对的过程
拉塔克（Latack, 1986）	压力和应对可以被视为一个包括以下四个主要环节的动态过程：（1）环境的压力源（如需求、约束、机会）；（2）个人对充满不确定性但可能产生重要后果的压力源的认知评价；（3）心理和行为所反映的压力水平（例如焦虑、心跳加速、工作绩效）；（4）应对行为或应对策略。因此，应对可以定义为对不确定但可能非常重要后果的情境的反应	应对的对象和过程
福克曼等（Folkman et al., 1986）	应对是持续并不断变化的认知上和行为上的努力，以管理来自内部和外部的令人疲劳或超出个人资源的需求	应对的对象和情境
皮尔琳和斯库勒（Pearlin and Schooler, 1978）	应对是指任何处理外部生活压力的反应，目的是阻止、逃避或者控制情绪上的压力	应对的对象和类型

资料来源：本书整理。

这其中，大部分的定义强调的是应对的对象，即应对是针对什么而发生的，是"压力的情境"（针对问题的应对）或者随之而来的负面情绪（针对情绪的应对）（Aldwin and Revenson，1987）。有些定义只关注一个对象，如阻止、逃避或者控制情绪上的压力（Pearlin and Schooler，1978）。爱德华兹（Edwards，1992）则认为应对可以定义为防止或减低压力对于各种个人心理状况的负面作用。另一些研究者进一步定义了"压力"的具体情境，例如，科恩、奥德温和拉撒路等（Coyne，Aldwin and Lazarus，1981）提出，应对是指通过认知和行为上的努力来管理超出或耗尽个人资源的环境和内在的要求或冲突。德威（Dewe，1987）将应对定义为"主动或被动地对一个威胁的环境产生反应，目的是移除威胁或减少不舒服的感觉"。拉塔克（Latack，1986）将应对定义为"对充满不确定因素和重要后果的环境的反应"。

社会心理学家也是最早将应对理论应用于组织变革研究的福克曼等人在1986年提出了一个具有综合性并被广泛应用的定义：应对是持续并不断变化的认知上和行为上的努力，以管理来自内部和外部的令人疲惫或超出个人资源的需求（Folkman et al.，1986）。从这一定义出发，研究者可以根据实证研究的不同要求对应对的外延进行扩展。例如，考虑到应对对象的多样化，既可以是内部的（如情绪反应），也可以是外部的（如工作情境）。还可以从不确定性或结果的重要性等因素来判定什么样的需求才是超出个人资源或使人疲惫的。这一定义被后来的研究者广泛接受（Amiot et al.，2006；Gowan，Riordan and Gatewood，1999；Kinicki and Latack，1990；Latack，Kinicki and Prussia，1995；Scheck and Kinicki，2000）。

第二个应对定义发展的阶段开始于研究者将应对视为一个"动态的过程"（Latack，1986）。拉撒路和福克曼（Lazarus and Folkman，1984）提出的压力和应对的认知现象理论认为员工的应对反应是在综合对情境的评价（初级评价）和对个人资源的评价（次级评价）基础上做出的。后来的学者在这一理论的基础上提出了各自对应对过程的理解。卡佛等（Carver et al.，1989）在研究中指出压力应对由三个过程组成：第一步是感知到对自我的威胁；第二步是在脑海里形成应对威胁的可能反应；第三步是执行这个反应。德威和阿尔文（Dewe and Alvin，1999）则认为应对是一个由个体对事件的重要性及意义的理解开始的过程。富盖特等（Fugate et al.，2008）的研究则基于这样的前提：应对是一个个体与环境交互作用的过程，这个过程开始于个人对人—环境邂逅的评价，然后个体根据评价决定如何最好地处理压力事件，最后应对会影响许多个体和组织的产出，例如，工作绩效、雇佣关系、幸福感等。应该说这些应对外延的扩展对实证研究具有重要意义，为研究设计界定了应对具体的前因变量和结果变量，从而将个体应对的完整过程用理论模型展示出来。

二、应对相关概念的区分

在应对内涵的拓展过程中，由于众多学者研究的侧重点不同，一些应对的相关构念出现了模糊和混淆应用。那么在福克曼等（1986）的概念基础上，要把这些容易混淆的构念区分开来，才能保证研究具有可比较性和可借鉴性。

首先，在绝大部分的实证研究中，应对策略（coping strategy）被作为应对的测量变量（Fugate et al.，2008；Latack et al.，1995；Scheck and Kinicki，2000；Welbourne，Eggerth，Hartley，Andrew and Sanchez，2007），既包括具体的行为（如制订执行计划）也包括认知的改变（如关注事件好的一面），也有的学者在研究中将其称为应对反应（coping response），而极少数学者将应对策略与应对行为（coping behavior）等同起来。拉塔克和哈夫洛维奇（Latack and Havlovic，1992）将应对策略分为行为和认知两类，丹尼尔斯和哈里斯（Daniels and Harris，

2005）认为应对策略包含不同类型的应对功能（coping function），而应对行为是指个体采取了一些具体行动来实施应对策略，如个体可以寻求社会支持来实现情绪调整、解决或逃离困境等不同的应对功能。

其次，另一个需要阐述的概念是应对风格，这是个体相对稳定的个人特质（Latack and Havlovic，1992），很难受到管理干预和训练的影响。如果在组织行为学的研究中将应对概念化为在环境中相对稳定的个人特性，那么应对研究对于管理者而言的实际价值就大为下降，顶多可能在招聘或安排岗位时可以借鉴。

最后，应对与应对效果（coping effectiveness）也需要区分开来，在探讨和测量应对策略时不应该包含对应对效果的描述（Stahl and Caligiuri，2005）（例如，我觉得我处理压力的方式提高了我的工作效率），绝大多数的应对测量量表针对的是应对本身，但也有学者针对应对的效果开发了量表。对于组织环境下的应对研究而言，什么样的应对是有效的在学术界还存在分歧（Latack and Havlovic，1992），因此为了避免研究包含过多的主观成分，测量应对的措辞不应与判断其有效与否的标准相混淆。另外，应对策略的效果并不是内生的，而与众多情境因素高度相关，例如，回避压力的应对策略对于组织变革的情景可能是无效的，但对于一些家庭——工作交互影响所产生的压力却非常有效。

三、应对的结构维度

斯金纳、埃奇、奥特曼和舍伍德（Skinner，Edge，Altman and Sherwood，2003）的综述指出，虽然研究者对于应对是一个多维度概念有统一的认识，但各类研究中存在超过100种的应对结构，说明对于应对内部维度的理解和划分远未达到一致，使得实证研究的结论难以相互比较，理论的发展也因此受阻。部分原因是大部分学者认同福克曼（1984）提出应对的具体类型要根据具体情景加以理解和定义，而不是具有一般性的标准。因此，有学者专门针对工作压力的应对维度进行了探讨，仅在应对组织变革的研究文献中，本书就归纳出数十种应对结构，如表2-2所示。

表2-2   应对的结构

作者（年份）	应对的结构	研究主题
阿米奥特等 （Amiot et al.，2006）	问题关注和回避	员工应对组织变革

作者（年份）	应对的结构	研究主题
安德森 （Anderson，1977）	问题关注和情绪关注	个性特征与员工应对
阿姆斯特朗－史塔生 （Armstrong-stassen，1994）	问题解决和情绪关注	应对资源、压力评价与员工应对组织变革
坎宁安 （Cunningham，2006）	抵制变革和引导变革	组织承诺与员工应对组织变革
赫尔曼和蒂特里克 （Herman and Tetrick，2009）	问题关注和情绪关注	员工应对外派
贾奇等 （Judge et al.，1999）	抵制变革和引导变革	个性差异与员工应对组织变革
刘和佩瑞 （Liu and Perrewé，2005）	积极应对和消极应对	情绪与员工应对组织变革
拉撒路和福克曼 （Lazarus and Folkman，1984）	问题关注和情绪关注	量表开发
拉塔克 （Latack，1984）	行动、认知重构和症状管理	量表开发
拉塔克 （Latack，1986）	控制导向、逃避导向和症状管理	量表开发
奥德温和瑞文森 （Aldwin and Revenson，1987）	控制导向、逃避导向、症状管理和信息搜寻	量表开发及应对与心理健康
朗 （Long，1990）	问题关注、情绪管理和问题重构	量表开发及工作环境、压力源、性别对应对选择的影响
拉塔克和哈夫洛维奇 （Latack and Havlovic，1992）	4象限12种应对类型	应对研究综述
斯金纳等 （Skinner et al.，2003）	解决问题、寻求支持、回避、放松和正向认知重构	应对研究综述
舍克和基尼奇 （Scheck and Kinicki，2000）	问题关注和情绪关注	员工应对组织变革
特里和吉米森 （Terry and Jimmieson，2003）	问题关注和情绪关注	员工应对组织变革过程模型
布朗等 （Brown et al.，2005）	问题关注、自我控制和发泄	情绪、应对和个人绩效

作者（年份）	应对的结构	研究主题
韦尔伯恩等 （Welbourne et al.，2007）	解决问题、寻求支持、回避和正向认知重构	职业风格、应对选择和工作满意关系
富盖特等 （Fugate et al.，2008）	控制导向和逃避导向	员工应对组织变革过程模型
卡梅耶－穆勒等 （Kammeyer－Mueller et al.，2009）	包含初级控制、次级控制和撤离三个核心维度的层级系统结构	自我评估与应对选择关系的元分析
卢因和萨格尔 （Lewin and Sager，2010）	问题关注和情绪关注	个性特征与应对策略的交互作用对员工离职倾向的影响
特奥等 （Teo et al.，2013）	问题关注和情绪关注	压力源、压力评价、应对策略和工作满意度关系
斯里瓦斯塔瓦和唐 （Srivastava and Tang，2015）	问题关注、行动关注和情绪关注	员工应对策略与组织承诺关系
王叶飞和谢光荣 （2016）	积极应对和消极应对	情绪智力、自我领导与大学生压力应对
埃德姆等 （Erdem et al.，2017）	问题关注和情绪关注	组织支持通过心理资本对员工应对策略的影响机制

资料来源：本书整理。

这些在概念定义上相似又各有侧重的结构都是从以下两种基本的结构衍生而来的。

1. 按照应对的对象划分的结构

关注问题（problem-focused）的应对和关注情绪（emotion-focused）的应对是最被广泛认可和应用的应对维度。前者是指以影响压力源为目标的行为和认知上的努力，后者则是以减弱压力源对情绪的负面影响为目标。这种划分方式的理论基础是拉撒路和福克曼（Lazarus and Folkman，1984）提出的压力和应对的认知理论。虽然这一应对结构被后来的理论和实证研究广泛接受（Anderson，1977；De Ridder，1997，Fugate，Kinicki and Scheck，2002；Herman and Tetrick，2009；Kinicki，Prussia and McKee－Ryan，2000；Scheck and Kinicki，2000；Stahl and Caligiuri，2005），但其本身存在两个维度不能互斥的严重问题（Latack，1986）。如前瞻性地思考问题（proactive thinking），既可以是一个以影响情境为目标的努力也可以被认为是调节情绪的有效方式。

2. 按照应对的方式划分的结构

这一结构的定义最早是由拉塔克（1984）提出的，包括行动（action），指行为上致力于影响压力源或情境；认知重构（cognitive reappraisal），指尝试对情境进行重新认识；症状管理（symptom management）指关注压力所产生的表面症状和心理状况（Latack，1984）。但按照这种结构维度所进行的探索对于工作相关压力下的研究缺乏实际意义。也就是说员工是采用行动、认知重构还是症状管理的应对都可能是对组织有利的，这样的研究对管理者而言意义很小。

针对以上两种应对结构的缺陷，拉塔克（Latack，1986）对两种结构进行对比整合，提出了工作环境下的员工应对策略结构，仍然按照应对的方式分为三类：控制导向的应对（control-oriented coping），包括采取前瞻性的、积极负责的行为和认知重构；逃避导向的应对（escape-oriented cooping），包括行为和认知上的回避或逃避，以及症状管理。拉塔克（Latack，1986）的结构定义具有深远的影响，时至今日众多工作环境下的应对研究，包括组织变革环境下的应对研究都接受了这一结构（Amiot et al.，2006；Armstrong – Stassen，1994；Fugate et al.，2008；Terry and Jimmieson，2003）。

3. 衍生的多维度应对结构

后续的研究者借鉴了上述学者的观点并承继了对结构维度的探讨，奥德温和瑞文森（Aldwin and Revenson，1987）提出在拉塔克（Latack，1986）三维度的基础上增加信息搜寻（information seeking）的维度，指那些个人所采取的可以为解决问题和调节压力奠定基础的积极活动。

朗（Long，1990）提出关注问题、情绪管理（emotional management）和问题重构（problem reappraisal）的三维结构。其中情绪管理是指通过回避问题的方式来降低紧张的情绪，而问题重构是指努力管理自身对压力时间的评价，这一结构也被卡梅耶 – 穆勒等（Kammeyer – Mueller et al.，2009）的实证研究所采用。

在此之后的应对结构维度的探讨开始出现整合上述两种分类的趋势。拉塔克和哈夫洛维奇（Latack and Havlovic，1992）在他们的综述研究中提出了一个 2×2 的应对策略评价矩阵：首先根据问题关注/情绪关注和认知/行为作为第一层次的划分标准将应对策略分为四个象限；在问题关注的认知和情绪关注的认知象限又将控制和逃避作为二级划分标准将每个象限分成两类应对策略，在两个行为象限则同时采用社会的/单独的和控制/逃避作为二级标准将每个象限划分成四类应对策略。整个模型将应对分成 12 种类型。

在对 100 项实证研究的评估和分析后，斯金纳等（Skinner et al.，2003）提出了一个五维应对结构，包括解决问题、寻求支持、回避（avoidance）、放松

（distraction）和正向认知重构。韦尔伯恩等（Welbourne et al.，2007）在关于应对与工作绩效关系的研究中建议将这一结构中的回避与放松两个维度整合。

卡梅耶－穆勒等（Kammeyer－Mueller et al.，2009）在关于自我评估和应对策略选择关系的元分析中建立了一个应对的层级系统结构。他们认为应对结构的最高一级可以分为投入（engagement）和脱离（disengagement），前者指积极尝试管理情境和相关的个人情绪，后者指使自身从压力和相关的情感中逃脱出来。在下一个层次，可以根据应对的目标不同进一步分为：初级控制（primary control），指改变压力源和相关的个人情绪（如解决问题或调节情绪）；次级控制（secondary control），指通过各种方式使个体更好地适应压力环境（如接受或认知重构）。卡梅耶－穆勒等（Kammeyer－Mueller et al.，2009）认为这两个层次构成了应对的核心内容，并且每个维度都由多个次一级的应对策略构成。

关于应对的内部维度，通过文献研究可以得到两个基本的结论：第一，研究者对于应对是一个多维度并且多层式的概念已经达成共识；第二，在工作相关压力的应对的实证研究文献中，侧重于员工应对与组织相关变量的研究，为了便于探讨研究的实际意义，倾向于采用二维结构（解决问题/调节情绪或控制/逃避）来定义应对，从表2－2所归纳的应对结构和研究主题的对应关系中可以清晰地发现这一规律。

四、员工应对组织变革的界定和结构维度

员工应对组织变革的研究已经备受应用心理学家和组织行为学家的关注，这其中包括了各种具体的变革情境，例如，兼并（Amiot et al.，2006；Armstrong－Stassen，Cameron，Mantler and Horsburgh，2001；Fugate et al.，2002）、裁员（Armstrong－Stassen，2006；Gowan et al.，1999；Gretchen M Spreitzer，2002；Mishra and Spreitzer，1998）和收购（Scheck and Kinicki，2000）等，但几乎没有研究专门给员工应对组织变革的概念进行界定。事实上，同样是关注员工应对组织变革的实证研究，不同学者在应对的度量上有很大分歧。如坎宁安（Cunningham，2006）、贾奇等（Judge et al.，1999）、克鲁格兰茨基、皮埃罗、希金斯和卡波萨（Kruglanski，Pierro，Higgins and Capozza，2007）以及万博格和巴纳斯（Wanberg and Banas，2000）的研究是按抵制变革还是引导变革来考察员工应对，是从组织的角度直接审视员工应对如何影响组织变革；阿米奥特等（Amiot et al.，2006）、阿姆斯特朗－史塔生（Armstrong－Stassen，1994）、富盖特等（Fugate et al.，2008）、刘和佩瑞（Liu and Perrewé，2005）则是从积极或是消极的

应对导向上来考虑，立足于探讨员工应对在策略上的偏向及对变革产生的间接影响；包括诺布利特等（Noblet et al.，2006）以及舍克和基尼齐（Scheck and Kinicki，2000）、特里和吉米森（Terry and Jimmieson，2003）在内的更多研究是从个人应对选择关注问题还是关注情绪作为研究的重心，这类研究更多是在探讨应对的风格以及对个人产出的影响。从根本上说，这些分歧是由于对概念的界定比较模糊，在员工应对组织变革的对象、形式和本质上的描述上都不清晰。这必然给以后的研究者带来困惑：到底什么算是员工应对组织变革？因此本书认为有必要在进一步的理论探讨和实证研究之前先对这一研究主题做一个清晰的界定。

虽然西方学术界对于变革情境下的员工压力应对一致称为员工应对组织变革（coping with organizational change），但根据压力应对研究的基本定义，员工应对组织变革的实质仍然是处理变革所产生的压力。如果将研究的落脚点放在员工对于变革的直接影响（如引导变革），借鉴压力应对理论的研究就变成了仅仅停留在字面上，依然会出现本书第一章所说的调查流于形式的问题。不妨将关注的焦点投放在员工个人的心理过程，考虑员工对于组织、变革以及自身的评价如何影响员工在变革过程中的反应，这种反应更多的应该是与员工日常工作、个人生活紧密相关的。当然，这些反应会间接影响组织变革的进程，而这比起直接研究员工对于变革支持与否来说更为真实。因此，本书从应对过程的角度，就对象、情境和类型做如下描述：员工应对组织变革是一个员工与组织交互作用的过程，开始于员工对员工—组织邂逅的评价，经过一系列的心理过程后，员工决定采用何种策略能够最好地处理组织变革所带来的压力，这些策略会明显影响员工和组织的产出。具体地看，首先，这一定义反映了目前应对的研究趋势，从表2-1的归纳可以看出，目前应对研究的趋势就是将其视为一个心理和决策的过程而不是单一的结果来构建模型加以探讨，这也符合本书的研究主旨；其次，应对过程从员工对个人、组织及变革情境的评价开始到最终表现为个人和组织的产出变革，其中包括个性差异、个人情绪、个人承诺等已知和未知的因素；最后，从本书的研究主旨可知，本书所研究的员工应对组织变革是落在策略导向的层面，既不是直接的支持或反对变革的行为，也不是单单关注个体的压力调节，这样的界定既避免研究脱离实际的变革管理工作，也符合压力应对是一个心理过程的属性。

结合本书对员工应对组织变革的界定和应对结构的综述，本书借鉴被大部分员工应对组织变革研究所采用的两维度应对的划分方式（Amiot et al.，2006；Fugate et al.，2008）。在维度的命名上，虽然被采用最多的是拉塔克（Latack，1986）所提出的控制导向和逃避导向的应对，但本书认为采用积极应对（proactive coping）和消极应对（passive coping）（Aspinwall and Taylor，1997；Liu and

Perrewé，2005）的命名方式更为合适，这是由于：第一，在拉塔克和哈夫洛维奇（Latack and Havlovic，1992）给控制导向应对和逃避导向应对所下的明确的定义就是它们分别被解释为"前瞻性地思考或采用积极负责的方式处理问题"和"避开或设法不去关注问题"，这与阿斯平沃尔和泰勒（Aspinwall and Taylor，1997）对积极应对所下的定义"努力处理压力事件或前瞻性地修正"及刘和佩瑞（Liu and Perrewé，2005）对消极应对所下的定义"被动地面对问题"在内涵上差别很小。第二，拉塔克（Latack，1986）最初对工作环境下的员工应对所作的分类实际上包含控制导向应对、逃避导向应对和症状管理，后来的研究者为了便于研究讨论，往往将其忽略或将"症状管理"这一维度所包含的内容拆分入另外两个维度进行探讨，这使得内涵实际上被拓展。如恰当地管理自己的情绪可以算作积极地去应对压力，但却很难被控制导向的概念所囊括。第三，积极和消极应对的命名方式更符合中文的语义习惯，便于研究的探讨和推广。

考虑到目前并没有在中国文化和中文语境下所进行的员工应对组织变革的结构维度探讨，本书在界定员工应对组织变革的基本维度基础上，尝试探索积极应对和消极应对的次一级维度。从表2-1应对定义可以看出，学术界基本认同无论按照怎样的方式划分，应对都应该包括行为上和认知上的策略（Aldwin and Revenson，1987；Coyne et al.，1981；Folkman et al.，1986），因此本书根据应对方式是采用行为上还是认知上的改变分别将积极应对和消极应对划分为直面应对、计划性应对、行为脱离和空想应对，具体的概念内涵如表2-3所示。

表2-3　　　　　　　　　　　　　　本书应对的概念结构

应对导向			
		积极应对	消极应对
应对方式	行为	直面应对： 通过积极地以直接解决问题为目标的努力来改变环境（Folkman et al.，1986）	行为脱离： 努力使自己摆脱或离开变革的环境（Folkman et al.，1986）
	认知	计划应对： 思考如何处理问题并设想下一步的行动方案（Carver et al.，1989）	空想应对： 在思想上逃避变革或寄望于变革的尽快结束（Folkman et al.，1986）

注：（1）关注的是应对而不是应对风格或应对的效果；
（2）针对员工应对组织变革所作的分类。

五、员工应对组织变革的结果

本书的研究没有直接涉及员工应对组织变革的结果，但应对策略的结果是员工应对组织变革过程研究的重要组成部分，也是该领域研究的最终目的。因此，以下对员工不同应对策略的常见结果做简单汇总，以便读者能够对应对变革的完成过程有更清晰的认识，也有利于理解研究结果的实践价值。

1. 心理健康

早在经典的心理学文献中，心理健康就是最常被提及的应对结果。关注问题的应对正是以降低压力的影响为直接目标，因此被学术界一致认为对心理健康有正面的影响，而关注情绪的应对则会导致相反的结果（Noblet，Rodwell and Mc-Williams，2006）。

2. 离职倾向

离职倾向是员工乐于采用逃避还是控制应对的一种认知表现，是应对研究中重要的结果变量。阿姆斯特朗－史塔生（Armstrong-stassen，1994）的研究表明越是采用控制导向应对的员工，离职倾向越低，而逃避导向应对则相反，富盖特等（Fugate et al.，2008）的研究也得出相似的结论。国内学者梁妙银、王鑫业和张荣华（2017）针对武汉市银行员工的研究也得到了同样的结论。

3. 情绪

根据应对的定义，降低个人的负面情绪和提升正面情绪正是应对的目标结果之一。拉撒路在1991年和1999年分别撰文陈述了关于应对选择对个人情绪的影响：当一个人采取了某种应对策略来缓解压力时，情绪上的变化会伴随着这种应对反映。因此，部分学者将情绪作为应对策略的结果变量而不是前因变量加以研究（Holahan，Moos and Brennan，1997）。富盖特等（Fugate et al.，2008）的研究利用结构方程模型对多个应对过程模型进行比较，结果显示应对—情绪结构要比情绪—应对结构更能准确反映员工应对组织变革的心理过程。

4. 态度

工作满意和组织承诺是员工应对组织变革研究中作为结果被最多关注的态度类型。理论和实证研究的结果都支持积极的（关注问题的和控制导向的）应对策略与工作满意和组织承诺正相关，消极的（关注情绪的和逃避导向的）应对策略则有相反的效果（Amiot et al.，2006；Armstrong-stassen，1994；McWilliams，2006；Teo et al.，2013）。

5. 个人工作绩效

控制导向的应对被认为与工作绩效正相关，而逃避导向的应对则相反。贾奇等（Judge et al.，1999）提出正视并接受变革会显著地影响个人在变革中的绩效表现。王玉峰和金叶欣（2016）在国内多个行业的研究发现积极应对会通过影响工作投入最终提升工作绩效。

员工应对组织变革的结果总结如表2－4所示。

表2－4　　　　　　　　　　员工应对组织变革的结果

作者（年份）	应对的结果	研究对象
阿米奥特等（Amiot et al.，2006）	关注问题的应对与组织认同和工作满意度正相关，脱离应对与工作满意度负相关	487位美国国际航空公司的员工
阿姆斯特朗－史塔生（Armstrong-stassen，1994）	控制应对与组织承诺和工作绩效正相关，与离职倾向负相关；逃避应对相反	200位美国电信产业技术人员
富盖特、基尼奇和普鲁士（Fugate，Kinicki and Prussia，2008）	控制应对通过影响正面情绪降低离职倾向，逃避应对通过影响负面情绪提升离职倾向和病假	141位美国公共服务部门的员工
赫尔曼和蒂特里克（Herman and Tetrick，2009）	情绪导向的应对与工作调整负相关，问题导向的应对与工作调整正相关	282位从美国派遣到日本的员工
诺布利特、罗德韦尔和麦克威廉斯（Noblet，Rodwell and McWilliams，2006）	问题导向应对与心理健康和组织认同正相关，情绪导向应对与工作满意度和心理健康负相关	1155位澳大利亚公共服务部门员工
富盖特、哈里森和基尼奇（Fugate，Harrison and Kinicki，2011）	变革的控制应对负面影响离职倾向	美国114位大型公共组织的员工
特奥等（Teo et al.，2013）	变革应对策略影响工作满意度	澳大利亚119位医护工作者
王玉峰和金叶欣（2016）	积极应对通过正向影响工作投入，最终正向影响员工绩效	全国多个省份、多个行业的823份样本
梁妙银、王鑫业和张荣华（2017）	积极应对与离职倾向负相关，消极应对与离职倾向正相关	武汉市397位银行在职员工

资料来源：本书整理。

第三节 变 革 承 诺

越来越多的组织都在经历前所未有的变革浪潮，而这些变革会影响组织和员工的关系以及员工的组织承诺（Meyer and Topolnytsky，1998）。同时，随着组织生存的环境越来越复杂，组织变革的成功需要员工的更多的支持，这其中就包括员工承诺他们会在变革中履行职责（Conner and Patterson，1982）。因此，许多研究者开始探讨员工变革承诺对于组织变革的重要性。例如，迈耶和赫斯科维奇（Meyer and Herscovitch，2002）认为"承诺会被证明是影响员工支持变革与否的最重要因素之一"。拉弗蒂和雷斯博格（Rafferty and Restubog，2010）也提出了相似的观点，他认为那些与组织之间存在情感依附关系的员工更可能会支持组织的变革并获得更高的工作满意度，而那些摇摆不定的员工则会在变革中离开。

一、变革承诺的概念界定

虽然变革承诺在员工行为与组织变革关系中的重要意义被一致认同，却只有少数学者针对变革承诺的定义和内涵进行专门地探讨。康纳和帕特森（Conner and Patterson，1992）认为组织变革是"联结员工与变革目标的重要桥梁"。迈耶和赫斯科维奇（Meyer and Herscovitch，2002）综合考察员工变革承诺在组织变革执行中的角色，提出了更具学术意义的定义：变革承诺是一种心理状态，这种心理状态会约束个人去执行一系列被认为是成功实施变革所必需的活动。他们认为变革承诺是一种心态上的强制力，而正是这种强制力将个人与推动变革的主动性联系起来。托波尔尼茨基（Topolnytsky，2002）提出的定义与此非常相似。表2-5列出了各个学者提出的变革承诺的定义。

表2-5   变革承诺的基本定义

研究者（年份）	基本定义
康纳和帕特森（Conner and Patterson，1992）	变革承诺是联结员工与变革目标的重要桥梁
赫斯科维奇和迈耶（Herscovitch and Meyer，2002）	变革承诺是一种心理状态，这种心理状态会将个人与一系列被认为是成功实施变革所必需的活动联系起来
托波尔尼茨基（Topolnytsky，2002）	变革承诺就是个人承诺会去执行那些与成功实施变革相关的行为

资料来源：本书整理。

在探讨变革承诺与其他类型的员工承诺之间的关系时，迈耶和赫斯科维奇（Meyer and Herscovitch, 2001）指出承诺按照对象的不同可以分成三类，如员工组织承诺的对象就是一个实体，它所能预测的员工行为并不完全在承诺的定义中表现出来，是一种暗示性的预测；还有一些承诺的对象是具体的行为，如持续性承诺，它直接表明员工对于去留问题的承诺；最后一类承诺的对象既是一个实体又明确包含一系列行为，如变革承诺，因为员工对变革这一实体的承诺水平就直接关系到他是否采取一系列的行为来支持或抵制变革的推行。

二、变革承诺的结构维度

与被更广泛关注的组织承诺不同，变革承诺曾被认为是单一维度的结构（Armenakis and Bedeian, 1999），但更多的学者认为它也是一个多维构念（Meyer and Allen, 1997）。欧文、科尔曼和库珀（Irving, Coleman and Cooper, 1997）以及赫斯科维奇（Herscovitch, 2002）不约而同地认为其他工作相关的员工承诺与组织承诺一样具有相似的多维度结构，例如，职业承诺（occupational commitment）。迈耶和赫斯科维奇（Meyer and Herscovitch, 2001）进一步提出可以将组织承诺的概念模型一般化，也就是说员工对变革的承诺应该与组织承诺有着内涵相似但具有不同行为暗示的三个维度——情感性变革承诺（affective commitment to change）指员工由于认同变革所能带来的利益，而渴望通过行动支持变革；持续性变革承诺（continuance commitment to change）指员工由于意识到变革失败所带来的损失而支持变革；规范性变革承诺（normative commitment to change）指员工将支持变革视为一种责任而支持变革（Cunningham, 2006；Herscovitch and Meyer, 2002）。迈耶和赫斯科维奇（Meyer and Herscovitch, 2002）根据这一概念框架首次在变革的环境下验证了员工对变革承诺的三个维度。他们在研究中进一步指出与组织承诺不同，员工的变革承诺在各个维度上都可能在组织变革开始后很快发生变化。例如，如果变革将使得员工个人的工作负担加重，那么他对于变革的情感性承诺会下降；如果员工意识到他的工作职位将可能失去保障，那么他的持续性变革承诺将会上升；对于那些由于需要实施变革而接受到额外培训的员工会有较高的规范性变革承诺（Meyer and Topolnytsky, 1998）。

鉴于迈耶和赫斯科维奇（Meyer and Herscovitch, 2002）对于变革承诺的定义与维度区分被后来绝大多数的研究所采用和验证，因此本书也接受这种界定。

第四节 变 革 属 性

如前文所述，由于原始的压力应对模型（Lazarus and Folkman，1984）中就包含有组织变革情境对于员工压力应对选择的影响路径，所以阿米奥特等（Amiot et al.，2006），阿姆斯特朗－史塔生等（Armstrong－Stassen et al.，2001），富盖特等（Fugate et al.，2002），拉弗蒂和格里芬（Rafferty and Griffin，2006），舍克和基尼齐（Scheck and Kinicki，2000）、拉弗蒂和雷斯博格（Rafferty and Restubog，2010）、卡特等（Carter et al.，2013）以及泰奥等（Teo et al.，2013）的研究模型都包含了组织变革相关特征的要素。本书首先尝试构建能够整合这些变革本身属性的模型，然后作为分类标准来检验和讨论不同变革类型对于价值观匹配与员工应对组织变革策略关系的影响。

一、变革属性的概念界定

基于应对是个体与组织环境交互作用的过程，这一领域的研究一直不乏对组织变革特征（change characteristics）的关注，但严格来说更多是变革的实施策略或变革引导者的行为所营造的情景（如员工参与变革的程度、管理者的领导效能等），所以拉弗蒂和格里芬（Rafferty and Griffin，2006）提出应该更多地将目光投向变革本质的属性（properties of change events），这样才更符合拉撒路和福克曼（Lazarus and Folkman，1984）在最初的基础性研究中所论述的组织变革的持续性、紧迫性、不确定性等能够反映变革整体性的因素作为变革情景的特征。本书之所以选择变革的属性而不是情境特征作为研究的要素，还因为这些属性与员工应对选择的关系一旦得以验证，管理者在实际的变革活动中更容易识别和控制这些要素，并且这些属性在变革的过程中更不容易发生波动，因此研究的实际意义就更为显著。

二、变革属性的研究维度

基于前文所述的研究目的，本书认同拉弗蒂和格里芬（Rafferty and Griffin，2006）所提出的从变革属性的视角来考虑变革所营造的组织环境。但是，拉弗蒂和格里芬（Rafferty and Griffin，2006）的三维度划分法——变革的频率（frequency of change）、变革的影响力（impact of change）和变革的计划性（planning involved in change）需要进一步探讨。其中，变革的频率是指员工感知的变革在其工作环境中发生的频繁性；变革的影响力是指员工感知的此次变革对于组织核心系统的改变程度，这里的核心系统是指组织传统的工作流程、文化、结构和战略；变革的计划性是指员工感知的管理者事先对于变革实施的计划和准备的详尽程度。从概念界定中不难发现这三个维度间存在明显的相关关系：频繁发生的变革就很难有高的计划性，高影响力的变革一般有较好的计划性，而高影响力的变革就不太可能频繁发生。在他们的研究中，结构方程模型的拟合结果也证实三个维度间存在显著的相关，这说明利用这三个维度很难将不同类型的变革区分开来。这就降低了研究的实际应用价值，也无法实现本书利用变革属性作为调节变量的研究意义。因此，本书需要尝试寻求其他衡量组织变革属性的方式来区分不同的变革。

普洛曼等（Plowman et al.，2007）以及斯特里特和加鲁佩（Street and Gallupe，2009）在研究中分别指出，在区分变革类型的衡量维度上的不统一和互相矛盾已经严重妨碍了组织变革相关研究的推进。普洛曼等（Plowman et al.，2007）在他们的研究中综合前人研究的成果，从影响力（scope）和节奏（pace）两个维度将变革划分成四种类型。变革的影响力关注的是变革给组织带来的改变的程度，根据这一标准，变革通常被分为渐进性的（convergent）和根本性的（radical）。前者是一种适应性地改变，是在组织现有的框架基础上展开，支持或匹配现有的组织基本结构和运作过程（Greenwood and Hinings，1996；Weick and Quinn，1999）。随着时间的推进，许多组织会利用这种方式的变革对现有的活动及战略进行修修补补（黄燕和陈维政，2013）。相反，根本性的变革是对组织现有的流程、技术或知识采用全新的运作模式，是一种重建而不是修补（Plowman et al.，2007）。变革的节奏描述的则是变革发生的速率，通常被分为持久性的（continuous）的或间断性的（episodic）。持久性的变革被认为是由频繁发生的、逐步推进而可能不断积累的改变所组成。持久性的变革会横跨较长的时间段，可能是对组织现有框架进行长期的、不断的修补以适应环境的变化，有可能最终导致组织框架的彻底改变（黄燕和陈维政，2013）。这样的变革经常出现于组织寻求新的发展机会和实施新的战略（Rindova and Kotha，2001）。间断性的变革则是不经常发生，不存在逐步积累而剧烈发生的改变（Michel，2014）。在组织长期的运作过程中，通常会出现一些由于惰性或制度化而难以改变的规则或行为模型，当组织必须对它们施加改变时，就需要实施有计划性的、快速推进的变革（Greenwood and Hinings，1996；Nadler and Tushman，1989；Tushman and Romanelli，1985）。

斯特里特和加鲁佩（Street and Gallupe，2009）根据上述普洛曼等（Plowman et al.，2007）的研究基础上界定了组织变革测量的操作性概念框架（如表 2 - 6 所示）。本书的研究就在这一框架基础上，讨论变革的节奏及变革的影响力对于员工—组织价值观匹配与员工应对间关系的调节作用，并就变革的四种类型讨论研究的实际应用。

表 2 - 6　　　　　　　　　　　　　　组织变革属性的研究维度

		变革的影响力	
		渐进性的	根本性的
变革的节奏	持久性的	持久的渐进性变革 持续的适应性调整，可能不断积累，可能同时发生在组织的多个部门（Weick and Quinn，1999）； 支持或匹配组织现有的框架（Greenwood and Hinings，1996）	持久的根本性变革 持续的适应性调整，可能不断积累；可能同时发生在组织的多个部门（Weick and Quinn，1999）； 通过对组织的流程、业务和目标等环节的不断调整，逐步形成新的组织规范，并最终改变组织的现有框架（Masuch，1985；Romanelli and Tushman，1994）
	间断性的	间断的渐进性变革 在一个长时间的持久性变革期间突然、快速地发生的适应性调整（Nadler and Tushman，1989；Romanelli and Tushman，1994）； 支持或匹配组织现有的框架（Greenwood and Hinings，1996）	间断的根本性变革 在一个长时间的持久性变革期间突然、快速地发生的适应性调整（Nadler and Tushman，1989；Romanelli and Tushman，1994）； 通过对组织的流程、业务和目标等环节的不断调整，逐步形成新的组织规范，并最终改变组织的现有框架（Masuch，1985；Romanelli and Tushman，1994）

资料来源：本书整理。

第三章

理论基础与研究假设

第一节　研究的概念框架

基于前两章的文献研究，本书提出如图 3 - 1 所示的研究概念模型。这一模型通过整合竞争价值框架（Quinn and Rohrbaugh，1983）、变革承诺模型（Meyer and Herscovitch，2002）和应对过程模型（Lazarus and Folkman，1984），探讨员工感知的组织—员工价值观匹配、变革属性、员工变革承诺与员工应对策略选择之间的相互关系。模型遵循"个体评价→个体态度→个体应对"，以及"组织情景×认知差异→个体应对"的研究思路，对员工应对组织变革的影响因素及其作用机制和适用范围做整合性研究。下文将根据这一完整模型，分别论述直接效应、中介效应和调节效应的理论基础和具体关系假设。

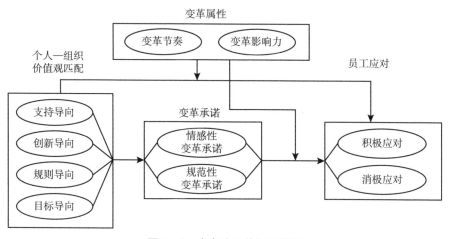

图 3 - 1　本书建立的假设模型

第二节　直接效应：个人—组织价值观匹配与
　　　　员工应对组织变革

　　大量的理论和实证研究探讨了个人—组织价值观匹配与个人行为和绩效的关系（Kristof–Brown et al.，2005；Zyphur，Zammuto and Zhang，2016），例如，组织承诺（Da Silva，Hutcheson and Wahl，2010；Van Vianen，Shen and Chuang，2011）、工作满意度（Edwards and Billsberry，2010；Verquer et al.，2003）、个体行为（韩翼和刘竞哲，2009；王震和孙健敏，2010；赵慧娟和龙立荣，2010；马贵梅、樊耘、于维娜和颜静，2015）和绩效（Hoffman et al.，2011；Zyphur et al.，2016；杜旌和王丹妮，2009；龙立荣和赵慧娟，2009）。人与环境互动理论（person-environment interaction theories）是这些研究主要的理论基础，也被认为是心理学领域衍生出的在组织管理研究中最具影响力的理论之一（Ekehammar，1974；Lewin，1935；Murray，1938；Parsons，1909；Pervin，1968）。当研究者考虑如何预测个体的行为时，两种基本的思考角度就是个体的差异和情景的差异（Allport，1935），这衍生出三种不同的研究方式，即从个体差异、情景差异和个体与情境的差异的视角来预测个体的行为，其中个体与情境差异的视角正是人与环境互动理论的支持者所倡导的研究范式。科恩和斯科勒（Kohn and Schooler，1978）、迈纳（Miner，1987）的研究显示当员工与工作环境表现出不匹配时，员工会通过自己的行为来改变工作环境。查特曼（Chatman，1991）后来归纳了这种个体与情境差异对于行为预测的体现，他认为在人与环境的互动影响之中，个体提供两种方式影响环境：（1）选择使自己最适应的环境；（2）用行动改变现有环境。

　　另外一种支持个人—组织价值观匹配对员工行为预测作用的观点源自社会控制理论（social control theory）（Etzioni，1967；Hollinger and Clark，1982；Simpson，1985；罗斯，1901）。该理论认为个体在组织中的行为会受到来自两方面力量的影响：一方面，组织成员会自觉地把其在社会生活中所积习的群体规范部分内化（internalization），用以约束和检点自己的行为，从而形成相应的内部控制；另一方面，组织成员的行为也需要通过各种外在力量加以调整和修正，即形成所谓的外部控制。外部控制与内部控制的界限是相对的，两者可以相互渗透和转化。在正式的组织中，内部控制和外部控制以同样的目的而存在，彼此之间有一定程度的此消彼长。当员工与组织的价值观匹配度高时，意味着员工对于自身行为的约束与组织的要求较为接近，这时价值观匹配就是通过内部控制的约束力而对员工行为具有预测作用。当员工与组织的价值观匹配度越低时，意味着员工对于自身行为的约束与组织的要求差异越大，那么内部控制的约束就越小，也就需要更强的外部控制。而当员工感知到越强的外部控制时，就会报告越强的压力感和倦怠，这样的员工更倾向于采用情绪导向或者逃避导向的应对（Daniels and Harris，2005；Folkman，1984；Joudrey and Wallace，2009；Leiter，1991；Tweed et al.，2004；Wanberg，1997）。也就是说，这种情况下价值观匹配对于员工行为的预测作用是由外部控制引发的。

上述两种理论实际上都是从人与环境互动的角度来论述，只不过是分别从环境对个体行为的约束和个体行为的反作用来说明个人—组织匹配对于员工行为的预测作用。现有文献中对于个人—组织价值观匹配会对员工行为和态度的产生影响的观点被广泛认可，并且相当多的实证研究检验了这些观点。例如，奥莱利等（O'Reilly et al.，1991）的生存分析（survival analysis）显示在最初对匹配进行评估的两年时间里，价值观匹配是员工实际流动情况的显著决定因素。与此相类似，查特曼（Chatman，1991）的结论认为，在招聘时及组织社会化之后 1 年时所测量的价值观念一致性水平可以显著地预测员工流动情况。埃尔多安等（Erdogan et al.，2004）在土耳其 30 所高校对 520 名教师所进行的调查表明个人—组织的价值观匹配对教师的工作满意和职业生涯成功有预测作用，但是这种预测作用的大小受到员工—领导交换和个人感知组织支持的调节。麦卡洛赫和图尔班（McCulloch and Turban，2007）试图在实践中考察个人—组织价值观匹配作为一种人员筛选工具所带来的额外的价值，研究结果表明个人—组织价值观匹配对于呼叫中心工作人员的服务期限长短和工作绩效有显著影响。

在个人—组织匹配领域多有建树的学者爱德华兹和凯布尔（Edwards and Cable，2009）深入探讨了个人—组织价值观匹配对于个人态度和行为预测的内部机制。他们的研究建立一个全新的理论模型，探讨价值观匹配通过沟通（communication）、可预测性（predictability）、人际吸引力（interpersonal attraction）和信任（trust）对工作满意、组织认同和留职倾向产生影响的机理，并检验了价值观匹配显著的直接效应和通过上述四个要素产生的间接效应。舒赫等（Schuh et al.，2016）在德国围绕 672 名跨组织员工的调查进一步证明了个人—组织价值观匹配对员工信任组织的正面影响。国内学者也开始这一领域的探索，韩翼和刘竞哲（2009）采用单维度的量表在武汉地区对零售和医药行业从业人员的调查研究检验了个人—组织匹配通过工作满意度对离职倾向的显著影响。李、王、尤和高（Li，Wang，You and Gao，2015）研究进一步证实了社会控制理论对于个人—组织价值匹配作用的解释力，在中国767名教师的调查结果显示，与组织具有高价值匹配的员工会有更强工作自主性并感受到更弱的外部控制，从而自发提升工作投入。

从上述理论的推导和实证研究的结果可以看出，个人—组织的价值观匹配在学术界被一致认同对员工的工作态度、组织承诺和员工绩效等有显著的影响：高价值观匹配一般被认为与正面的态度和行为结果正相关，而低的匹配与负面的态度和行为结果正相关（Kalliath et al.，1999）。具体到本书所探讨的匹配对于员工应对选择的预测作用而言，虽然目前还没有研究探讨两者之间的关系，但近年来的一些实证研究也探讨了价值匹配对于员工在变革中表现的影响。范登赫维尔等（Van den Heuvel et al.，2014）对580名警务人员的跟踪调查表明对组织价值认同度更高的员工在变革中会表现出更强的适应性。

从本书对于员工变革应对的内涵和维度的界定来看，应对是员工认知和行为上的努力，而且有正面（积极）和负面（消极）的区分，因此根据上文的理论和实证研究的结论，可以建立个人—组织价值观匹配与员工应对策略间关系基本的假设——个人与组织的价值观匹配度越高就越可能在变革中采取积极的应对策略，而越少采用消极的应对策略。在此基础上，本书力图更具体地探讨价值观匹配各个维度的作用是否存在差异。奚玉芹和戴昌钧（2009）对个人—组织匹配的研究综述指出目前绝大多数的价值观匹配研究都侧重于对个人—组织匹配在整体层面或某一单个维度上的匹配及其效应，对于多个维度匹配之间是否存在相互影响的关系尚不清楚。他们呼吁未来的研究应当更为深入地了解个人对于匹配的各个维度的重视程度以及最终形成匹配感知的方式，从而有利于对企业的人力资源管理实践（如招聘和社会化）提出更有针对性的建议。汪潇和杨东涛（2014）的研究综述则号召在激烈动荡的外部环境中研究个人—组织价值观匹配的实际作用。

本书研究的主旨是通过探讨价值观匹配对于员工应对组织变革的预测作用并用于指导变革管理实践。组织变革正是一个较为激烈变化的工作环境。而且，在具体的组织环境中，个人与组织不一定能在各个维度的价值观都实现高的匹配，因此，具体分析各个维度的预测作用并在数据分析结果的基础上讨论不同维度的相对重要性就同时具有重要的理论价值和实践意义。

一、支持导向的个人—组织价值观匹配对员工应对组织变革的影响

支持导向的价值观关注的是组织内部的人与人、人与群体之间的关系，强调

组织中的凝聚力和员工发展状况，注重团队协作、上下级间相互支持、反馈和员工参与等价值。一个重视团队协作、信赖上下级相互支持和员工参与决策的员工如果工作在一个强调个体分工明确、等级严格和权力集中的组织中，就很难有好的工作态度和行为表现（Kalliath et al.，1999）。一个努力追求自我提升的员工在一个缺乏员工培养计划的组织中就不会积极努力地工作，当组织变革发生时，就会更容易出现逃避和离开的倾向。反之，如果员工在组织和团队中所感知的协作、支持以及个人发展愿景与个人预期相一致，就会在组织发生变革时积极解决变革给组织和自身带来的问题，以实现预期中个人和组织的共同成长。因此，本书提出以下假设。

假设 3 - 1：支持导向的个人—组织价值观匹配程度与员工的积极应对策略正相关，与消极应对策略负相关。

二、创新导向的个人—组织价值观匹配对员工应对组织变革的影响

创新导向的价值观关注的是开放性，强调灵活、成长、创新、外部支持和外部资源获取等管理行为。与规则导向的价值观匹配相似，创新导向所关注的价值取向也在如何实现组织目标这个层面。如果员工认为创新和灵活性对于实现组织的目标非常重要，但是其所在的组织却并不在乎；又或者员工希望能够通过获取外部支持来帮助实现目标，但是组织却只关注内部的资源和能力，那么员工在工作中就会感觉到处处受制，在积极性上也会严重受挫（Ostroff et al.，2005）。组织变革常常意味着改变和创新，如果员工在创新导向上的价值认知与组织一致，那么员工就会更容易接受组织所采取的变革方案和措施，也就会更倾向于采用积极应对的方式来支持变革；如果员工在创新导向上的价值认知与组织差异较大，那么组织所倡导的变革就很可能与员工所期望的改变有很大差别，也就势必不可能采取积极的应对方式。奥雷格和伯森（Oreg and Berson，2011）对 75 所学校586 名教师的调查研究表明，当员工对于改变和创新具有更强的开放性时，他们在变革中就会更少地抵制变革。因此本书提出以下假设。

假设 3 - 2：创新导向的个人—组织价值观匹配程度与员工的积极应对策略正相关，与消极应对策略负相关。

三、规则导向的个人—组织价值观匹配对员工应对组织变革的影响

规则导向的价值观关注的组织内部运作过程，强调过程监控、规范流程、制

度遵从、稳定和秩序等管理活动中体现的价值观。奥斯特罗夫等（Ostroff et al.，2005）指出在实现组织目标的过程中，如果员工感知到自己的生产行为是组织所期望并会予以支持和奖励时，员工会更倾向于积极投入这种能够受到嘉奖的生产行为中。而如果员工不认同组织所鼓励的实现目标的方式和要求，或者不清楚组织所鼓励的方式和要求涉及哪些具体的行为，那么员工就会表现出较低的工作积极性和适应性（Van den Heuvel et al.，2014）。在组织变革的环境中也同样如此，当员工感知到自身所认同的行为方式也同样是组织所鼓励的，他就会积极去解决变革中出现的问题；相反，如果员工不清楚或者感知到组织并不支持自己所认同的行为方式，那就会感到缩手缩脚，故而消极对待。因此本书提出以下假设。

假设 3 - 3：规则导向的个人—组织价值观匹配程度与员工的积极应对策略
正相关，与消极应对策略负相关。

四、目标导向的个人—组织价值观匹配对员工应对组织变革的影响

目标导向的价值观关注的是组织与外部的竞争关系，包括组织的目标、计划和产出效率等；当员工与组织就组织所处的竞争状况有同样的认知时，就可能会有相似的目标追求和计划安排。当员工和组织有相似的目标，员工就会努力地工作（Vancouver and Schmitt，1994），在组织变革发生时也会倾向于通过积极的行动支持变革。另外，在目标一致的前提下，当员工认识到组织与自身在目标实现的过程上相对一致时，就会觉得自己的工作和努力能够发挥应有的作用，从而保持工作的积极性。因此本书提出以下假设。

假设 3 - 4：目标导向的个人—组织价值观匹配程度与员工的积极应对策略
正相关，与消极应对策略负相关。

第三节　中介效应：变革承诺

在引入研究模型的中介变量之前，再次回到现有员工应对组织变革的文献中。在如图 3 - 2 所示的压力应对过程中，根据拉撒路和福克曼（Lazarus and Folkman，1984；1986）所下的定义，情境特征是指个体所处环境中任何可能产生压力的情境因素，而应对资源是指那些对个体决定应对策略有所帮助的内部（心理）或外部的（社会的）稳定因素，如人格特征和组织环境等。根据第一章及本章第二节的论述可知，后来的学者已经认同文化、机构等组织层面的因素对

于员工应对的影响，并提出将这两类因素重新分为情境因素和稳定因素（Carver et al.，1989）。个人的压力应对开始于个人的认知评价，包括对情境和自我的评价，前者反映了个体对情境影响自身状况程度的判断，或者说是情境对个体产生压力的程度及事件与自身利害关系的判断，又称为初级评价（primary appraisal）；后者则是个体对情境可控程度的判断，即对自身能力能否控制或改变事件和情境的判断。从这几个概念的定义中，可以发现一个潜在的矛盾或者说是瑕疵，既然应对资源作为相对稳定的因素影响员工的应对选择，那么这类因素的作用机理如何呢？这个问题在该模型中并不能找到准确的答案。如图 3 - 2 所示，稳定因素对于员工应对策略选择的影响可以通过直接作用和认知评价的中介作用两条路径产生。实证研究的结果也部分证实了这一论断：安德森（Anderson，1977）、卡梅耶 - 穆勒等（Kammeyer - Mueller et al.，2009）、罗斯基等（Roskies et al.，1993）、舍克和基尼齐（Scheck and Kinicki，2000）以及万博格和巴纳斯（Wanberg and Banas，2000）的研究都检验了人格特质通过认知评价对应对选择产生的影响；但却很少有研究去检验组织层面或者个人—组织交互层面的稳定因素与应对选择之间的关系。

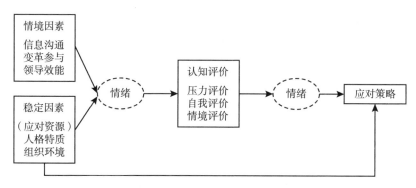

图 3 - 2 员工应对组织变革的过程模型

资料来源：本书在图 1 - 2 基础上归纳变革情境下的研究所得。

之所以大量的研究只考察了情景因素和人格特质通过认知评价而产生的影响，是因为从认知评价本身的定义出发来看，压力评价和自我评价都是从个人角度出发的认知，而情境评价仅仅是针对变革事件与自身的利害关系，这就很难将其与组织层面或个人—组织交互层面的因素建立联系。那么根据模型和概念本身的定义，稳定因素中组织层面或个人—组织交互层面的因素就应该是通过直接作用的这条路径产生影响。但是这不禁让人产生疑问，同样是作为复杂的心理过程，这样简单地解释这类因素的影响机制是否合理？

换一个角度来考虑，在同样是关于组织因素对员工行为影响的研究中，许多角色外行为的研究都同时强调了个体差异和组织环境通过认知过程对员工行为产生的影响。如在组织气氛的缓冲效应模型（buffering effects model）中，科诺夫斯基和普格（Konovsky and Pugh, 1994）就认为，组织气氛可能是通过影响一些中介变量进而间接地影响个人与组织结果变量的；再如马丁科、冈德拉赫和道格拉斯（Martinko, Gundlach and Douglas, 2002）提出的员工越轨行为由个体和组织情境之间的复杂交互作用是通过认知过程而引起的。所以从目前的研究现状来看，稳定因素对于员工应对组织变革的影响不应该是简单的直接关系。而菲斯和阿杰恩（Fishbein and Ajzen, 1975）所创立的理性行为理论则为这个问题的结论提供了解释。理性行为理论源于心理学研究，被认为是研究认知行为最基础、最具影响力的理论之一。如图3-3所示，该理论认为个体的行为在一定程度上能够由个体对某种行为结果的态度和主观规范（subjective norm）共同预测，这种预测作用是通过两者对行为意向的预测所引致。具体来说，个体对某种行为的态度来自个体感知的该行为的结果及其对这种结果的评价；而主观规范则是源于个体感知到的某种规范性信念及个体对于服从这种信念的倾向。该理论阐明了两个基本逻辑关系：态度和主观规范是其他变量对行为意向产生影响的中介变量；而行为意向是态度和主观规范对实际行为产生影响的中介变量。

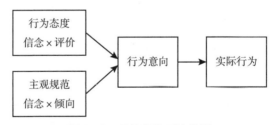

图3-3　理性行为理论模型

资料来源：本书根据菲斯和阿杰恩（1975）的理论研究绘制。

这一理论已经被应用到多种多样的社会行为和消费者行为研究中，例如，优惠券使用（Bagozzi, Baumgartner and Youjae, 1992）、环保行为（Park, 2000）、产品选择（Lee and Green, 1991）、用餐行为（Bagozzi, Wong, Abe and Bergami, 2000）等，并被证明是具有普适性的；同时，李和格林（Lee and Green, 1991）以及巴戈齐等（Bagozzi et al. , 2000）的研究都在多个国家（包括中国在内）检验了该模型的跨文化适用性。因此，本书认为可以将理性行为理论作为一个强的理论支持来说明个人—组织价值观匹配与员工应对组织变革间的预测关系是受到变革承诺的中介作用的影响。

对照图 3-2 和图 3-3，"个人—组织价值观匹配→变革承诺→员工应对"的相互关系符合"主观规范→行为意向→实际行为"的研究路径[①]。具体来看，个人—组织价值观匹配可以看作是一种主观规范，从本书第三章和本章第一节的论述中可知，首先，个人—组织价值观的匹配可以来自个体主观感受的个体和组织的基本行为规范和信念，以及对两者间相容性的判断，而这种相容性内化了个体对组织规范和信念的服从倾向（Erdogan et al.，2004；Jehn，Chadwick and Thatcher，1997）；其次，员工的变革承诺是员工由于情感、规范和利益等的原因所引致的支持变革的承诺，是一种行为倾向；最后，员工应对组织变革是员工在认知和行为上的努力，在很多研究中都直接被视为应对行为，因此可以代表上述模型中的实际行为。至此个人—组织价值观匹配—变革承诺—员工应对的中介模型建立起来，下面具体讨论它们之间的关系假设。

一、个人—组织价值观匹配对变革承诺的影响

迈耶和赫斯科维奇（Meyer and Herscovitch，2002）在提出员工的变革承诺的概念时指出，区分一般的组织承诺和员工变革承诺的意义在于能够更具体和有针对性地预测员工对组织变革的反应，它们两者的核心属性是一致的，都是一种个人与特定活动或目标的心理联系。因此，在许多针对组织承诺的研究中所得到的关于前因（如组织气氛、文化）和结果变量（如离职倾向、工作绩效、组织公民行为）的研究结论都可以借鉴来探讨其与员工组织变革承诺的关系，但他们之间的具体关系需要在组织变革的环境下重新检验。

从上文的综述中可知，组织承诺是个人—组织匹配研究中最常见也是最重要的态度型结果变量之一。现有的研究结果有力地证明，价值观匹配是组织承诺的一个重要决定因素。例如，赖奇斯（Reichers，1986）检验了冲突、目标一致和组织承诺之间的关系，结果显示那些认可高层管理人员目标的员工表现出了更强的组织承诺。希尔、徐、康和泰勒（Hill，Seo，Kang and Taylor，2012）横跨 1 年的纵向研究也支持员工与上级关系的价值观距离与情感性承诺和规范性承诺的显著关系。赵慧娟（2015）在中国的研究也证实价值观匹配对员工情感性承诺具

[①]　对照理性行为模型和应对过程模型还可以发现"认知评价（态度）→变革承诺→员工应对"的研究路径，但这并不是本书研究的重点，本章的第四节和最后一章的研究展望中有相应的探讨。

有显著直接影响，同时也会通过能力匹配感产生间接影响。

维奎尔等（Verquer et al.，2003）基于 21 项研究的元分析则证实了个人—组织价值观匹配对员工工作满意、组织承诺和离职倾向的预测作用，表明这种预测作用具有的跨时间、跨文化和跨行业的稳定性。克里斯托夫 – 布朗等（Kristof – Brown et al.，2005）的元分析结果也显示个人—组织匹配和工作满意、组织承诺之间具有强相关性，尤其以价值观匹配的直接效应最为显著。从理论上来讲，有三种解释机制可以说明价值观匹配对组织承诺所产生的效应。第一，从社会心理学的角度看，当个体与组织之间拥有相似的价值观时，就会从相同的角度来认知变革事件并导致对变革发生的缘由采用相同的解释方式，而相同的解释方式就会降低员工面对变革时的不确定感和精神负担，这种互动的过程能够证明和强化员工本身的信念和情感从而不断改善个人和组织之间的相互关系（Schuh et al.，2016），最终反映为较高的员工变革承诺（Meglino et al.，1989）；第二，当员工与组织之间有相似的价值观时，相互之间就有更高的可能预测彼此的行为决策，这种预测能够降低角色模糊（role ambiguity）和矛盾，因此提高彼此之间的相互承诺（Kluckhohn，1951；Meglino et al.，1989）；第三，当个人—组织在价值观上相互匹配时，组织可以为个人提供满足他们需求的机会，形成持续的社会交换（Shin，Taylor and Seo，2012），而需求得到满足导致了较好的工作态度和组织承诺。基于上述实证和理论研究，本书可以建立个人—组织价值观匹配与员工变革程度间关系的基本假设——即员工与组织的价值观匹配程度越高就越可能有高的变革承诺。在此基础上，本书尝试探讨并检验变革承诺不同子维度与价值观匹配及员工应对策略的关系。

克里斯托夫 – 布朗等（Kristof – Brown et al.，2005）和维奎尔等（Verquer et al.，2003）的元分析结果显示，大部分的个人—组织匹配与组织承诺间关系的研究，都只将组织承诺作为单一维度的构念加以研究并得以证实，而具体探讨两个构念的内部维度间关系的研究都只证实了匹配对情感性承诺和规范性承诺的正相关关系。因此他们指出，未来研究的方向是要从具体的多维度视角来探讨个人—组织匹配和员工工作态度之间的关系，而非仅仅是笼统地从整体上来说明匹配对于员工工作态度的促进作用，这样的拓展有利于加深对于个人—组织匹配究竟是从哪些方面以及是如何对员工工作态度产生影响的理解。

根据迈耶和赫斯科维奇（Meyer and Herscovitch，2002）的定义，员工在情感维度上的变革承诺意味着员工因为在情感上的认同而支持组织变革，表现为员工在主观上愿意支持变革。每个人都更容易被那些喜欢他或和他有许多共同点的人或物所吸引，尤其是当个人觉得那些人或物对他们而言非常重要时，与这些人或物相处会让他们感觉到非常轻松和舒适。洛克（Locke，1976）在归纳解释这种现象在组织中的反映时指出，员工之所以会喜欢那些在重要的价值层面上和自己有许多共同点的同事并支持他们所作出的决策，是因为员工在情感上与这些同事建立了一种联系，认为他们是自己思想的反映，他们所作出的决策也就是自己思考的结果。以这样的逻辑可以解释当组织变革发生时，与组织价值观匹配度高的员工就会认为自己也会做出同样的变革决策，从而在情感上认同组织所发起的变革是组织所需要的。因此本书提出以下假设。

假设3－5：个人—组织价值观在各个维度上的匹配程度与员工情感性变革承诺正相关，即员工与组织的价值观匹配度越高就越可能因为情感上的认同而支持组织变革。

员工在规范维度上的变革承诺意味员工将支持组织变革视为自己的责任，表现为员工认为自己应该支持变革。不论是个人还是组织层面的价值观都包括对个体行为规范的描述，因此被认为能够预测员工在组织变革中的行为。考德威尔和奥莱利（Caldwell and O'Reilly，1990）认为个人—组织价值观匹配度越高，员工就越愿意将支持组织的决策视为自己的责任。考德威尔等（Caldwell et al.，1990）、基尔曼、萨克斯顿和塞尔帕（Kilmann，Saxton and Serpa，1986）以及乌奇和威尔金斯（Ouchi and Wilkins，1985）的实证研究也验证了个人—组织价值观匹配与规范性承诺的显著关系。因此本书提出以下假设。

假设3－6：个人—组织价值观在各个维度上的匹配程度与员工规范性变革承诺正相关，即员工与组织的价值观匹配度越高就越可能因为视变革为自己的责任而支持组织变革。

二、变革承诺对员工应对组织变革的影响

个体既可以对一个具体的实体也可以对自身的行为给予承诺（Meyer and Allen，1991；1997）。例如，员工的组织承诺就是对实体的承诺；而对自身行为的承诺就如承诺为实现某一目标努力工作或者执行组织变革的政策（Meyer and Herscovitch，2001）。虽然也有研究讨论了组织承诺与员工应对的关系（Vijayabanu and Swaminathan，2016），但组织承诺研究主要关注的是员工的去留问题（Meyer et al.，1993；Shin et al.，2012）。而涉及员工对变革的承诺，员工变革相关的行为就成为许多研究讨论的结果。员工的变革承诺被认为可以预测员工对于变革相关政策的支持或抵制（Hill et al.，2012），因此有不少学者尝试探索多维度的员工变革承诺与具体的员工变革相关行为间的关系。

　　虽然从变革承诺的定义就可以得知，具有高变革承诺的员工被预期会更多表现出支持变革的相关行为和更少抵制变革的相关行为。承诺所能预测的行为就可能非常宽泛（如一系列工作相关的行为），也可以非常具体（如留下或离开），但不同维度的变革承诺对于不同类型的员工行为的预测作用却不尽相同（Meyer and Herscovitch，2001）。在迈耶和赫斯科维奇（Meyer and Herscovitch，2002）所提出的变革承诺三维度概念模型中，情感性变革承诺被认为比持续性和规范性变革承诺具有更广泛的预测能力。迈耶和赫斯科维奇（Meyer and Herscovitch，2001）将变革承诺所能预测的行为划分为焦点的（focal）和自主的（discretionary）的行为，前者是指一系列承诺明确包括的行为，或者说承诺的定义直接描述的行为，如组织承诺明确提及这种态度的行为倾向是员工愿意留在组织，后者是指没有在承诺的定义中明确指出，而由员工自主决定的承诺相关行为，如是否付出额外的努力来帮助组织变革的推动（执行组织变革所要求的工作是焦点行为），这在变革承诺的定义中没有明确指出。无论哪一种类型或哪一个维度的承诺（如持续性组织承诺、情感性组织承诺或变革承诺）对员工的焦点行为都有很强的预测能力，承诺的水平对员工实施焦点行为有直接、显著的影响；然而不同类型和维度的承诺对员工自主行为的影响方向和大小则有所不同。

　　根据前文所界定的员工应对组织变革和变革承诺的内涵，本书所研究的员工应对组织变革的相关行为并不在变革承诺明确包含的范围之内，属于迈耶和赫斯科维奇（2001）所指的自主行为，因此需要具体考量不同维度的变革承诺与员工应对策略之间的关系。在以往的研究中，高水平的情感性承诺和规范性承诺被认为既能够预测员工依从承诺而执行的支持变革的行为（即焦点行为），也能够预测员工的积极相互合作（coopersation）、拥护变革推行（championing）的相关行为（即自主行为），但持续性承诺被认为仅仅能够预测员工执行职责以内的行为来支持变革。换句话说，具有高水平情感性承诺和规范性承诺的员工更愿意付出一些他们职责以外的努力来确保变革的成功实施，而高持续性承诺的员工仅仅会执行他所承诺的职责内的行为来支持变革（Herscovitch，1999；Topolnytsky，2002）。在迈耶和赫斯科维奇（2002）的研究中，情感性承诺被证实对员工支持变革的相关行为具有比规范性承诺和持续性承诺更强的预测力。情感性和规范性承诺与员工积极合作及拥护变革的行为显著相关，但持续性承诺则与那些行为不相关或负相关。奥尔特（Orth，2002）对此的解释是，具有高持续性变革承诺的员工，虽然员工在表面上的行为是统一的，他们不会公开表现出既支持变革又抵制变革，但是他们可能表面上支持变革而暗地里抵制变革，因为他们的行为既取决于他们自身真实的想法，又受到社会规范等其他因素的影响。

就情感性变革承诺而言，如果员工认为所从事的工作是有价值的，而且对自身能力有信心，在组织变革过程中困惑和担忧就会降低（Hill et al.，2012；Shin et al.，2012），就会以积极的方式状态迎接变革。就规范性变革承诺而言，如果员工认为自身工作价值和能力足够强，会强化自我意识和责任感（秦志华、王冬冬和冯云霞，2015），就会认为自己有责任、有义务关心并参与变革，并具体表现出以合适的方式表达自己建议，为推动变革的顺利进行而计划和执行。

拉弗蒂和雷斯博格（Rafferty and Restubog，2010）在一项横跨 15 个月的多时间点调查中证实，具有更高的情感性变革的员工在组织发生被并购时能够有更高的工作满意度且更不倾向于离开组织。申等（Shin et al.，2012）针对 234 名员工和 45 位管理者的配对调查显示，情感性变革承诺和规范性变革承诺能够显著预测员工创造性的变革支持和员工的离职倾向。因此，本书提出以下假设。

假设 3 - 7：员工的情感性变革承诺与员工积极应对策略正相关，与消极应对策略负相关；

假设 3 - 8：员工的规范性变革承诺与员工消极应对策略负相关，与消极应对策略负相关。

三、变革承诺的中介作用

以上的论述首先从整体上说明中介模型的理论依据，即首先，个人—组织价值观匹配通过变革承诺对员工应对组织变革的策略选择产生影响；其次，同时从理论和实证的角度分别建立了三个构念在具体维度上的假设关系；最后，这一模型还需要进一步说明的是变革承诺所起的中介作用是完全中介还是部分中介。

一方面，根据上文的论述，不同维度的员工变革承诺在个人—组织价值观匹配对员工应对产生影响的过程中同时具有中介作用，因此任意单个维度的变革承诺所起的中介作用都是部分中介的；另一方面，在过往员工应对组织变革的研究模型中，自我效能评价、情绪等因素被普遍认为在员工应对的心理过程中有重要的影响，虽然本书的研究并没有将它们作为主要的中介变量加以考虑（受到下文涉及的调节作用的影响），但理论上不能完全排除它们的中介影响。基于以上两个方面的理由，本书提出以下假设。

假设 3 - 9：员工的情感性变革承诺在个人—组织价值观匹配影响员工应对策略选择的过程中起中介作用，这种中介是部分中介而非完全中介；

假设 3 - 10：员工的规范性变革承诺在个人—组织价值观匹配影响员工应对策略选择的过程中起中介作用，这种中介是部分中介而非完全中介。

第四节　调节效应：变革属性

目前大部分员工应对组织变革的研究都仅仅将变革作为背景因素（Petrou et al.，2018；Oreg，2018），集中在个性特征的影响和心理过程的探索，少数的涉及具体变革情境因素的研究更多考虑的是管理者的变革实施策略，如变革过程中的信息沟通、员工参与和领导效能（Amiot et al.，2006；Petrou et al.，2018；Rafferty and Restubog，2010；Terry and Jimmieson，2003；Wanberg and Banas，2000），这些情境因素并没有考虑变革本身固化的一些属性。为了探讨这个问题，拉弗蒂和格里芬（Rafferty and Griffin，2006）的开创性研究区分了变革的三个关键属性：变革频率、影响力和计划性，并从员工感知的角度检验了这些变革属性差异对员工压力评价及应对的影响。结果显示员工感知到高水平的变革频率就会随之产生高水平的不确定性压力、离职倾向和低水平的工作满意；而感知到高水平的计划性则有相反的效果；感知变革的影响力则与离职倾向正相关，与压力评价和工作满意的关系却并不显著。但是，当模型控制了领导支持这一变量时，三个维度变革属性与压力评价、工作满意和离职倾向的关系全部显著，同时领导支持与压力评价、工作满意的关系也显著，但同样作为调节变量的人格特质则没有产生类似的作用。

拉弗蒂和格里芬（2006）在研究讨论中并没有解释领导支持对于变革属性与压力评价和应对关系的影响机理。这部分是因为该研究采用的是非实验环境下的截面数据分析，其结论并不能直接说明变量间的因果关系（陈昭全和张志学，2012），所以这样的数据分析结果只能够说明员工感知的变革属性与领导支持的交互作用对员工的压力评价和应对具有影响。同样是作为应对资源的人格特质并没有产生同样的影响，这就容易产生一种联想假设——是否因为在员工感知不同程度的变革影响力、频率或计划性时，领导支持这类组织层面的稳定因素对于员工压力评价和应对选择会产生不同程度的影响，但个人层面的稳定因素的影响则不会发生改变。这样的假设在逻辑上是合理的[①]，因为当个体感知到不同的变革

[①]　由于压力应对的过程理论支持应对资源对于员工认知评价和压力应对的直接作用，而拉弗蒂和格里芬（2006）的研究并没有控制变革属性的水平来讨论组织支持与认知评价和压力应对的关系。因此，变革属性与领导支持的交互作用对压力应对的影响，既可以解释为变革属性对领导支持与压力应对间关系的调节作用，也可以是领导支持对于变革熟悉与压力应对间的调节作用。

属性时，个人卷入（involvement）变革事件的意愿和可能性就有所不同[①]，如当员工感知变革越是有影响就越具有卷入的意愿（Lau and Woodman，1995），而变革越是快速发生时，员工卷入的可能性就越低（Glick et al.，1995）。那么当员工对于变革事件的卷入度不同时，对个体行为决策起主要影响的因素就可能不尽相同。简单来说，拉弗蒂和格里芬（2006）的研究结果为本书的深入研究个体—组织价值观匹配对于员工应对组织变革的影响提供了思路——当员工感知不同的变革属性时，这种影响是否会有显著的差异？

佩蒂和卡西奥普（Petty and Cacioppo，1981）提出的精细加工可能性模型（elaborated likihood model，ELM）为这样的假设提供了理论解释。ELM 源自社会心理学领域的研究，着眼于探讨说服过程中个体态度的改变过程，后来作为一种说服模式被广泛应用于态度、社会传播和消费者行为的研究。ELM 认为说服有两种基本路径——中枢路径和边缘路径（central and peripheral routes）（Petty and Cacioppo，1981）。信息接收者因自身的动机、能力和卷入（involvement）程度不同而对信息有不同程度的加工处理，并形成不同持久性的态度。当信息接收者高度卷入主题或者有能力、有动机对主题信息的细节进行仔细审查和深入思考时，就会设法对所有与主题相关的信息进行加工，这样形成的态度较为持久并能够预测将来的行为。这种说服实现（或态度改变）的方式被称为中枢路径。当信息的接收者低卷入主题或者缺乏足够的动机和能力处理信息的细节时，其态度的改变主要受说服情境下的简单提示的影响，如信息源的可靠性、信息所产生的联想以及情感的刺激等。因为接收者只是对小部分的信息进行了处理，然后依据自身的习惯或简单的决策规则对主题做出反应，并由此形成相对短暂的态度（Petty，Wegener and Fabrigar，1997），这样的改变遵循的就是边缘路径。

ELM 中的两条路径并非独立存在，而是同时处于精细加工可能性统一体的两端。精细加工的可能性增加，则中枢路径的影响增强；精细加工的可能性减少，边缘路径的影响就增强，态度的改变始终是由中枢路径和边缘路径双方决定的（Petty et al.，1997）。因此，在 ELM 中，当中枢路径起主导作用，并不表示完全忽视边缘提示的作用；而边缘路径起主导时，亦不能完全放弃对主题相关信息价值的考虑。ELM 除了应用于说服研究，还被广泛运用到其他领域，被证明具有很

[①] 卷入的概念由谢里夫和肯切尔（Sherif and Cantril，1947）在研究社会判断理论时提出，首先作为一个态度问题出现在社会心理学文献中，被看作是主体和客体之间的关系。拉特·谢里夫等（Later Sherif et al.，1965）提出卷入是关于个体信念集中性的概念，卷入的程度取决于个人的主观意愿、动机和兴趣以及客观环境和个体能力限制的卷入可能性。

好的跨领域适用性。例如，ELM与涵化理论的结合（Schroeder，2005），网络人格化技术（Tam and Ho，2005）以及解释工作场所侵犯行为的发生过程（Douglas et al.，2008）。

决定这两条路径影响程度的因素是个人卷入程度、处理主题信息的能力和动机。佩蒂、卡西奥普和舒曼（Petty，Cacioppo and Schumann，1983）在其经典的广告说服ELM中，采用广告卷入度作为调节两条路径的因素，即个体的广告卷入度越高受到中枢路径的影响也就越大；而道格拉斯等（Douglas et al.，2008）在他们的理论模型中则采用了事件的相关度作为调节变量。

图3-4是将ELM应用于说明员工应对组织变革过程中的信息加工、态度改变和行为反应的过程。基于上述的分析，在该模型中，变革卷入可以理解为对组织稳定因素评价与应对变革间关系起调节作用。在本书的研究中就是以个人—组织价值观匹配作为组织稳定因素评价的研究变量，而以变革承诺作为态度改变的研究变量。考虑到直接测量变革卷入的难度和研究实践应用的操作性，采用测量变革属性的方式间接测量变革卷入。以下就具体的调节关系建立假设。

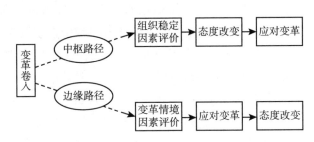

图3-4　基于ELM的员工应对组织变革过程的基本模型

注：称为基本模型是因为ELM在其他领域的应用表明在不同路径中的各个要素之间可能存在更多相互影响的路径，如中枢路径态度的改变可能会影响对于情境因素的评价，因为两条路径是同时存在的，只是影响的作用大小不同。

一、变革节奏的调节作用

根据本书第二章对变革节奏的界定，变革节奏是指变革发生的速率，而本书所研究的变革节奏的调节作用是从员工感知的角度来考察，因为根据员工应对组织变革的精细加工可能性模型，变革节奏对于影响路径的调节作用取决于变革速率的大小给员工认知造成的影响，而不取决于其客观意义上的绝对数。当员工感知到变革是逐步推进、由不断积累的改变所组成，并且持续较长的一段时间，那么对员工而言，这样的变革是低速率的。组织变革准备（organizational change readiness）的研究认为当组织和员工对变革和变革环境有更好的认知和接受度时，在变革过程中也就会有更高得到工作满意度和组织承诺，并最终影响员工在变革过程中的行为（Rafferty，Jimmieson and Armenakis，2013）。在拉弗蒂和格里芬（Rafferty and Griffin，2006）的研究中，采用变革频率的概念来衡量变革发生的速率，证实了员工感知到变革越是快速、频繁发生，就越会产生高的心理不确定感，从而倾向于选择消极的应对（离开组织）。卡特等（Carter et al.，2013）认为持续高速的变革会破坏员工对于新工作流程的调整，导致他们对程序和规范的理解变得更加困难，因此越是频繁发生的变革越可能强化情景因素的作用。

在客观上，变革持续的时间越长，员工卷入变革的程度就越高；变革逐步推进也就意味着员工可以逐个面对并思考变革所带来的改变；改变是逐步累积的，那么员工就不需要突然面临重大的改变所带来的抉择。更重要的是，当员工主观上感觉变革速率较低也就意味着对他而言，是有能力在这样的变革发生时，深入地、全局地思考组织变革的相关信息及结果。从另一个角度说，员工越是感知到变革是快速发生、突发而来，在变革中就越是容易感觉到疲惫和焦虑，也就越容易受到变革情境因素的影响——如参与变革决策使他们感觉受到重视或者看到上级身体力行，产生情感上的共鸣——而做出应对。相反，员工越是感觉变革是逐步开展并且有较长的持续时间时，员工也就越能够将其视为独立的事件加以考虑和相互交流（Glick et al.，1995；Michel，2014），从而实现对组织变革相关信息的精细加工。这样，中枢路径就会产生更大的影响，即员工对组织稳定因素的认知在更大程度上影响员工应对组织变革。毕竟，如果员工有充分的时间对组织变革后自身的情况进行思考，那么他们的归因过程就会更加充分，不仅会考虑变革当期的情况，更可能会仔细思考组织的基本特征和一贯政策。这种情况下，个人与组织价值层面上的匹配就可能对个人的应对选择产生更大的影响。因此，本书提出以下假设。

假设3-11：员工感知的变革节奏对支持导向的个人—组织价值观匹配和员工应对策略各维度间的关系起调节作用，即员工感知的变革节奏和支持导向的个人—组织价值观匹配之间的交互作用对员工应对组织变革的策略选择有显著影响；

假设3-12：员工感知的变革节奏对目标导向的个人—组织价值观匹配和员工应对策略各维度间的关系起调节作用，即员工感知的变革节奏和目标导向的个人—组织价值观匹配之间的交互作用对员工应对组织变革的策略选择有显著影响；

假设 3 - 13：员工感知的变革节奏对规则导向的个人—组织价值观匹配和员工应对策略各维度间的关系起调节作用，即员工感知的变革节奏和规则导向的个人—组织价值观匹配之间的交互作用对员工应对组织变革的策略选择有显著影响；

假设 3 - 14：员工感知的变革节奏对创新导向的个人—组织价值观匹配和员工应对策略各维度间的关系起调节作用，即员工感知的变革节奏和创新导向的个人—组织价值观匹配之间的交互作用对员工应对组织变革的策略选择有显著影响。

二、变革影响力的调节作用

本书所界定的变革影响力是指变革改变现有组织的基本框架、运作模式和文化的程度，高水平和低水平的改变分别标志着根本性和渐进性的变革。这里所说的变革影响力同样是从员工感知的角度来考察，当员工感知到变革越是接近造成根本性的改变，那么对员工而言，这样的变革对他们自身而言就越加重要。在客观上，变革的影响力越是接近于根本性的改变，无论对于组织还是个人而言就越具有大的影响力，那么员工卷入变革的程度就越高。拉弗蒂和格里芬（Rafferty and Griffin，2006）的研究同样也考察了变革的影响力对员工消极应对的显著关系（不支持与心理不确定感的显著关系）。在组织变革的研究文献中，变革的影响力是被广泛认同的能够反映变革属性的重要维度（Lau and Woodman，1995），利维（Levy，1986）指出，如果组织的变革显著改变传统的工作流程、文化、结构或战略这四个方面之一，员工就越可能改变自己的价值认可和工作方式来适应新的环境（Lazarus and Folkman，1984）。这就说明，当员工主观上越是意识到变革的重大影响，就越有动机去仔细审查变革的相关信息并作出针对性的应对。这样，在员工应对组织变革的 ELM 中，中枢路径产生的影响也就越大，即个人—组织价值观匹配对员工应对组织变革的影响也就越大。因此，本书提出以下假设。

假设 3 - 15：员工感知的变革影响力对支持导向的个人—组织价值观匹配和员工应对策略各维度间的关系起调节作用，即员工感知的变革影响力和支持导向的个人—组织价值观匹配之间的交互作用对员工应对组织变革的策略选择有显著影响；

假设 3 - 16：员工感知的变革影响力对创新导向的个人—组织价值观匹配和员工应对策略各维度间的关系起调节作用，即员工感知的变革影响力和创新导向的个人—组织价值观匹配之间的交互作用对员工应对组织变革的策略选择有显著影响；

假设 3 - 17：员工感知的变革影响力对规则导向的个人—组织价值观匹配和员工应对策略各维度间的关系起调节作用，即员工感知的变革影响力和规则导向的个人—组织价值观匹配之间的交互作用对员工应对组织变革的策略选择有显著影响；

假设 3 - 18：员工感知的变革影响力对目标导向的个人—组织价值观匹配和员工应对策略各维度间的关系起调节作用，即员工感知的变革影响力和目标导向的个人—组织价值观匹配之间的交互作用对员工应对组织变革的策略选择有显著影响。

第五节　有调节的中介效应

詹姆斯和布雷特（James and Brett，1984）曾经就变量间中介和调节的关系进行过讨论，他们提出，在某些中介模型中，可能还存在同时对自变量和中介变量的作用都具有调节效应的变量。如果在一个研究模型中，中介变量对于因变量的作用还受到其他变量的调节，那么这是一个有调节的中介效应（moderated mediation）。巴伦和肯尼（Baron and Kenny，1986）的研究还曾提到某些调节效应可能部分通过中介变量起作用，也就是说因变量和调节变量的交互项与中介变量之间存在显著的关系，那么这样的调节效应称为有中介的调节效应（mediated moderation）。温忠麟、张雷和侯杰泰（2006）的研究也指出，在许多实际问题中遇到的模型，可能同时包含调节变量和中介变量，如果仅就单一调节效应或中介效应的影响展开讨论就会存在很大的局限。

当然，无论是有调节的中介或者是有中介的调节，这种关系的存在都有赖于实际要讨论的问题和理论上的支持。本章第二～第四节分别讨论了研究变量间的直接效应模型、中介效应模型和调节效应模型，但中介效应模型和调节效应模型是相互独立的。如果进一步探讨调节变量和中介变量之间的关系可以发现，员工的变革承诺和价值观匹配一样是一种较为稳定的因素，它们两者之间的关系也是一种较为稳定的存在，这种关系并不容易因为感知到的变革节奏或影响力而改变，也就是说变革属性的调节作用并不会通过变革承诺起作用，即不存在被中介的调节效应。另外，员工变革承诺作为相对稳定的因素，它对于员工应对策略的影响则可能在员工感知不同变革节奏或影响力时有所差异。这是因为，根据前文建立调节效应模型的理论基础，在精细加工可能性模型中，个人卷入程度、信息处理能力和动机的调节作用并不是仅仅针对个人评价与态度或行为反应的，而是针对整条影响路径，即调节中枢路径和边缘路径影响作用的大小。也就是说，在图 3 - 4 中，不但组织稳定因素评价对于应对变革的作用要受到调节变量的影响，而且态度改变对于应对变革的作用也同样应该受到调节变量的影响。与员工变革属性对于直接效应的调节相似，本书认为在员工感知高变革节奏和低变革影响力时，员工变革承诺对于应对策略的预测作用将被加强，反之则被减弱。那么，在中介关系假设 3 - 9 和 3 - 10 的基础上，本书建立以下关于有调节的中介效应假设。

假设 3 - 19：情感性变革承诺在个人—组织价值观匹配与员工应对策略间关系所起的中介作用被员工感知的变革节奏所调节；

假设 3 - 20：规范性变革承诺在个人—组织价值观匹配与员工应对策略间关系所起的中介作用被员工感知的变革节奏所调节；

假设 3 - 21：情感性变革承诺在个人—组织价值观匹配与员工应对策略间关系所起的中介作用被员工感知的变革影响力所调节；

假设 3 - 22：规范性变革承诺在个人—组织价值观匹配与员工应对策略间关系所起的中介作用被员工感知的变革影响力所调节。

第四章

实证研究设计

第一节　程序与样本

一、调查对象与方式

由于应对是在感知压力的情况下发生的，所以关于这一主题的学术研究总是依赖于特定的情境。在应对和组织变革过往的文献中，研究者通常是采用便捷抽样的方式在几个压力事件发生的特定组织中获取样本。通过被试回忆关键的压力事件自行填写问卷的方式来获得压力情境的描述以及被试的心理过程和应对策略。

考虑到本书将组织变革的属性作为重要的研究变量，所以需要获得更多不同变革情境的数据。如果仅仅选择少数特定发生变革的企业进行便捷抽样，将影响变革属性的测量效度，而无差别的随机定额抽样则很难保证调查数据对于变革的真实反映。当然，如果要克服这两种调查方式的弊端，在大面积的变革企业进行调研又会大幅度提高调研成本。

因此，综合考虑样本的效度和搜集数据的成本，本书研究采用目前学术界最为流行的便捷抽样和定额抽样相结合的方法收集实证数据（Visser, Krosnick and Lavrakas, 2000），具体来说通过以下两个渠道获取：一是研究者本人或委托中间人协助发放纸质问卷，在最近一年内发生组织变革的组织内收集相应的研究数据；二是通过电子问卷的形式依托专业的网络在线调查平台（问道网）收集相应的研究数据①。由于网络调查能够很好地保证问卷的匿名性，并且可以避免被试在填答纸质问卷时产生心理顾虑而给研究结果造成不必要的偏差。同时采用网络自愿调查和现场调查相结合的数据收集方式有利于综合两方面的不足（Visser et al. , 2000）。

在初测前的访谈工作中，不少受访者和委托人表示组织变革的调查比较敏感而且对于被试本身的知识水平要求较高。因此本书的调查主要委托具有管理学专业背景的委托人在其所在组织小范围收集问卷，纸质调查问卷除字面强调数据仅供研究之外，还需问卷发放者对被试进行口头的补充性解释以消除疑虑并对问卷内容进行释疑。在完成问卷后请被试使用研究者提供的信封封存并自行回寄问卷来保证纸质问卷的匿名性，以最大限度降低了被试的防御性心理和担心隐私泄露的疑虑。

在网络调查方面，采用滚雪球抽样（snowball sampling）的方式收集数据，即先在研究者本人的同学、朋友和亲属中随机选择发放调查邀请和网址，在第一轮调查结束后，再请参与调查的被试提供另外一些属于所研究目标总体的调查对象并帮助发放调查邀请和网址。

二、样本容量

本书将采用结构方程模型来检验量表和评估部分模型，这就需要较大的样本，但具体的样本量要求学者们尚未完全达成共识。巴戈齐和易（Bagozzi and Yi, 1988）认为线性结构方程模型所要求的样本数至少必须超过50个，最好达到待估计参数数量的5倍以上，本特勒和周（Bentler and Chou, 1987）也认同这一比例。安德森和格宾（Anderson and Gerbing, 1988）则建议在应用结构方程的样本数量至少为150个，而布姆斯玛（Boomsma, 1982）认为400个才合适。但海尔、安德森、泰瑟姆和布莱克（Hair, Anderson, Tatham and Black, 1998）认为样本也不能太大，如超过了400个，则最大似然估计值将会变得非常的敏感，从而使所有的拟合度指标变得很差。哥特（Gorsuch, 1983）认为，样本量的大小，要满足测量变量项目和被试数量的比例保持为1:5以上，最好达1:10。麦卡勒姆、布朗和苏加瓦拉（MacCallum, Brown and Sugawara, 1996）指出，自由度多的模型与自由度少的模型相比，自由度较大（自由参数较少）的模型要使统计能力水平达0.8，则要求样本达200个或者更大一点，而自由度较小（自由参

---

① 网上的电子问卷增加了一条过滤语句："您在过去一年中是否经历过上述的组织变革？"

数较多）的模型要达到同等的统计能力，样本要求达 1000 个左右，相对而言，对于少于 200 个样本作结构方程分析，结果一般不够稳定。

综合上述不同学者的观点，基本结论是，运用结构方程进行分析时，样本容量与测量项目、自由参数等因素有关，自由参数越多（自由度越小），样本容量要越大，但是过大的样本量会导致运用一些模型拟合指数进行的判断将变得不准确。合适的样本和待估计参数数量比例应该控在 1∶5 左右，而样本和测量项目的比例应控制在 1∶10 左右。在上述原则下，结合本研究的特性和成本要求，样本数量应控制在 250～300 个。

三、样本描述

1. 预测试样本描述

根据吴明隆（2010）的意见，预测试的样本量应以问卷中包含语句最多的量表为判断依据，样本数量为该量表语句数量的 3～5 倍为宜。在本书预测试问卷中，员工应对策略的量表包含最多的 33 条语句，因此，合适的预测试样本量在 100～150 个。考虑到要是用不同的样本进行探索性因子分析（EFA）和验证性因子分析（CFA），样本总量需要扩大至 200 个左右。采用便捷抽样的方法在福州市的两家和上海市的 1 家企业发放 180 份问卷，并在网络上回收 65 份电子问卷（问卷发放在问道网：www. askform. com）。纸质问卷总共回收 137 份。

在对总计 137 份纸质问卷和 65 份电子问卷的仔细录入后，根据以下四条原则对数据进行筛选：（1）多条题项缺答的问卷予以删除（包括个人信息的空白题项超过 6 个的问卷被界定为严重信息缺失的问卷），根据这一原则删除 4 个样本；（2）问卷填写出现明显规律性的予以删除（例如，题项回答呈现"Z"字形或者全部选项统一答案），根据这一原则删除 1 个样本；（3）基于问卷中设置的反向语句，存在明显矛盾的予以删除，根据这一原则删除 10 个样本；（4）同一组织回收的问卷中存在明显雷同的予以删除，经检验后删除 1 个样本。经过筛选，预测试共得到有效问卷 186 份。其中，纸质问卷发放 186 份，有效回收 124 份，有效回收率为 66.7%；电子问卷发放 65 份，有效回收 62 份，有效回收率 95.4%。表 4 - 1 是预测试样本的基本情况描述。在下面的分析中，用 SPSS 随机抽取其中的 60%（114 份）样本做语句的修订和 EFA，然后用全部预测试样本做 CFA。

表 4-1 测试样本的基本情况描述（N=186）

项目	样本特征	数量（个）	比率（%）
性别	男	115	61.8
	女	71	38.2
年龄	25 岁以下	22	11.8
	25~30 岁	104	55.9
	31~40 岁	51	27.4
	41~50 岁	8	4.3
	50 岁以上	1	0.5
工作年限	3 年以下	60	32.3
	3~5 年	40	21.5
	6~10 年	49	26.3
	11~20 年	32	17.2
	20 年以上	5	2.7
教育背景	高中及以下	10	5.4
	大学专科	32	17.2
	大学本科	85	45.7
	硕士	59	31.7
	博士	0	0
组织性质	外资企业	24	12.9
	民营企业	69	37.1
	国有企业	58	31.2
	事业单位	30	16.1
	政府部门	5	2.7
工作性质	管理者	44	23.7
	非管理者	142	76.3

2. 正式调查的样本描述

正式版网络调查共获得 91 份电子问卷。纸质问卷总计发出 240 份，陆续收到来自厦门市（4 家单位，68 份问卷）、泉州市（2 家单位，50 份问卷）、西安市（2 所高校，27 份问卷）和福州市（3 家单位，85 份问卷），共 11 家企事业单位和政府部门的 205 份问卷，纸质问卷总共回收率为 85.4%。需要具体说明的是，所选择调查的 11 个单位，在过去 1 年中都经历不同程度的变革。其中，泉州市、西安市各 1 个和厦门市的 3 个单位刚刚经历过内部的重组，西安市、泉州市和厦门市的各 1 个和福州市的 2 家单位刚刚经历最高管理者的变更和一系列变革，福州市的 1 家单位处于高动荡性的行业，产品和技术的革新非常频繁。

在总计 205 份纸质问卷和 91 份电子问卷的仔细录入后，根据以下四条原则对数据进行筛选：（1）多条题项缺答的问卷予以删除（包括个人信息的空白题项超过 6 个的问卷被界定为严重信息缺失的问卷），根据这一原则删除 8 个样本；（2）问卷填写出现明显规律性的予以删除（例如，题项回答呈现 "Z" 字形或者全部选项统一答案），根据这一原则删除 14 个样本；（3）基于问卷中设置的反向语句，存在明显矛盾的予以删除，根据这一原则删除 31 个样本；（4）同一组织回收的问卷中存在明显雷同的予以删除，经检验后删除 1 份。经过筛选，本次研究共得到有效问卷 242 份。其中，有效纸质问卷 156 份，有效回收率为 65%；有效电子问卷 86 份，有效回收率 94.5%。样本的人口统计特征描述（如表 4-2 所示），具体的问卷测量内容和更多统计分析的结果在本章后续几节中报告。

表 4-2　　　　有效研究样本的基本情况描述（N = 242）

项目	样本特征	数量（个）	比率（%）
性别	男	143	59.1
	女	99	40.9
年龄	25 岁以下	30	12.4
	25~30 岁	127	52.5
	31~40 岁	65	26.9
	41~50 岁	19	7.9
	50 岁以上	1	0.4
工作年限	3 年以下	78	32.2
	3~5 年	58	24.0
	6~10 年	61	25.2
	11~20 年	40	16.5
	20 年以上	5	2.1

续表

项目	样本特征	数量（个）	比率（%）
教育背景	高中及以下	30	12.4
	大学专科	27	11.2
	大学本科	101	41.7
	硕士	73	30.2
	博士	11	4.5
组织性质	外资企业	39	16.1
	民营企业	32	13.2
	国有企业	60	24.8
	事业单位	89	36.8
	政府部门	22	9.1
工作性质	管理者	87	36
	非管理者	155	64

从性别分布上看，样本男、女所占百分比分别为 59.1% 和 40.9%，分布基本均衡；从年龄分布上看，样本年龄主要集中在 25 ~ 30 岁之间，有 127 人，占 52.5%，其次为 31 ~ 40 岁，有 65 人，占 26.9%；从工作年限上看，工作 3 年以下、3 ~ 5 年和 6 ~ 10 年的占主体，分别达到 32.2%、24.0% 和 25.2%。从受教育程度上看，分布比较均匀，以本科为最多，其次是硕士，分别占 41.7% 和 30.2%，因此被试群体的受教育水平较高，理论上能够较好理解调查的要求；从组织性质来看，以事业单位和国有企业居多，分别占到 36.8% 和 24.8%，外资企业、民营企业和政府部门分别占 16.1%、13.2 和 9.1%，因此，样本在组织属性方面具有较好的代表性；从工作性质上看，非管理者占主要部分，为 64%。

第二节　变量测量与量表

本节将对下文实证研究所涉及的变量的测量及量表进行描述。其中大部分变量的测量量表，在过去的研究文献中都可以找到，并且还有经过反复提纯的量表。本节将根据研究的需要对这些量表进行甄选、翻译和修改，并且尽最大可能弥补由于语言表述、文化差异和时代变迁所带来的效度下降。因此在所有量表甄选基础上采用回译的方式保障问卷的质量（Brislin，Lonner and Thomdike，1973），笔者首先邀请一位美国俄勒冈大学商学院会计系来自中国台湾的三年级博士生将问卷翻译成中文，修正个别专业术语后再邀请另一位美国波士顿大学商学院中国籍博士生将问卷回译成英文，通过对比两份英文量表的差异及与两位学者的反复沟通、修改后获得初测问卷；其次，笔者就中西方文化差异和时代变迁对量表语句的影响分别与一位山东大学英语语言文学专业教授（俄勒冈大学访问学者）、一位留美工作多年的中国大陆硕士毕业生以及厦门大学一位组织行为研究方向的博士进行了探讨，在听取他们意见的基础上对各个量表进行了小幅修订；最后，在使用问卷正式测量之前对部分量表进行了预测试，根据预测试的结果对量表进行了再次的调整，形成最后的测量问卷。

一、个人—组织价值观匹配的测量

在现有的文献中，对于个人—组织价值观匹配的测量主要有两种方式：直接测量和间接测量，又称为测量主观匹配和客观匹配。直接测量是让组织中的员工直接评价感到的个人与组织之间价值观的匹配程度，如"我觉得我的能力符合这项工作的要求"（Cable and Parsons，2002；Lam et al.，2018；Peng，Pandey and Pandey，2015；赵慧娟，2015），反映的是员工主观判断或感知的匹配。这种测量方式潜在的前提假设是：不管个人与组织是否具有相似的特征或者是否互相满足了对方的需要，只要个人主观感知到匹配，那匹配就是存在的。而且，在很多时候感知到的匹配对个人的结果变量的影响，比实际测量的匹配的影响更大。这种主观的感知匹配多被应用于针对求职者的招聘和评估，以判断一个人是否适合一个组织（Cable and Judge，1997）。

直接测量法实施较为简便，但存在明显的不足：首先，运用直接测量法往往能够得出匹配度与个体结果变量的显著相关，但由于将个体和组织特征混淆在一起，直接测量法不能考察个体和组织的独立效果，也很难将结果控制在要研究的特定特征或具体维度上，通常这种方法得到的是一个单一维度的匹配度评估，而不是针对某个具体特征的量化评估。其次，当问题不能够直接描述被试认为的价值或者特征是什么时，几乎不可能让被试考虑答案的等量大小。并且，当个人与组织匹配度的直接测量法与其他相关工作态度测量同时使用时，还容易产生一致性偏差（consistency bias）。如在研究匹配度和工作满意度的关系时，个体可能认为，"我认为我匹配得很好，所以我必须对我的工作满意"。这将影响研究结果的真实性。最后，直接测量法在评价方式上更为主观，更容易受到社会称许性的影响而产生偏差。

鉴于直接测量的缺陷，更多的学者倾向于采用间接测量，或者称为测量客观匹配。这种测量的方式不要求员工做出"匹配"或是"不匹配"的判断，而是要在分别评估个人和组织特征的基础上，通过差异分数（difference scores）（Alexander and Randolph, 1985; Johns, 1981; Keon, Latack and Wanous, 1982; Lord, 1958; Tubbs and Dahl, 1991）、Q 分类（Q-sort）（Block, 1978; O'Reilly et al., 1991; Stephenson, 1953; 马贵梅等, 2015）和多项式回归（polynomial regression）（Edwards and Cable, 2009; Edwards and Parry, 1993; Ostroff et al., 2005; Schuh et al., 2016）等方法对个体特征与组织特征之间的差异进行比较，评估结果具有可验证性。而这种客观匹配，根据评价信息的来源又可进一步区分为个体层面的客观匹配（indirect individual-levels measurement）和跨层面的客观匹配（indireet cross-levels measurement）。个体层面的匹配测量通常以个体对组织特征的知觉作为组织特征的指标，而不以具体的组织特征为指标。

这种测量方法较为典型的方式是让个体就同一价值观的描述分别判断符合个人和组织实际情况的程度。例如，请您对"同事间团结合作，相互支持"符合组织当前现状（代表组织价值观）的程度以及您所期望（代表个人价值观）的程度进行判断，然后使用传统的差异分数或者是多项式回归来考察这类成对问题答案之间的相似性，实现对个人与组织匹配的测量。在这个过程中，除了统计分析之外，所有测量都是发生在个体水平上的。

虽然间接测量的目的是比较个体特征与组织特征之间的一致性，而不是个体知觉到的组织特征之间的一致性，但还是有许多研究使用这种个体层面的测量。这主要是由于个体对于特定情境的评价、情绪和反应，在很大程度上是基于个人所感知的客观。特别是对于工作压力、工作满意度以及组织承诺这些个体结果变量，个体感知到的组织特征会比组织真实的特征对个体的情境评价具有更大的影响，而且能够在一定程度上避免一致性偏差的影响，所以间接的个体层面测量具有较大的现实意义和实际价值。

间接的跨层面测量则分别从个体层面和组织层面来对价值观进行评估。这种测量方式相对复杂，因为两个层面的实际价值观的测量维度在以往的研究中已经被证实并不完全一致（Verquer et al., 2003），并且有些反映组织价值观的特征现实中不能基于个体的感知来判断，而必须通过检查组织图表和记录验证来实现（如组织的结构或权力配置）。比较常见的做法是首先甄别跨层次一致的价值观维度，就个体可以知觉到的价值观特征进行评估，其次将个体数据聚合成组织水平的数据，最后对比单个员工价值观与组织层次价值观匹配程度。这种测量方式虽然可以最大限度避免同源偏差，但是也被认为不能真实反映价值观匹配对员工行为的预测，因为分层策略所获得的实际匹配并不能完全反映员工感知到的匹配程度，而能够对员工行为产生影响的却是个体自身评价的个人—组织价值观匹配度（Schuh et al.，2016）。

综合考虑上述几类测量方式的优劣和适用领域，本书采用间接的个体层面测量个人—组织价值观匹配。根据第二章对本书个人—组织价值观内部维度的界定，本书根据奎恩等人的"竞争性价值模型"对个人—组织匹配在四个维度上进行测量。原始的"竞争性价值模型"在每个维度上包含 8 个对组织事件或行为的描述，奎恩和斯伯莱茨（Quinn and Spreitzer，1991）在此基础上开发了 16 条语句的测量量表。卡利亚斯等（Kalliath et al.，1999）在每个维度上又增加了 4 条语句，修订了一份 32 条语句的量表。

我国学者陈卫旗和王重鸣（2007）在奎恩的框架基础上开发了中文的"人与组织价值观匹配问卷"，每个维度的价值取向包括 5 条语句测量，共 20 条语句，采用个体报告的间接测量方式。陈卫旗在 2009 年针对组织社会化策略与个人—组织价值观匹配的研究中再次对量表进行了修订，筛选出信度和效度最高的 16 条语句，实证的结果也表明量表具有较好的信度和结构效度。

考虑到本书需要调查的数据内容较多，为了保证回收问卷的质量需要控制语句的数量，并且价值观研究有很强的地区文化依赖性，中文环境下经过检验的量表将具有更好的信度和效度，因此本书采用陈卫旗（2009）的 16 条语句的量表进行测量，在测量基础上使用较为成熟的差异分数的方式度量个人—组织价值观的匹配度。

综上所述，本书采用间接的个体层面测量，要求被试在四个维度、16 条语句上报告个体所在组织是否经常采用这些管理行为（感知的组织价值观），以及他们对这种行为的认同程度（个体的价值观），最终两者之间的绝对差值表示个体与组织在每个价值观上的差异，具体的语句包括：（1）支持导向——"上级指导员工工作，帮助员工寻求工作资源"；"同事间团结合作，相互支持"；"上级倾听员工个人问题、帮助员工解决困难"；"允许员工参与决策和发表意见"；（2）创新导向——"热衷寻求新产品、新服务和开辟新市场"；"致力于寻求外部市场新机遇、敢冒风险；经常打破常规、强调创造性"；"投入较多资源开发新技术和新产品"；（3）规则导向——"制定了大量成文的制度规定和流程"；"经常检查员工工作过程"；"要求员工行动之前请示上级批准"；"严格要求员工遵从流程和规范"；（4）目标导向——"高度关注利润、效率和产出"；"给员工下达明确的任务目标"；"强调任务目标的实现"；"根据任务重要性分配资源"。不论是个人期待还是实际情况的测量问卷均采用 Likert 五点计分的方式，前者 1～5 分代表"完全不符合"至"完全符合"，后者 1～5 分代表"非常不重要"至"非常重要"。

二、员工应对组织变革的测量

福克曼和拉撒路（1980）所开发的应对方式调查问卷（ways of coping question-naire，WCQ）是目前为止是最被广泛应用的应对测量量表（Daniels，Beesley，Cheyne and Wimalasiri，2008；Fugate et al.，2002；Herman and Tetrick，2009）。福克曼和拉撒路在 1985 年和 1986 年对 WCQ 进行了两次修订，将原始的采用 Yes/No 回答的方式改为 Likert 量表形式。1986 年修订后的 WCQ – R 是包含 8 个因子结构、51 条语句的量表，其中包括两个关注问题的子量表——直面应对（confrontive cop-ing）和计划应对（planful problem-solving），5 个关注情绪的子量表——空想应对（wishful thinking）、淡化（distancing）、正面重评（positive reappraisal）、自我控制（self-controlling）、逃避 – 回避（escape-avoidance）和接受责任（self-isolation），1 个混合应对策略——寻求社会支持（seeking social support）。维塔利亚诺、拉索、卡尔、麦鲁和贝克尔（Vitaliano，Russo，Carr，Maiuro and Becker，1985）在 WCQ – R 的基础上再次修订量表，得到应对方式清单（ways of coping checklist，WCCL）包括关注问题、寻求社会支持、自责、期望和逃避 5 个因子结构，共 42 条语句。雷克索尔德、彼得森和奥图尔（Rexrode，Peterson and O'Toole，2008）对过去 20 年基于 WCQ 的应对研究进行了一般性的信度检验，结果表明大部分的 WCQ 子量表的跨研究信度水平在 0.60～0.75 之间，具有较好的稳定性。

卡佛等（Carver et al.，1989）所开发的应对量表（cope inventory，CI）是另一个被广泛采用的应对测量量表（Lowe and Bennett，2003；Muhonen and Torkel-son，2008；Welbourne et al.，2007）。卡佛等人认为虽然应对的选择会随着环境的变化而改变，但总有一部分个体所固有的特征或者说是行为方式会一直影响个体在各种压力情境下的应对选择，基于这样的假设他们开发了 CI，包含 13 个因子、52 条语句：关注问题 5 个子量表、关注情绪 5 个子量表，发泄情绪、行为脱离和精神脱离各 1 个子量表。CI 经过多项研究的检验，表现出很好的稳定性，卡佛（Carver，1989）又在 CI 基础上开发了便于操作的只包含 28 条语句的 Brief CI。在工作相关压力下员工应对的研究文献中，CI 由其不同的出发点，更多被用于和个人特质相关的研究，如应对风格、个性特征、职业归因风格等。洛伊和班尼特（Lowe and Bennett，2003）检验情绪在应对过程中作用的研究，以及韦尔伯恩等（Welbourne et al.，2007）检验应对策略对职业归因风格与工作满意间关系的中介作用的研究，都采用了 CI 测量员工应对。

虽然 WCQ（包括 WCQ – R）和 CI 在员工应对组织变革的研究中被众多学者所采用，但也有许多学者指出 WCQ 被设计用于一般性压力应对的测量，广泛的应用性和易操作性，也降低了量表的真实效度——统一的应对结构就不可能反映不同类型压力下应对方式的差异。因此，更多的员工应对组织变革的研究采用的是拉塔克（Latack，1986）开发的员工应对工作压力量表（coping with job stress scales，CJSS）（Amos et al.，2006；Fugate et al.，2008），包括控制导向和逃避导向的应对两个子量表各 14 条语句。

虽然 CJSS 具有很好的针对性和稳定性，但朗（Long，1990）和爱德华兹（Edwards，1992）指出，两项分类的方式固然有利于探讨研究的实际应用，可是忽略了很多员工压力应对所应该包含的心理要素（如认知和行为的区分），降低了研究进行深入理论探讨的价值。因此，朗（Long，1990）主要基于 WCQ 和 CJSS 进行了一项针对工作压力下的应对测量量表的提纯研究，经过量表初测和因子分析获得逃避、问题重构和积极解决问题的三维结构。在经过对 291 名员工和管理者的测试研究，三个子量表分别包含 17、14 和 11 条共 42 条语句，每条语句的因子负载都高于 0.40，因子间相关都低于 0.13，Cronbach's alpha 系数分别为 0.85、0.79 和 0.77。朗（Long，1990）的量表也在卡梅耶 – 穆勒等（Kammeyer – Mueller et al.，2009）的研究中被验证具有好的信度和效度，但其三维结构是纯粹量表提纯的结果，缺乏好的理论依据，也不利于将研究结论联系实践。

贾奇等（Judge et al.，1999）开创性地编制了应对组织变革的测量量表（coping with organizational change scale，COCS）。COCS 是一个单维度、包括 12 条语句的量表，与上述其他量表相比，它的针对性更强，但也同时忽略了更多应对的具体内容。需要特别说明的是，COCS 是专门针对中层管理者的管理应对行为所开发的。

萧、斯佩克特和库珀（Siu，Spector and Cooper，2006）全新开发了员工应对工作压力的中文问卷，通过在香港、台北和北京三个地区开放式问卷和初测问卷的收集，经过探索性因子分析和验证性因子分析，获得 4 个因子、12 条语句的量表。其中积极主动应对和被动适应应对各 4 条语句，社会支持和放松各两条语句，各子量表的 Cronbach's alphas 系数为 0.78、0.89、0.71 和 0.67。萧等（2006）的量表虽然是在中文语境下开发的，但从语句的内容和信度检验的结果来看，量表所包含的内容比较简单，社会支持和放松两个子量表只有两条语句，内部一致性也不好，很难达到研究的预期效果。

从上述的研究回顾和评述来看，目前并没有符合本书要求的成熟量表，因此本书采用和朗（Long，1990）相同的方法，基于第二章所阐述的应对结构维度来修订中文环境下的员工应对组织变革的量表（chinese employee coping with organizational change scale，CECOC）。语句主要来自 CJSS 和朗（1990）修订的量表，具体预测试量表的结构和语句来源如表 4 - 3 所示。

表 4 - 3　　　　　　　　　　中国员工应对组织变革的预测试量表

语句	来源（因子名称）
因子 1：直面应对	
1 - 1 直接和我的上级探讨变革产生的问题	CJSS（控制导向应对）
1 - 2 我觉得自己应对变革的努力要好于大部分的同事	CJSS（控制导向应对）
1 - 3 花更多的时间和精力来完成自己的工作	CJSS（控制导向应对）
1 - 4 努力让自己更快、更高效地工作	CJSS（控制导向应对）
1 - 5 我设法有条理地做事以保证自己能够掌控局面	CJSS（控制导向应对）
1 - 6 尽最大努力去做那些别人期望我完成的工作	CJSS（控制导向应对）
1 - 7 抓住一个大的机会或者做一些冒险的事情	WCQ（关注问题）
1 - 8 从我的立场出发争取我想要的	WCQ（关注问题）
因子 2：计划应对	
2 - 1 腾出额外的精力针对变革做一些计划和安排	CJSS（控制导向应对）
2 - 2 仔细思考自己在变革中所面对的挑战	CJSS（控制导向应对）
2 - 3 我不会回头看，而是专注于下一步要做的事	WCQ - R（计划解决）
2 - 4 我设想一些改变，也许这样能使工作完成得更好	WCQ - R（计划解决）
2 - 5 设想一系列解决问题的方法	WCQ（关注问题）
2 - 6 我在脑海中不断重温我将要做的事情或者说的话	WCQ（关注问题）
2 - 7 设想我所敬佩的人会如何解决我所面对的问题	WCQ（关注问题）
因子 3：行为脱离	
3 - 1 避免处于变革的环境中（如离开或阻止其发生）	CJSS（逃避导向应对）
3 - 2 设法离开变革发生的环境	CJSS（逃避导向应对）
3 - 3 尽最大可能使自己从容地离开变革的环境	CJSS（逃避导向应对）
3 - 4 预测变革的不利后果，并提前做好最坏的打算	CJSS（逃避导向应对）
3 - 5 将部分工作委托给同事	CJSS（逃避导向应对）
3 - 6 通过吃喝、抽烟或药物治疗来使自己舒服一些	CJSS（逃避导向应对）
3 - 7 争取比平时更多的休息时间	WCQ（降压）
3 - 8 变革使我难以应付，所以尽量放下那些事	WCQ（淡化）
3 - 9 过一天算一天，等待变革的下一步发展再做打算	WCQ（淡化）
因子 4：空想应对	
4 - 1 告诉自己随着时间的推移，一切会变好	CJSS（逃避导向应对）
4 - 2 提醒自己工作并不是生活的全部	CJSS（逃避导向应对）
4 - 3 希望有对自己有利的奇迹发生	CJSS（逃避导向应对）
4 - 4 避免总被变革的事情所困扰	CJSS（逃避导向应对）
4 - 5 这次变革让我感觉难以应付自如	CJSS（逃避导向应对）
4 - 6 希望自己能够改变已经发生的事情或自己的感觉	WCQ（空想应对）
4 - 7 我常常想象自己能在一个更好的环境中	WCQ（空想应对）
4 - 8 我希望目前的情况能尽快改变或过去	WCQ（空想应对）
4 - 9 我会想象变革是怎样结束的	WCQ（空想应对）

注：实际测量表对多个语句的顺序进行了调整。

三、组织变革承诺的测量

目前为数不多的关注组织变革承诺的研究均采用了迈耶和赫斯科维奇（Meyer and Herscovitch，2002）所提出的情感性变革承诺、持续性变革承诺和规范性变革承诺的三维结构及对应的测量量表（George，2006；Stephen，2004）。因此，本书也借鉴这一成熟量表，每个维度分别采用 4 条语句测量，包括"变革对我所在的公司或部门是有益的""我不觉得我有任何责任去支持变革"，等等。被试采用 Likert 5 点计分的方式进行回答，1 ~ 5 分代表"完全不符合"至"完全符合"。其中一些语句是采用反向的设计，以检验语句的信度。

四、组织变革属性的测量

虽然在组织变革的研究中有大量关于变革类型及其特征的讨论，并识别了持久性的变革（Weick and Quinn，1999）、间断性的变革（Nadler and Tushman，1989）、渐进性的变革（Greenwood and Hinings，1996）以及根本性的变革（Romanelli and Tushman，1994）等不同类型的变革。但是学者们对于如何衡量这些变革存在很大的分歧，直到普洛曼等（Plowman et al. ，2007）的研究才论证了这些变革类型间的相互关系，并以变革的节奏和影响力两个属性维度来划分不同类型的变革。斯特里特和加鲁佩（Street and Gallupe，2009）的研究进一步论证了以这两个维度来测量组织变革的合理性，并阐述了基于这一框架的量表开发准备。虽然本书同样借鉴了这一变革划分框架，但目前为止并没有完整的成熟量表可供借鉴。现有的文献中，拉弗蒂和格里芬（Rafferty and Griffin，2006）的研究中采用 9 条语句来测量三个维度的变革属性——频率、计划性和影响力。其中，变革的频率和影响力在内涵上与本书所要测量的变革的节奏和影响力非常相近，并且同样强调从员工感知差异的角度来区分变革的属性。因此，本书对于变革属性的测量量表是在拉弗蒂和格里芬（Rafferty and Griffin，2006）在测量语句基础上修订而成的。由于本研究修改了原有量表的结构，因此预测试也对该量表的结构进行了重新地探索和验证，具体的语句如表 4 - 4 所示，所有语句均采用 Likert 5 点计分的方式，1 ~ 5 分代表"完全不同意"至"完全同意"。

表4-4	变革属性的预测试量表
语句	

因子1：变革节奏

1-1 那次变革很快发生又很快结束了

1-2 变革是从小到大逐步开展的（R）

1-3 我还没来得及思考那次变革的影响，它已经结束了

1-4 在我看来，那次变革持续了很长时间（R）

因子2：变革影响力

2-1 那次变革对我所在的部门或单位意义重大

2-2 变革改变了我所在单位或部门的文化、结构或权力分配

2-3 变革对我的切身利益造成了很大影响（正面或负面）

2-4 变革对我在单位的发展有大影响（正面或负面）

注：在测量变革节奏的子量表中，其中三条语句是借鉴拉弗蒂和格里芬（2006）对于变革的频率测量，第四条语句为本书增补。所增补的第四条语句是对比两个构念在内涵上的差异后，通过和三位组织行为学的博士生探讨，编制出3条测量连续性和间断性差别的语句。再和两位组织行为学研究的教授讨论后，选择增加"变革是从小到大逐步开展的"一条语句；对于变革影响力的测量，其中前两条语句也是来自拉弗蒂和格里芬（2006）的对变革影响力的测量语句，后两条语句采用和上述同样的方式增补。

五、人口统计变量的测量

本书调查问卷所包含的人口统计变量共有6项，分别为：

（1）受教育程度：分为5个等级，从1~5依次为"高中及高中以下""大专""本科""硕士"和"博士"。

（2）年龄：分为5个等级，从1~5依次为"25岁以下""25~30岁""31~40岁""41~50岁"和"50岁以上"。

（3）工作年限：分为5个等级，从1~5依次为"3年以下""3~5年""6~10年""11~20年"和"20年以上"。

（4）工作性质：以被试的工作性质是否具有资源分配的权力来区分管理者和非管理者，"1"代表管理者；"2"代表非管理者。

（5）所在组织的性质：分为5类，从1~5分别代表"外资企业""民营企业""国有企业""事业单位"和"政府部门"。

（6）性别："1"代表女性；"2"代表男性。

第五章

数 据 分 析

第一节　预测试数据分析

由于本书所采用的员工应对策略和变革属性的测量量表都是在前人成熟量表的基础上做了结构性的修改，因此需要对问卷进行预测试并基于预测试的结果进行语句的修订和结构的验证。具体来说，有三个环节，第一步是语句的修订，包括检验语句社会称许性（social desirability）和提纯（purity）；第二步是进行探索性因子分析（EFA）和信效度的检验，检验数据是否能够测量预期的内容结构；最后采用验证性因子分析（CFA）检验结构和信效度的稳定性。

一、语句的修订

1. 社会称许性检验

社会称许性是指个人获得赞赏和接受的需要，因为个人相信采取文化上可接受和受赞许的行为能够满足这种需要（Marlowe and Crowne，1961），所以接受自陈式问卷调查的被试会倾向于做出满足这种社会称许的正面自我描述（Paulhus，1999）。在社会学和行为学的研究中，调查问卷的真实有效性一直受到社会称许性的影响（Paulhus，1991），因此许多学者建议调查被试心理和行为的问卷都要进行语句的称许性分析（Ganster，Hennessey and Luthans，1983；Paulhus，1991；Zerbe and Paulhus，1987）。本书需要进行称许性检验的主要是员工应对策略的测量量表，虽然该量表的语句都来自国外已有研究的成熟量表，但是语句的翻译和东西方文化的差异仍然可能带来社会称许性的影响（Paulhus, 1991）。本书采用两个方面的措施来控制社会称许性的影响，一方面，在题项甄选时，对某些语句通过多个含义相反的语句来反复测量；另一方面，利用预测试的数据进行语句得分分布的检验（Harry and Charles, 2000）。

在对应对策略所有题项的5个得分选项进行频次分析后，结果显示语句3－6（通过吃喝、抽烟或药物治疗来使自己舒服一些）在3、4、5三个得分选项上的总频率低于10%，这表明绝大多数员工不愿意报告语句3－6所指向的应对策略。这说明该语句可能受到社会一般价值标准的影响，被试可能很难对实际情况作出回答，因此在无法避免这种称许性的影响情况下，删除该语句。

2. 语句提纯

在进行EFA之前，还需要对需要分析的语句进行提纯，否则就可能导致超出预期的多维度现象，从而很难解释每个因子的含义（Churchill, 1979），因此本书采用测量语句校正后总相关系数（corrected-item total correlation, CITC）和内部一致性信度系数的方式来提存语句。具体的做法是计算同一变量维度下，每一条语句与其他所有条目之和的相关系数。如果语句的CITC指数低于0.5，除非有特殊的原因，一般要考虑删除，特别是如果该语句的删除能够提高量表的内部一致性信度。因此，删除CITC较低的语句后需要计算信度系数的改变，确保删除语句后能够提高信度，并且保证剩余语句的信度系数达0.7以上，如果达不到这一标准，就要进一步删除那些因子负载小于0.7的语句（Nunnally, 1978）。表5－1和表5－2分别列出了应对策略和变革属性各语句的CITC和信度系数分析结果。

表5－1　　　　　　　　　　应对策略的CITC和信度分析

维度	语句	CITC	删除后 Cronbach's Alpha	Cronbach's Alpha
直面应对	1－1	0.327	0.882	0.864 (0.882)
	1－2	0.706 (0.722)	0.838 (0.858)	
	1－3	0.637 (0.688)	0.845 (0.866)	
	1－4	0.664 (0.713)	0.843 (0.864)	
	1－5	0.754 (0.787)	0.833 (0.850)	
	1－6	0.711 (0.623)	0.836 (0.875)	
	1－7	0.614 (0.602)	0.848 (0.877)	
	1－8	0.551 (0.525)	0.855 (0.883)	

维度	语句	CITC	删除后 Cronbach's Alpha	Cronbach's Alpha
计划应对	2－1	0.637（0.687）	0.857（0.858）	0.873（0.879）
	2－2	0.763（0.784）	0.842（0.843）	
	2－3	0.679（0.660）	0.852（0.862）	
	2－4	0.696（0.657）	0.849（0.863）	
	2－5	0.679（0.707）	0.852（0.854）	
	2－6	0.491	0.879	
	2－7	0.653（0.679）	0.855（0.860）	
行为脱离	3－1	0.617（0.622）	0.794（0.806）	0.824（0.835）
	3－2	0.317	0.834	
	3－3	0.395	0.823	
	3－4	0.557（0.525）	0.802（0.825）	
	3－5	0.725（0.777）	0.779（0.803）	
	3－6	0.613（0.645）	0.795（0.809）	
	3－7	0.631（0.610）	0.791（0.809）	
	3－8	0.550（0.508）	0.803（0.832）	
空想应对	4－1	0.679（0.701）	0.792（0.882）	0.826（0.897）
	4－2	0.507（0.520）	0.812（0.901）	
	4－3	0.656（0.713）	0.796（0.880）	
	4－4	0.653（0.732）	0.797（0.879）	
	4－5	0.130	0.864	
	4－6	0.738（0.822）	0.785（0.867）	
	4－7	0.729（0.805）	0.786（0.869）	
	4－8	0.604（0.732）	0.800（0.879）	
	4－9	0.315	0.837	

注：括号中的是最终结构的 CITC 和信度系数值。

直面应对因子的 CITC 分析结果显示，语句 1－1（直接和我的上级探讨变革产生的问题）的 CITC 低于 0.5 的标准，删除该语句后，直面应对因子的信度系数提高至 0.882，且其他语句的删除后信度系数都在 0.5 以上。在计划应对因子上，语句 2－6（我在脑海中不断重温我将要做的事情或者说的话）的 CITC 低于

0.5，删除该语句后，计划应对因子的信度系数提高至 0.879，且其他语句的系数在 0.5 以上。在行为脱离因子上，语句 3 - 2（设法离开变革发生的环境）和 3 - 3（尽最大可能使自己从容地离开变革的环境）的 CITC 都低于 0.5，逐条删除 3 - 2 和 3 - 3 语句后，行为脱离因子的信度系数提高至 0.835，且其他语句的 CITC 系数在 0.5 以上（删除 3 - 2 后，3 - 3 和 3 - 9 的 CITC 变成低于 0.5，再删除 CITC 最低的 3 - 3）。在空想应对因子上，语句 4 - 5（这次变革让我感觉难以应付自如）和 4 - 9（我会想象变革是怎样结束的）的 CITC 都低于 0.5，逐条删除 3 - 2 和 3 - 3 语句后，行为脱离因子的信度系数提高至 0.897，且其他语句的 CITC 系数在 0.5 以上（删除 4 - 5 后，4 - 9 的 CITC 仍然低于 0.5）。

表 5 - 2　　　　　　　　　　变革属性的 CITC 和信度分析

维度	语句	CITC	删除后 Cronbach's Alpha	Cronbach's Alpha
变革节奏	1 - 1	0.803	0.829	0.884
	1 - 2	0.659	0.884	
	1 - 3	0.755	0.848	
	1 - 4	0.779	0.840	
变革影响力	2 - 1	0.661	0.793	0.835
	2 - 2	0.659	0.794	
	2 - 3	0.648	0.799	
	2 - 4	0.692	0.779	

从表 5 - 2 可以看出变革属性两个因子的各个语句 CITC 值都大于 0.5 而且各因子信度系数也都达 0.7 以上。

二、探索性因子分析

1. 应对策略测量量表的 EFA

经过语句的修订，员工应对策略的测量量表在原有 33 条语句基础上删除了 7 条语句，因此本书在剩余的 26 条语句基础上作探索性因子分析。在此之前，要先对样本进行 KMO 样本测度（Kaiser - Meyer - Olykin Mearsure of Sampling Adequaey）和 Bartkett's 球形检验（Bartlett Test of Spherieity）以判断数据是否适合进行因子分析。一般认为 KMO 值在 0.7 以上并且 Bartlett's 球形检验达到显著水平则代表数据适合进行 EFA，而 KMO 小于 0.5 则不能进行。如表 5 - 3 所示，本书应对策略量表的 KMO 值达 0.805，Bartlett's 球形检验也达到显著性水平，可以进行 EFA。

表 5 - 3   KMO 值及 Bartlett's 球形检验

Kaiser – Meyer – Olkin Measure of Sampling Adequacy.	0.805
Bartlett's Test of Sphericity Approx. Chi – Square	1794.650
df	325
Sig.	0.000

接着，本书利用 Spss 18.0 的主成分分析，采用方差最大正交旋转的方法进行 EFA，提取特征值大于 1 的因子，最初 26 条语句分布在 5 个因子上，但个别语句在所有因子上的负载都小于 0.5 的标准，还有多个语句出现了交叉负载（cross-loading），因此需要进一步对语句进行筛选。筛选有两个步骤，第一步，逐个删除在所有因子上载荷都低于 0.5 的语句，具体操作上是先逐条试验性删除这些语句，然后分别重新运行 EFA，关注每条语句删除后的方差抽取率、因子结构和负载的变化，然后删除降低抽取率最小，因子结构和负载改善最多的语句。经过如此多次的反复的因子提取，逐条删除了 4 - 2、1 - 8、1 - 7、1 - 6、2 - 3 和 2 - 4 共 6 条语句，剩余 20 条语句都至少在 1 个因子上的负载高于 0.5。第二步是删除在超过 1 个因子上具有交叉负载的语句，在第一步筛选后，仍然有多个语句存在交叉负载，继续采用第一步所采用的逐条返回的删除方式，删除了 4 - 4 和 3 - 4 两条语句。在剩余的 18 条语句中，语句 1 - 5（我设法有条理地做事以保证自己能够掌控局面）仍然存在轻微的交叉负载，在直面应对因子和计划应对因子上的负载分别为 0.692 和 0.513，但如果删除该语句，方差抽取率明显下降，并且导致语句 1 - 3 和 1 - 4 也出现在直面应对和计划应对上的交叉负载。在与多位管理学教师和博士生探讨该语句的内容效度后，基本上认同该语句从内容上解读还是能够表达直面应对的含义和某些方面，并且能够与计划应对的内涵区分开来。因此，综合考虑内容效度和语句的数量要求，本书在 EFA 阶段暂时保留这一语句。从因子提取的碎石图（如图 5 - 1 所示）可以清晰地看到，4 个因子的结构恰好是最后一个因子特征值略大于 1，并且前 4 个因子的坡度明显大于其后各种因子结构。因此可以认为 18 条语句较好地聚合成 4 个因子，符合最初的理论结构。

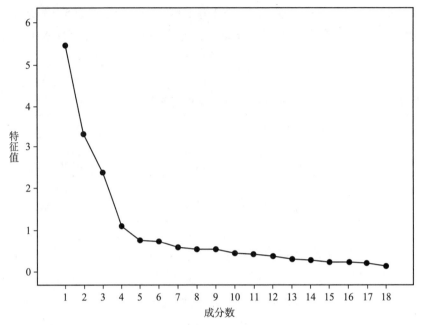

图 5 – 1　应对策略 EFA 碎石图

表 5 – 4 列出了最终的因子结构、信度系数和各条语句的因子负载。其中直面应对因子包括 4 条语句，因子负载在 0.623 ~ 0.821 之间；计划应对因子也包括 4 条语句，因子负载在 0.675 ~ 0.795 之间；行为脱离因子包括 5 条语句，因子负载在 0.612 ~ 0.880 之间；空想应对因子也包括 5 条语句，因子负载在 0.754 ~ 0.866 之间。4 个因子的累积方差贡献率达 67.99%，说明 4 个因子有较好的解释力，所有语句的共同度都超过 0.5，说明 18 条语句的方差都能够被较好解释。

表 5 – 4　　　　　　　　第一部分预测试样本的应对策略 EFA 结果

测量语句	因子负载	共同度	方差贡献率（%）	Cronbach's Alpha
F1 直面应对				
1 – 2 我觉得自己应对变革的努力要好于大部分的同事	0.821	0.741		
1 – 5 我设法有条理地做事以保证自己能够掌控局面	0.692	0.751	14.325	0.839
1 – 3 花更多的时间和精力来完成自己的工作	0.686	0.606		
1 – 4 努力让自己更快、更高效地工作	0.623	0.582		

测量语句	因子负载	共同度	方差贡献率（%）	Cronbach's Alpha
F2 计划应对				
2-7 设想我所敬佩的人会如何解决我所面对的问题	0.795	0.669	16.751	0.833
2-2 仔细思考自己在变革中所面对的挑战	0.791	0.712		
2-1 腾出额外的精力针对变革做一些计划和安排	0.689	0.569		
2-5 设想一系列解决问题的方法	0.675	0.664		
F3 行为脱离				
3-5 将部分工作委托给同事	0.880	0.802	17.258	0.832
3-1 如果可能的话，避免处于变革的环境中（如离开或阻止其发生）	0.760	0.635		
3-7 比平时更多的睡眠时间	0.751	0.633		
3-8 尽可能放下工作那些事	0.721	0.529		
3-9 过一天算一天，等待变革的下一步发展再做打算	0.612	0.572		
F4 空想应对				
4-6 希望自己能够改变已经发生的事情或自己的感觉	0.866	0.768	19.653	0.889
4-1 告诉自己随着时间的推移，一切会变好	0.834	0.723		
4-7 我常常想象自己能在一个更好的环境中	0.827	0.716		
4-3 希望有对自己有利的奇迹发生	0.803	0.696		
4-8 我希望目前的情况能尽快改变或过去	0.754	0.770		

2. 变革属性测量量表的 EFA

如表5-5所示，变革属性量表的 KMO 值达 0.780，Bartlett's 球形检验也达到显著性水平，可以进行 EFA。

表 5 – 5　　　　　　　　　　　　**KMO 值及 Bartlett's 球形检验**

Kaiser – Meyer – Olkin Measure of Sampling Adequacy	0. 780
Bartlett's Test of Sphericity Approx. Chi – Square	499. 619
df	28
Sig.	0. 000

接着，本书利用 Spss 18. 0 的主成分分析，采用方差最大正交旋转进行 EFA，提取特征值大于 1 的因子，从因子提取的碎石图（如图 5 – 2 所示）可以清晰地看到，只有两个因子的特征根大于 1，并且前两个因子的坡度明显大于其后各种因子结构。因此可以认为 8 条语句较好地聚合成两个因子，符合理论假设。

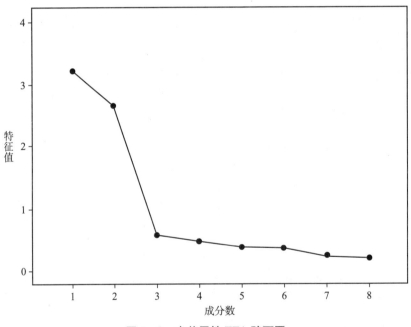

图 5 – 2　变革属性 EFA 碎石图

表 5 – 6 列出了最终的因子结构、信度系数和各条语句的因子负载。两个因子都包括 4 条语句，所有语句的因子负载都超过 0. 7，两个因子的累积方差贡献率达 73. 6%，说明两个因子能够有很好的解释力，所有语句的共同度都超过 0. 6，说明 8 条语句的方差都能够被较好地解释。

表 5 – 6　　　　　　　　　第一部分预测试样本的变革属性 EFA 结果

测量语句	因子负载	共同度	方差贡献率（%）	Cronbach's Alpha
F1 变革节奏				
1 – 4 在我看来，那次变革持续了很长时间（R）	0.919	0.852		
1 – 1 那次变革很快发生又很快结束了	0.885	0.783	34.740	0.902
1 – 3 我还没来得及思考那次变革的影响，它已经结束了	0.871	0.760		
1 – 2 变革是从小到大逐步开展的（R）	0.842	0.714		
F2 变革影响力				
2 – 4 变革对我在单位的发展有很大影响（正面或负面）	0.858	0.733		
2 – 1 那次变革对我所在的部门或单位意义重大	0.787	0.709	38.863	0.852
2 – 2 变革改变了我所在单位或部门的文化、结构或权力分配	0.781	0.712		
2 – 3 变革对我的切身利益造成了很大影响（正面或负面）	0.774	0.626		

三、验证性因子分析

　　将全部的预测试样本作验证性因子分析（CFA），以检验 EFA 结果的结构效度和拟合度。运用 Amos 18.0 软件，采用最大似然估计的方法评估模型参数，检验最佳的因子结构，在此基础上计算各个因子的信度和效度指标，考察是否符合实证研究的要求。其中，信度主要是对各个因子的内部一致性信度进行评价，而效度的评价主要考察因子的结构效度，包括聚合效度（convergent validity）和区分效度（discriminant validity）。

应对策略的 CFA

　　根据前文对过往文献的回顾可知，在以往的应对研究中，存在多种可能的应对结构，因此本书就多个应对因子结构的模型的拟合度进行比较。其中，单因子模型即所有语句都是测量同一个因子，两因子模型即积极应对（测量直面应对和计划应对）和消极应对（测量行为脱离和空想应对），三因子模型即问题导向的应对（测量直面应对）、计划导向的应对（测量计划应对）和逃避导向的应对

（测量行为脱离和空想应对），四因子模型即直面应对、计划应对、行为脱离和空想应对。表 5 – 7 首先给出了结构方程模型的拟合指标及一般评价标准。

表 5 – 7 结构方程模型的拟合指标及一般评价标准

指标名称	拟合标准和临界值
χ^2	越小越好，P 值至少大于 0.05 的显著水平
χ^2/df	小于 3 可以接受，小于 1 较优
GFI	大于 0.90
AGFI	值越接近 1 代表模型的拟合越好，大于 0.80 可以接受，大于 0.90 较优
RMSEA	小于 0.08 可以接受，小于 0.05 较优
TLI	大于 0.90
CFI	大于 0.90
AIC	值越小代表模型拟合越好

从表 5 – 8 中可以看到，四因子模型在各类指标中都优于单因子、两因子和三因子模型，说明四因子的结构对数据的拟合最好。仔细审查各项评估指标，TLI 和 CFI 大于 0.9，χ^2/df 小于 3，AGFI 大于 0.85 也可以接受，但 CFI 未达到理想的 0.9 以上，而且 RMSEA 接近于 0.08 的可接受临界值。虽然总体数据拟合程度可以接受，但需要进一步考察效度和信度。属于行为脱离因子的 3 – 9 语句的因子负载仅为 0.321，存在明显的问题并导致因子的平均变异抽取数仅为 0.478，低于 0.5 的标准（Fornell and Larcker，1981），说明该量表的聚合效度不够好。根据李茂能（2006）建议的 CFA 模型修正意见，查看 AMOS 计算的模型修正指数（Modification Indices，MI），发现 5 项超过 20 的回归系数修正指数都来自该语句与其他因子或语句的相关，分别是 BE5 – 计划应对、BE5 – 直面应对、BE5 – PP2、BE5 – PP1、BE5 – CC1 和 BE5 – CC2。[①] 为了进一步考察模型的修正可能，重新审查语句的内容，"过一天算一天，等待变革的下一步发展再做打算"，虽然该语句测量的是员工当前在行为上是否脱离工作，但等待变革的下一步发展也可以认为是员工计划下一步工作的一个部分，CFA 的结果也说明了这一点。因此，可以认为是该语句的表面效度（face validity）不好，而导致效度指标低于预期。

---

① AMOS 所计算的模型修正指数是根据卡方统计量考量的有意义的模型提高信息。越高的 MI 值，代表如果释放或删除该参数的估计能够越显著地减少卡方统计量。其中，协方差的修正指数代表如果两个误差项的变量允许相关，则卡方统计量减少；而回归系数的修正指数代表去掉两个变量间的参数估计，则卡方统计量减少。

表 5-8   员工应对组织变革的验证性因子分析 A

测量模型	χ^2	χ^2/df	GFI	AGFI	RMSEA	TLI	CFI	AIC
模型 1	1055.579	10.150	0.584	0.456	0.195	0.358	0.444	1119.579
模型 2	718.244	6.087	0.698	0.608	0.145	0.646	0.693	788.244
模型 3	577.069	4.975	0.784	0.668	0.128	0.723	0.764	651.069
模型 4	283.640	2.199	0.888	0.852	0.071	0.909	0.823	367.640
模型 5	193.348	1.711	0.913	0.882	0.054	0.965	0.971	273.348

注：模型 1～模型 5 分别代表单因子、两因子、三因子、四因子和修正模型。

在删除语句 3-9 后，重新评估模型，各项指标有不同程度的提高（模型 5），GFI 达 0.913，AIC、χ^2/df、RMR 和 RMSEA 也显著下降，说明模型的拟合度显著提高。修正模型的信度和效度指标列在表 5-9 中，其中平均变异数抽取值（average variance extracted，AVE）大于 0.5 和结构信度都大于 0.8 意味着模型具有很好的聚合效度，而 AVE 大于因子间关联平方数（squared interconstruct correlations，SIC），说明区分效度达到理想程度[①]（黄芳铭，2005）。内部一致性信度系数也接近或达到 0.8。综上所述，修正后的量表和因子结构非常理想。

表 5-9   员工应对组织变革的验证性因子分析 B

测量语句	因子负载	AVE	CR	Cronbach's Alpha	SIC
F1 直面应对					
1-2 我觉得自己应对变革的努力要好于大部分的同事	0.896				
1-3 花更多的时间和精力来完成自己的工作	0.780	0.596	0.916	0.852	F1-F2：0.453 F1-F3：0.199 F1-F4：0.128
1-5 我设法有条理地做事以保证自己能够掌控局面	0.707				
1-4 努力让自己更快、更高效地工作	0.688				

---

① 支持导向的 AVE 与支持导向和目标导向间的 SIC 相等，表明因子 1 的区分效度不是非常理想。由于差异分数的计算可能会放大变量间的相关性，所以因子间的信度和效度较一般变量要差（Prakash and John，1983）。但为了确保因子结构的效度，本书再次比较了合并支持导向和目标导向因子后的 3 因子模型与 4 因子模型，结果显示 4 因子模型在 χ^2 值（210.958 vs. 190.330）和 AIC 值（266.330 vs. 451.049）上都有明显下降，因此可以认为支持导向和目标导向因子间具有足够的区分度。

测量语句	因子负载	AVE	CR	Cronbach's Alpha	SIC
F2 计划应对					
2－2 仔细思考自己在变革中所面对的挑战	0.824	0.550	0.890	0.825	F2－F1：0.453 F2－F3：0.282 F2－F4：0.384
2－7 设想我所敬佩的人会如何解决我所面对的问题	0.727				
2－1 腾出额外的精力针对变革作出一些计划和安排	0.718				
2－5 设想一系列解决问题的方法	0.692				
F3 行为脱离					
3－5 将部分工作委托给同事	0.818	0.571	0.904	0.893	F3－F1：0.199 F3－F2：0.282 F3－F4：0.516
3－1 如果可能的话，避免处于变革的环境中（如离开或阻止其发生）	0.778				
3－7 比平时更多的睡眠时间	0.723				
3－8 尽可能放下工作那些事	0.698				
F4 空想应对					
4－6 希望自己能够改变已经发生的事情或自己的感觉	0.847	0.600	0.920	0.880	F4－F1：0.128 F4－F2：0.384 F3－F4：0.516
4－7 我常常想象自己能在一个更好的环境中	0.800				
4－3 希望有对自己有利的奇迹发生	0.767				
4－1 告诉自己随着时间的推移，一切会变好	0.757				
4－8 我希望目前的情况能尽快改变或过去	0.694				

第二节　正式测量数据的量表检验

在获得数据之后，需要对样本数据进行必要的质量评估。在进行信度和效度的检验之前，必须首先对问卷中各变量测量语句的均值、标准差、偏度和峰度等描述性统计量进行分析，以检验数据是否服从正态分布，分析结果如表 5－10 所示。当偏度绝对值小于3，峰度绝对值小于10时，表明样本基本上服从正态分布（Kline，1998）。从表5－10的分析结果来看，偏度绝对值均小于2，而峰度绝对值均小于4。各测量语句的值基本服从正态分布，可以进入下一个环节的数据分析。

表5－10　　　　　　　　　**描述性统计量**

	均值		标准差	偏度		峰度	
	统计量	标准误	统计量	统计量	标准误	统计量	标准误
变革节奏1	3.02	0.071	1.10	0.209	0.156	−0.873	0.312
变革节奏2	3.18	0.070	1.09	−0.125	0.156	−0.920	0.312
变革节奏3	3.24	0.073	1.14	−0.216	0.156	−0.889	0.312
变革节奏4	2.94	0.069	1.08	0.056	0.156	−0.850	0.312
变革影响力1	3.45	0.071	1.11	−0.509	0.156	−0.495	0.312
变革影响力2	3.43	0.075	1.17	−0.552	0.156	−0.557	0.312
变革影响力3	3.28	0.073	1.13	−0.361	0.156	−0.565	0.312
变革影响力4	3.34	0.074	1.15	−0.368	0.156	−0.523	0.312
情感性承诺1	3.40	0.066	1.02	−0.528	0.156	−0.343	0.312
情感性承诺2	3.44	0.065	1.01	−0.619	0.156	−0.038	0.312
情感性承诺3	3.42	0.062	0.957	−0.291	0.156	−0.085	0.312
情感性承诺4	3.43	0.065	1.01	−0.454	0.156	−0.338	0.312
规范性承诺1	3.20	0.065	1.01	−0.382	0.156	−0.185	0.312
规范性承诺2	3.62	0.065	1.01	−0.821	0.156	0.454	0.312
规范性承诺3	3.37	0.069	1.08	−0.442	0.156	−0.453	0.312
规范性承诺4	3.27	0.066	1.03	−0.406	0.156	−0.420	0.312
直面应对1	3.67	0.060	0.927	−0.880	0.156	0.823	0.312
直面应对2	3.38	0.062	0.961	−0.392	0.156	−0.129	0.312
直面应对3	3.63	0.061	0.943	−0.672	0.156	0.335	0.312
直面应对4	3.79	0.060	0.928	−0.989	0.156	1.07	0.312
计划应对1	3.57	0.061	0.945	−0.620	0.156	0.298	0.312
计划应对2	3.69	0.062	0.971	−0.587	0.156	−0.060	0.312
计划应对3	3.45	0.063	0.977	−0.370	0.156	−0.281	0.312

	均值		标准差	偏度		峰度	
	统计量	标准误	统计量	统计量	标准误	统计量	标准误
计划应对 4	3.71	0.057	0.893	− 0.833	0.156	0.693	0.312
行为脱离 1	2.67	0.061	0.941	0.253	0.156	− 0.264	0.312
行为脱离 2	2.63	0.062	0.970	0.308	0.156	− 0.499	0.312
行为脱离 3	2.65	0.063	0.975	0.483	0.156	− 0.346	0.312
行为脱离 4	2.60	0.065	1.02	0.484	0.156	− 0.359	0.312
空想应对 1	2.84	0.065	1.00	0.030	0.156	− 0.623	0.312
空想应对 2	2.74	0.066	1.03	0.095	0.156	− 0.628	0.312
空想应对 3	2.93	0.063	0.974	− 0.040	0.156	− 0.582	0.312
空想应对 4	2.86	0.064	0.991	0.122	0.156	− 0.325	0.312
空想应对 5	2.92	0.067	1.04	− 0.121	0.156	− 0.660	0.312
支持导向 1	1.28	0.071	1.10	0.704	0.156	− 0.193	0.312
支持导向 2	1.33	0.071	1.11	0.511	0.156	− 0.493	0.312
支持导向 3	1.47	0.057	0.975	0.709	0.156	− 0.061	0.312
支持导向 4	1.27	0.071	1.10	0.621	0.156	− 0.324	0.312
创新导向 1	0.926	0.061	0.948	0.827	0.156	0.041	0.312
创新导向 2	0.946	0.064	0.990	0.858	0.156	− 0.066	0.312
创新导向 3	0.955	0.066	1.03	0.971	0.156	0.295	0.312
创新导向 4	0.992	0.066	1.03	0.782	0.156	− 0.247	0.312
规则导向 1	1.23	0.068	1.06	0.609	0.156	− 0.296	0.312
规则导向 2	1.21	0.068	1.05	0.662	0.156	− 0.153	0.312
规则导向 3	1.21	0.070	1.08	0.661	0.156	− 0.245	0.312
规则导向 4	1.24	0.067	1.04	0.458	0.156	− 0.579	0.312
目标导向 1	1.26	0.067	1.05	0.531	0.156	− 0.468	0.312
目标导向 2	1.40	0.071	1.10	0.494	0.156	− 0.378	0.312
目标导向 3	1.41	0.07055	1.10	0.605	0.156	− 0.212	0.312
目标导向 4	1.36	0.06797	1.06	0.269	0.156	− 0.886	0.312

一、个人—组织价值观匹配的量表检验

表 5 − 11 和表 5 − 12 列出了正式调研数据的 CFA 结果，比较了 3 个可选模型

的拟合指标[①]。其中，单因子模型即所有语句都是测量同一个因子，两因子模型即内部导向的价值观匹配（测量支持导向和规则导向的价值观匹配）和外部导向的价值观匹配（测量创新导向和目标导向的价值观匹配），四因子模型即支持导向、创新导向、规则导向和目标导向的价值观匹配。从表 5 – 11 中可以看到，GFI、TLI 和 CFI 都大于 0.9，RMSEA 小于 0.08，χ^2/df 小于 3，AGFI 大于 0.8 都说明模型拟合较好。AIC 数值最小说明四因子模型对数据的拟合最好。

表 5 – 11 　　　　　　　个人—组织价值观匹配的验证性因子分析 A

测量模型	χ^2	χ^2/df	GFI	AGFI	RMSEA	TLI	CFI	AIC
模型 1	711.418	6.841	0.684	0.587	0.156	0.527	0.590	919.064
模型 2	628.747	6.104	0.702	0.606	0.146	0.587	0.645	842.882
模型 3	190.330	1.942	0.909	0.873	0.063	0.924	0.938	266.330

注：模型 1、模型 2、模型 3 分别代表单因子、两因子和四因子模型。

表 5 – 12 中，AVE 大于 0.5 和结构信度都大于 0.8 意味着模型具有很好的聚合效度，而 AVE 大于 SIC，说明区分效度达到理想程度。综合各项指标，四因子模型都优于单因子模型和两因子模型。并且在四因子模型下，绝大部分语句的因子载荷均接近或达到 0.7（支持导向因子的第 4 条语句因子负载最低，为 0.655 也超过 0.5 的可接受标准）。4 个因子的内部一致性信度系数（Cronbach's Alpha 系数）都大于或接近 0.8，这表明各子量表具有较好的内部一致性信度。

表 5 – 12 　　　　　　　个人—组织价值观匹配的验证性因子分析 B

测量语句	因子负载	AVE	CR	Cronbach's Alpha	SIC
F1 支持导向					
1 – 1 上级指导员工工作，帮助员工寻求工作资源	0.687				F1 – F2：0.177
1 – 2 同事间团结合作，相互支持	0.770	0.517	0.836	0.800	F1 – F3：0.483
1 – 3 上级倾听员工个人问题、帮助员工解决困难	0.760				F1 – F4：0.517
1 – 4 允许员工参与决策和发表意见	0.655				

① 因为价值观匹配度最终取决于被试对自身价值观和组织价值观的评价差值，下文所有关于个人—组织价值观匹配的数据都是经过差分计算后的数据，而不是原始数据。为了避免冗繁，本书没有逐个汇报员工对于自身价值和组织价值观的数据分析，原始数据的信度和效度都达到理想指标，该部分就差分计算后的数据进行详细地汇报。

续表

测量语句	因子负载	AVE	CR	Cronbach's Alpha	SIC
F2 创新导向					
2-1 热衷寻求新产品、新服务和开辟新市场	0.783	0.544	0.887	0.827	F2-F1：0.177 F2-F3：0.265 F2-F4：0.237
2-2 致力于寻求外部市场新机会、敢于冒风险	0.777				
2-3 经常打破常规、强调创造性	0.689				
2-4 投入较多资源开发新技术和新产品	0.697				
F3 规则导向					
3-1 制定了大量成文的制度规定和流程	0.698	0.539	0.881	0.820	F3-F1：0.483 F3-F2：0.265 F3-F4：0.466
3-2 经常检查员工工作过程	0.734				
3-3 要求员工行动之前请示上级批准	0.656				
3-4 严格要求员工遵从流程和规范	0.837				
F4 目标导向					
4-1 高度关注利润、效率和产出	0.731	0.535	0.852	0.790	F4-F1：0.517 F4-F2：0.237 F4-F3：0.466
4-2 给员工下达明确的任务目标	0.785				
4-3 强调任务目标的实现	0.741				
4-4 根据任务重要性分配资源	0.666				

二、员工应对组织变革的量表检验

同样，基于正式调查的数据，表5-13和表5-14列出了CFA的结果，并比较4个可选模型的拟合指标。其中，单因子模型即所有语句都是测量同一个因子，两因子模型即积极应对（测量直面应对和计划应对）和消极应对（测量行为脱离和空想应对），三因子模型即问题导向应对（测量直面应对）、计划导向应对（测量计划应对）和逃避导向应对（测量行为脱离和空想应对），四因子模型即直面应对、计划应对、行为脱离和空想应对。

表 5 – 13 员工应对组织变革的验证性因子分析 A

测量模型	χ^2	χ^2/df	GFI	AGFI	RMSEA	TLI	CFI	AIC
模型 1	495.325	4..763	0.759	0.685	0.125	0.821	0.845	559.329
模型 2	370.800	3.142	0.824	0.772	0.094	0.895	0.909	440.800
模型 3	326.005	2.810	0.841	0.790	0.087	0.911	0.924	651.069
模型 4	283.640	1.711	0.913	0.882	0.054	0.965	0.971	273.348

注：模型 1、模型 2、模型 3、模型 4 分别代表单因子、双因子、三因子和四因子模型。

表 5 – 14 员工应对组织变革的验证性因子分析 B

测量语句	因子负载	AVE	CR	Cronbach's Alpha	SIC
F1 直面应对					
1 – 5 我设法有条理地做事以保证自己能够掌控局面	0.886				
1 – 4 努力让自己更快、更高效地工作	0.842	0.676	0.954	0.891	F1 – F2：0.598 F1 – F3：0.501 F1 – F4：0.401
1 – 3 花更多的时间和精力来完成自己的工作	0.788				
1 – 2 我觉得自己应对变革的努力要好于大部分的同事	0.767				
F2 计划应对					
2 – 2 仔细思考自己在变革中所面对的挑战	0.857				
2 – 1 腾出额外的精力针对变革做一些计划和安排	0.815	0.638	0.940	0.874	F2 – F1：0.598 F2 – F3：0.461 F2 – F4：0.391
2 – 7 设想我所敬佩的人会如何解决我所面对的问题	0.777				
2 – 5 设想一系列解决问题的方法	0.747				
F3 行为脱离					
3 – 5 将部分工作委托给同事	0.790				
3 – 1 如果可能的话，避免处于变革的环境中（如离开或阻止其发生）	0.774	0.575	0.907	0.843	F3 – F1：0.501 F3 – F2：0.461 F3 – F4：0.555
3 – 7 比平时更多的睡眠时间	0.762				
3 – 8 尽可能放下工作那些事	0.705				

测量语句	因子负载	AVE	CR	Cronbach's Alpha	SIC
F4 空想应对					
4－6 希望自己能够改变已经发生的事情或自己的感觉	0.835				
4－7 我常常想象自己能在一个更好的环境中	0.830				F4－F1：0.401
4－3 希望有对自己有利的奇迹发生	0.820	0.651	0.945	0.902	F4－F2：0.391
4－1 告诉自己随着时间的推移，一切会变好	0.805				F3－F4：0.555
4－8 我希望目前的情况能尽快改变或过去	0.740				

表 5－14 中，各个因子的 AVE 都大于 0.5，结构信度都大于 0.8 意味着模型具有很好的聚合效度，而 AVE 大于 SIC，说明区分效度达到理想程度。所有语句的因子载荷均都超过 0.7。4 个因子的内部一致性信度系数都大于 0.8，这表明各子量表具有较好的内部一致性信度。综合 CFA、信度和效度的分析结果来看，数据质量令人满意。

三、员工变革承诺的量表检验

同样，基于正式调查的数据，表 5－15 和表 5－16 列出了 CFA 的结果，并比较了两个可选模型的拟合指标。其中，单因子模型即所有语句都是测量同一个因子，两因子模型即测量情感性变革承诺和规范性变革承诺。

表 5－15　　　　　　　　　员工组织变革承诺的验证性因子分析 A

测量模型	χ^2	χ^2/df	GFI	AGFI	RMSEA	TLI	CFI	AIC
模型 1	58.789	2.939	0.940	0.892	0.090	0.939	0.956	90.789
模型 2	36.713	1.932	0.964	0.933	0.062	0.971	0.980	70.713

注：模型 1 和模型 2 分别代表单因子模型和两因子模型。

从表 5－15 中可以看到，两因子模型在各类指标中都优于单因子模型，说明两因子模型的结构对数据的拟合更好。仔细审查各项评估指标，GFI、AGFI、TLI

和 CFI 大于 0.9，χ^2/df 小于 3，RMSEA 小于 0.08 的可接受临界值，总体而言可以接受。从表 5 - 16 可以进一步考察结构信度均大于 0.8，AVE 大于 0.5，说明聚合效度理想。各因子的 AVE 都大于 SIC，说明区分效度理想。内部一致性信度系数也接近或达到 0.8。

表 5 - 16　　　　　　员工组织变革承诺的验证性因子分析 B

测量语句	因子负载	AVE	CR	Cronbach's Alpha	SIC
F1 情感性变革承诺					
1 - 1 我相信那次变革的价值	0.805				
1 - 2 我认为那次变革对我所在的部门或单位是有益的	0.834	0.588	0.914	0.840	
1 - 3 在我看来，那次变革对部门或单位的发展很重要	0.712				
1 - 4 我认为发起那次变革是一个错误（R）	0.708				0.491
F2 规范性变革承诺					
2 - 1 我有责任推动那次变革	0.676				
2 - 2 我不应该反对那次变革	0.774	0.507	0.858	0.790	
2 - 3 我觉得抵制那次变革是不负责任的（R）	0.734				
2 - 4 我不觉得我有任何义务支持那次变革（R）	0.658				

四、变革属性的量表检验

同样，基于正式调查的数据，表 5 - 17 和表 5 - 18 列出了 CFA 的结果。在表 5 - 18 中，两个因子的 AVE 都大于 0.5，结构信度都大于 0.9 意味着模型具有很好的聚合效度，而 AVE 大于 SIC，说明区分效度达到理想程度。绝大部分语句的因子载荷均都超过 0.7（只有 1 个语句为 0.666）。两个因子的内部一致性信度系数都大于 0.8，综合 CFA、信度和效度的分析结果来看，数据质量令人满意。

表 5 – 17   变革属性的验证性因子分析 A

测量模型	χ^2	χ^2/df	GFI	AGFI	RMSEA	TLI	CFI	AIC
模型 1	312.051	15.603	0.676	0.416	0.246	0.548	0.677	360.051
模型 2	29.707	1.564	0.971	0.944	0.048	0.983	0.988	63.707

注：模型 1 和模型 2 分别代表单因子和双因子模型。

表 5 – 18   变革属性的验证性因子分析 B

测量语句	因子负载	AVE	CR	Cronbach's Alpha	SIC
F1 变革节奏					
1－1 那次变革很快发生又很快结束了	0.822				
1－4 在我看来，那次变革持续了很长时间（R）	0.813	0.609	0.925	0.859	
1－3 我还没来得及仔细思考变革的影响，它就已经结束了	0.810				
1－2 变革是从小到大逐步开展的（R）	0.666				
F2 变革影响力					0.237
2－4 变革对我在单位的发展有很大的影响（正面或负面）	0.796				
2－2 变革改变了我所在的单位或部门的文化、结构或权力分配	0.790	0.601	0.922	0.857	
2－3 变革对我的切身利益造成了很大影响（正面或负面）	0.781				
2－1 那次变革对我所在的部门或单位意义重大	0.733				

第三节   直接效应模型的假设检验

本书采用分层回归分析（hierarchical regression analysis）的方法来检验各个变量间的关系。分层回归其实是对两个或多个回归模型进行分析和比较，根据两个模型所解释的变异量的差异来比较所建立的两个模型的优劣。一个模型比另一个模型解释了因变量更多的变异，则这个模型对数据的拟合就更好，说明它相对而言是一个更好的模型。两个模型所解释的变异量之间的差异可以用统计显著性来估计和检验。模型比较可以用来评估单个预测变量对单个因变量方差的解释力是否显著提升的方法是比较两个回归模型：其中第一个模型不包括这个预测变量，而第二个模型包括该变量，假如该预测变量能够解释显著的额外变异，那第二个模型就能比第一个模型解释更多的因变量方差变异（Cohen、West and Aiken，2003）。

一、个人—组织价值观匹配对员工应对策略选择的直接影响

根据分层回归分析的基本原理，本书采用两步分层回归的方法检验个人—组织价值观匹配与员工应对策略间的关系：第一步先将人口统计变量作为自变量，应对策略作为因变量构建模型1；第二步将人口统计变量作为控制变量，价值观匹配作为自变量，应对策略作为因变量构建模型2。在回归结果的基础上分析两个方面的内容：一方面，价值观匹配的回归系数是否显著；另一方面，因变量的方差中可解释部分是否因为加入新的自变量而发生显著的提高。

为了了解各变量的总体情况，首先对各变量进行描述性和相关性分析。其中，为了考察人口统计变量的影响，对部分人口统计变量进行了虚拟化处理，就分类变量的不同水平做对比赋值（卢纹岱，2006），具体内容如表5-19所示。

表 5-19　　　　　　　　　　　　虚拟变量的赋值设置

性别	GENDER
男	0
女	1
工作类别	JOB
非管理者	0
管理者	1

在回归分析之前，本书先对各个变量做了简单相关分析，结果如表5-20所示。

表 5 –20　　　　　　　　描述性及相关系数统计量（N = 242）

	均值	标准差	1	2	3	4	5	6	7	8
直面应对	3.62	0.816	1							
计划应对	3.61	0.807	0.763 **	1						
行为脱离	2.64	0.804	− 0.646 **	− 0.566 **	1					
空想应对	2.86	0.855	− 0.510 **	− 0.538 **	0.653 **	1				
支持导向	1.34	0.975	− 0.584 **	− 0.557 **	0.518 **	0.430 **	1			
创新导向	0.955	0.868	− 0.386 **	0.354 **	0.375 **	0.276 **	0.344 **	1		
规则导向	1.22	0.896	− 0.531 **	− 0.497 **	0.489 **	0.438 **	0.613 **	0.455 **	1	
目标导向	1.35	0.918	− 0.553 **	− 0.535 **	0.480 **	0.413 **	0.720 **	0.436 **	0.661 **	1

注：** 表示在 $p < 0.01$ 的水平下显著。

在分析回归结果之前，本书通过方差膨胀因子（variance inflation factor, VIF）对变量的多重共线性进行检验。VIF：支持导向 = 3.98；创新导向 = 1.59；规则导向 = 2.27；目标导向 = 3.66。一般认为，当 VIF 小于 10（最好小于 5）时，各自变量直接基本不存在多重共线性（张文彤和董伟，2013），因此可以判定回归模型中各主要自变量间不存在严重的多重共线性。

表 5 –21 的结果显示，人口统计变量对员工应对策略的影响非常小，模型 1 中的 R^2 修正值分别为 0.028、0.008、0.025 和 0.042，也就是说在员工应对策略选择各维度上，人口统计变量最多只能解释 4.2% 的方差①。在加入个人—组织价值观匹配的模型 2 中，模型的方差解释大幅提高（ΔR^2 在 0.216 ~ 0.374 之间），并且人口统计变量影响的显著性也明显下降（只剩下工作类别对计划应对和空想应对以及教育程度对空想应对的关系仍然显著）。因为人口统计变量往往反映多个因素的共同影响，并且在本书的多个模型中的影响都很小，所以本书对人口统计变量与主变量之间的关系不做过多引申分析。各模型的 F 值检验也都在 $p < 0.001$ 的水平下达到显著，这说明在加入价值观各维度变量作为因变量后，各回归模型的解释力显著提高，并且拟合良好，总体上价值观匹配对员工应对组织变革的策略选择具有显著的解释能力。具体而言：

① 一般而言，模型的 R^2 值会随着变量个数的增加而增加，但这并不一定意味着模型的拟合更好，R^2 的修正值则剔除了这种变量数量的影响，因此能够更好地反应模型的改善程度（卢纹岱，2006）。

表 5 - 21　　个人—组织价值观匹配与员工应对策略关系的分层回归结果 （N = 242）

变量	直面应对		计划应对		行为脱离		空想应对	
	模型 1	模型 2	模型 1	模型 2	模型 1	模型 2	模型 1	模型 2
性别	- 0. 005	- 0. 050	0. 039	- 0. 016	- 0. 042	0. 015	- 0. 043	- 0. 009
工作类别	0. 047	0. 013	0. 135†	0. 103†	- 0. 070	- 0. 041	- 0. 134†	- 0. 115†
年龄	0. 113	- 0. 020	0. 103	- 0. 026	- 0. 089	0. 038	- 0. 086	0. 009
教育程度	- 0. 278**	- 0. 116	- 0. 151	0. 008	0. 283**	0. 130	0. 296**	0. 179*
工作时间	- 0. 194†	- 0. 050	- 0. 121	0. 013	0. 103	- 0. 026	0. 040	- 0. 057
支持导向	—	- 0. 327**	—	- 0. 251*	—	0. 299**	—	0. 228*
创新导向	—	- 0. 116†	—	- 0. 123*	—	0. 163*	—	0. 018
规则导向	—	- 0. 146*	—	- 0. 172*	—	0. 178*	—	0. 185*
目标导向		- 0. 123		- 0. 172†		0. 042		0. 080
R² 修正值	0. 028	0. 400	0. 008	0. 344	0. 025	0. 323	0. 042	0. 250
ΔR²	0. 048	0. 374	0. 028	0. 340	0. 045	0. 303	0. 062	0. 216
F 值	2. 36*	18. 82***	1. 38	15. 02***	2. 22†	13. 749***	3. 12*	9. 90***

注： *** 表示在 $p < 0.001$ 的水平下显著， ** 表示在 $p < 0.01$ 的水平下显著， * 表示在 $p < 0.05$ 水平下显著，† 表示在 $p < 0.1$ 的水平下显著。

第一，支持导向的个人—组织价值观匹配与直面应对 （β = - 0. 327，p < 0. 01）、计划应对 （β = - 0. 251，p < 0. 05）、行为脱离 （β = 0. 299，p < 0. 01） 和空想应对 （β = 0. 228，p < 0. 05） 之间的回归系数均显著。因为价值观匹配的赋值是求差获得的绝对值，数值越高代表匹配程度越低，也就是说回归系数为负意味着匹配程度与应对策略选择的正相关，那么回归的结果说明支持导向的个人—组织价值观匹配程度与员工积极应对显著正相关，与消极应对显著负相关，即假设 3 - 1 得到支持。

第二，创新导向的个人—组织价值观匹配与直面应对 （β = - 0. 116，p < 0. 1）、计划应对 （β = - 0. 123，p < 0. 05） 和行为脱离 （β = 0. 163，p < 0. 05） 之间的回归系数显著，只有与空想应对 （β = - 0. 018） 之间的关系不显著。回归的结果说明创新导向的个人—组织价值观匹配程度与员工积极应对显著正相关，与部分消极应对显著负相关，即假设 3 - 2 基本得到支持。

第三，规则导向的个人—组织价值观匹配与直面应对 （β = - 0. 146，p < 0. 05）、计划应对 （β = - 0. 172，p < 0. 05）、行为脱离 （β = 0. 178，p < 0. 05） 和空想应对 （β = 0. 185，p < 0. 05） 之间的回归系数均显著。回归的结果说明规

则导向的个人—组织价值观匹配程度与员工积极应对显著正相关，与消极应对显著负相关，即假设 3 – 3 得到支持。

第四，目标导向的个人—组织价值观匹配仅与计划应对呈较低显著水平的负相关（β = – 0. 172，p < 0. 1），而与直面应对（β = – 0. 123）、行为脱离（β = 0. 042）和空想应对（β = 0. 080）之间的关系均不显著，说明目标导向的个人—组织价值观匹配程度与部分员工积极应对的策略正相关，与消极应对无显著相关关系，即假设 3 – 4 基本不支持。

二、个人—组织价值观匹配影响员工应对的优势分析

在上述的分析中，支持导向、创新导向和规则导向的价值观匹配都被证实能够解释多个维度的员工应对策略的变化。通过第三章所论述的相关理论可知，这说明多个维度的个人—组织价值观匹配能够有效预测员工在变革中的应对反应。同时，现有的研究也表明，组织可以通过各种社会化策略来提高员工与组织价值观匹配的程度，但是这些策略对于价值观匹配的各个方面的影响并不相同，如果组织力图通过提高价值观匹配的方式来有效控制员工的变革应对反应，那么除了要了解在理论上价值观匹配的哪些方面会影响员工应对反应，还需要明确那些被证实具有影响力的价值观维度哪个能够起到最重要的预测作用，这样才能使理论的研究具有更强的实际操作意义。

在上述的回归分析结果中，通过对比不同自变量回归系数的大小，可以一定程度了解这种相对重要性的大小，但统计学的相关研究也指出传统多元回归分析的系数对比并不能准确反映自变量影响作用的大小，尤其是用标准化的回归系数对比不同回归模型中自变量的影响作用；而当自变量之间存在多重共线性时，即使同一模型中自变量的标准化回归系数也不是一个很好地判断标准。对于同一自变量而言，不同模型中因变量的波动程度会影响标准化回归系数的大小；对于同一模型中不同自变量而言，波动程度大的自变量的影响也会被高估（李超平和时勘，2005）。约翰逊（Johnson，2000）还指出，在逐步回归和分层回归模型中，预测能力强的自变量的影响力往往被高估，而预测力相对弱的变量的影响又会被低估，甚至发生符号的改变。这就导致实际中预测力相差不大的自变量在回归结果中反映出很大的差别。为了解决这个严重的缺陷，满足研究的实际需要，布德斯库（Budescu，1993）提出采用优势分析（domiance analysis）的方法来衡量回归模型中各个预测变量之间的相对重要性。优势分析是通过对比各个自变量在所有可能的关系模型中对模型解释力贡献程度的平均大小来说明不同自变量对因变

量预测能力的大小。具体的计算方式可参见布德斯库（Budescu，1993）以及李超平和时勘（2005）的相关研究。

1. 价值观匹配预测直面应对的优势分析

从表5－22的优势分析结果来看，在价值观匹配各维度对直面应对的影响中，支持导向的匹配贡献了在因变量已解释的方差中的45.9%，规则导向次之（37.1%），而创新导向最弱（17%）。也就是说，支持导向在价值观匹配影响直面应对中起到最重要的作用。

表5－22　　　　　　　　价值观匹配预测直面应对的优势分析

模型已包括的变量	R^2	支持导向	创新导向	规则导向
—	0	0.190	0.087	0.173
支持导向	0.190	—	0.019	0.022
创新导向	0.087	0.122	—	0.100
规则导向	0.173	0.039	0.014	—
支持导向＋创新导向	0.209	—	—	0.013
支持导向＋规则导向	0.212	—	0.010	—
创新导向＋规则导向	0.187	0.035	—	—
支持＋创新＋规则	0.222	—	—	—
对 R^2 的分解	—	0.102	0.0378	0.0823
在已预测方差中的比例	—	45.9%	17.0%	37.1%

2. 价值观匹配预测计划应对的优势分析

从表5－23的优势分析结果来看，在价值观匹配各维度对计划应对的影响中，支持导向的匹配贡献了在因变量已解释的方差中的35.2%，目标导向的影响力和支持导向比较接近（29%），然后是规则导向（23.8%）和创新导向（12%）。也就是说，支持导向在价值观匹配影响计划应对中起到最重要的作用。

表5－23　　　　　　　　价值观匹配预测计划应对的优势分析

模型已包括的变量	R^2	支持导向	创新导向	规则导向	目标导向
—	0	0.310	0.125	0.247	0.283
支持导向	0.310	—	0.023	0.020	0.019

续表

模型已包括的变量	R^2	支持导向	创新导向	规则导向	目标导向
创新导向	0.125	0.208	—	0.142	0.179
规则导向	0.247	0.083	0.020	—	0.070
目标导向	0.283	0.043	0.018	0.031	—
支持导向 + 创新导向	0.333	—	—	0.011	0.011
支持导向 + 规则导向	0.330	—	0.014	—	0.011
支持导向 + 目标导向	0.329	—	0.015	0.012	—
创新导向 + 规则导向	0.267	0.076	—	—	0.059
创新导向 + 目标导向	0.304	0.040	—	0.022	—
规则导向 + 目标导向	0.317	0.024	0.009	—	—
支持 + 创新 + 规则	0.344	—	—	—	0.007
支持 + 规则 + 目标	0.341	—	0.010	—	—
支持 + 创新 + 目标	0.344	—	—	0.007	—
创新 + 规则 + 目标	0.326	0.025	—	—	—
支持 + 创新 + 规则 + 目标	0.351	—	—	—	—
对 R^2 的分解	—	0.123	0.042	0.083	0.102
在已预测方差中的比例	—	35.2%	12.0%	23.8%	29.0%

3. 价值观匹配预测行为脱离的优势分析

从表 5-24 的优势分析结果来看，在价值观匹配各维度对行为脱离的影响中，支持导向的匹配贡献了在因变量已解释的方差中的40.5%，规则导向的影响力和支持导向比较接近（37.3%），而创新导向最弱（22.2%）。也就是说在预测员工行为脱离时，支持导向的预测力最强，而规则导向的影响相比创新导向更为重要。

表 5-24   价值观匹配预测行为脱离的优势分析

模型已包括的变量	R^2	支持导向	创新导向	规则导向
—	0	0.269	0.141	0.236
支持导向	0.269	—	0.037	0.029
创新导向	0.141	0.164	—	0.128
规则导向	0.236	0.058	0.029	—

模型已包括的变量	R^2	支持导向	创新导向	规则导向
支持导向 + 创新导向	0.306	—	—	0.015
支持导向 + 规则导向	0.298	—	0.022	—
创新导向 + 规则导向	0.269	0.051	—	—
支持 + 创新 + 规则	0.320	—	—	—
对 R^2 的分解	—	0.102	0.0378	0.0823
在已预测方差中的比例	—	40.5%	22.2%	37.3%

4. 价值观匹配预测空想应对的优势分析

从表 5-25 的优势分析结果来看，在价值观匹配各维度对空想应对的影响中，支持导向的匹配和规则导向匹配能够贡献的方差解释力非常接近（49.1% 和 50.9%）。也就是说在预测员工的空想应对策略时，支持导向和规则导向的价值观匹配几乎同等重要。

表 5-25 价值观匹配预测空想应对的优势分析

模型已包括的变量	R^2	支持导向	规则导向
—	0	0.185	0.192
支持导向	0.185	—	0.029
规则导向	0.192	0.028	—
支持导向 + 规则导向	0.220	—	—
对 R^2 的分解	—	0.107	0.111
在已预测方差中的比例	—	49.1%	50.9%

综合上述优势分析的结果，可以发现支持导向的价值观匹配在对各维度应对策略的预测中都起到了非常重要的作用（只有在空想应对的维度上略低于规则导向），总体上可以认为是价值观匹配预测员工应对组织变革中最重要的内容，而规则导向的匹配则次之，然后是创新导向，最后是目标导向。

第四节　中介效应模型的假设检验

在本书中，变革承诺是价值观匹配各维度与应对策略间关系的中介变量。对于中介变量的验证，主要有两种方法。第一种是采用回归分析，根据巴伦和肯尼（Baron and Kenny，1986）提出的中介效应判定方法，具体可以分为三个步骤：（1）自变量和中介变量之间应该有显著的相关关系；（2）自变量的和因变量之间应该有显著的相关关系；（3）当自变量和中介变量同时进入回归模型时，中介变量和因变量之间应该具有显著的相关关系。与此同时，如果在第（3）步中，自变量的回归系数变得不显著，则表明存在完全中介作用；而如果自变量的回归系数依然显著但却比第（2）步中的回归系数有所下降，则表明存在部分中介作用，即自变量对因变量的影响只有一部分是通过中介变量实现的，此时自变量一方面通过中介变量影响因变量，另一方面也直接对因变量起作用（Chen，Aryee and Lee，2005）。第二种方法是采用结构方程，比较直接模型、假设模型与饱和模型中各变量之间的标准化路径系数，具体的参考标准与上一种方法相同。以上两种方法的原理在本质上是相似的，为了更准确和直观地验证中介变量的作用，本书主要采用第一种方法，对于部分完全中介模型和部分中介模型的比较则采用结构方程建模比较。

在具体检验组织认同的中介作用之前，本书首先对涉及该中介效应模型的所有变量间关系进行了简单相关分析，如表5-26所示，各变量间的相关系数都在 $p < 0.01$ 的水平下达到显著。

一、个人—组织价值观匹配对员工变革承诺的影响检验

第一步，检验前因变量个人—组织价值观匹配与中介变量员工组织变革承诺的关系。同样利用分层回归的方式构建只包含人口统计变量的模型1和同时包括人口统计变量及前因变量的模型2，回归分析的结果如表5-27所示。从模型的整体拟合来看，对于变革承诺的两个维度的变异，人口统计变量所能够提供的解释分别为1.1%和1.6%。当价值观匹配进入模型后，在情感性和规范性两个维度上，模型解释力的提升非常显著（ ΔR^2 分别为0.338和0.475），而且F值检验也在 $p < 0.001$ 上显著，说明回归模型的拟合很好，即价值观匹配的各个维度对于员工的情感性变革承诺和规范性变革承诺的变化有很好的解释能力。

表 5－26　　相关分析

	均值	标准差	1	2	3	4	5	6	7	8	9	10
直面应对	3.62	0.816	1									
计划应对	3.61	0.807	0.763**	1								
行为脱离	2.64	0.804	-0.546**	-0.566**	1							
空想应对	2.86	0.855	-0.510**	-0.538**	0.653**	1						
情感性承诺	3.42	0.827	0.622**	0.684**	-0.622**	-0.611**	1					
规范性承诺	3.37	0.810	0.652**	0.636**	-0.617**	-0.618**	0.649**	1				
支持导向	1.34	0.975	-0.584**	-0.557**	0.518**	0.430**	-0.549**	-0.675**	1			
创新导向	0.955	0.868	-0.386**	0.354**	0.375**	0.276**	-0.368**	-0.338**	0.344**	1		
规则导向	1.22	0.896	-0.531**	-0.497**	0.489**	0.438**	-0.506**	-0.608**	0.613**	0.455**	1	
目标导向	1.35	0.918	-0.553**	-0.535**	0.480**	0.413**	-0.531**	-0.636**	0.720**	0.436**	0.661**	1

注：** 表示在 $p < 0.01$ 的水平下显著。

表 5 - 27　　　个人—组织价值观匹配与员工变革承诺间关系的分层回归结果（N = 242）

变量	情感性变革承诺		规范性变革承诺	
	模型 1	模型 2	模型 1	模型 2
性别	0.099	0.044	0.098	0.045
工作类别	0.091	0.060	0.074	0.039
年龄	0.064	-0.066	0.194†	0.059
教育程度	-0.062	0.097	-0.143	0.025
工作时间	-0.005	0.128	-0.131	0.020
支持导向	—	-0.281**	—	-0.314**
创新导向	—	-0.113†	—	0.018
规则导向	—	-0.163*	—	-0.225**
目标导向	—	-0.130	—	-0.142†
R^2 修正值	0.011	0.369	0.016	0.493
ΔR^2	0.032	0.338	0.037	0.475
F 值	1.54	15.08***	1.80	27.07***

注：*** 表示在 $p < 0.001$ 的水平下显著，** 表示在 $p < 0.01$ 的水平下显著，* 表示在 $p < 0.05$ 水平下显著，† 表示在 $p < 0.1$ 的水平下显著。

再具体看各个变量的回归系数：支持导向、创新导向、规则导向的个人—组织价值观匹配与情感性变革承诺间的回归系数显著（分别为 β = -0.281，p < 0.01；β = -0.113，p < 0.1；β = -0.163，p < 0.05），而目标导向的价值观匹配与情感性变革承诺间的关系则不显著（β = -0.130），因为价值观匹配的赋值是求差获得的绝对值，数值越高代表匹配程度越低，也就是说回归系数为负意味着匹配程度与变革承诺正相关，那么回归的结果说明三个维度个人—组织价值观匹配程度与员工情感性变革承诺显著正相关，因此可以判定假设 3 - 5 基本得到支持。

支持导向、规则导向和目标导向的个人—组织价值观匹配与员工规范性变革承诺均存在显著相关（分别为 β = -0.314，p < 0.01；β = -0.225，p < 0.01；β = -0.142，p < 0.1），也只有创新导向（β = -0.018）与规范性变革承诺间的关系不显著，因此可以判定假设 3 - 6 基本得到支持。

二、个人—组织价值观匹配预测变革承诺的优势分析

为了进一步探讨各维度价值观匹配对员工情感性和规范变革承诺影响的相对大小，本书同样进行了优势分析。

从表 5-28 的优势分析结果来看，在价值观匹配各维度对情感性变革承诺的影响中，支持导向的匹配贡献了在因变量已解释的方差中最多的 48.3%，规则导向次之（34.4%），而创新导向最弱（17.4%）。也就是说，支持导向在价值观匹配影响员工情感性变革承诺中起到最重要的作用。

表 5-28　　　　　价值观匹配预测情感性变革承诺的优势分析

模型已包括的变量	R^2	支持导向	创新导向	规则导向
—	0	0.301	0.136	0.256
支持导向	0.301	—	0.029	0.027
创新导向	0.136	0.195	—	0.144
规则导向	0.256	0.072	0.024	—
支持导向 + 创新导向	0.330	—	—	0.014
支持导向 + 规则导向	0.328	—	0.017	—
创新导向 + 规则导向	0.280	0.065	—	—
支持 + 创新 + 规则	0.345	—	—	—
对 R^2 的分解	—	0.167	0.060	0.119
在已预测方差中的比例	—	48.3%	17.4%	34.4%

从表 5-29 的优势分析结果来看，与情感性变革承诺相比，多个维度的价值观匹配对于规范性变革承诺的影响比较接近，支持导向、规则导向和目标导向分别贡献了已解释方差中的 39.5%、29.2% 和 31.4%。

表 5-29　　　　　价值观匹配预测规范性变革承诺的优势分析

模型已包括的变量	R^2	支持导向	规则导向	目标导向
—	0	0.456	0.370	0.404
支持导向	0.456	—	0.033	0.021

续表

模型已包括的变量	R^2	支持导向	规则导向	目标导向
规则导向	0.370	0.118	—	0.089
目标导向	0.404	0.072	0.055	—
支持导向 + 规则导向	0.488	—	—	0.010
支持导向 + 目标导向	0.476	—	0.022	—
规则导向 + 目标导向	0.459	0.040	—	—
支持 + 规则 + 目标	0.498	—	—	—
对 R^2 的分解	—	0.197	0.145	0.156
在已预测方差中的比例	—	39.5%	29.2%	31.4%

三、情感性变革承诺的中介作用检验

中介作用的第二步检验，仍然采用分层回归的方法，首先将人口统计变量作为自变量，应对策略作为因变量构建模型 1；其次将价值观匹配作为自变量，人口统计变量作为控制变量，员工应对策略作为因变量构建模型 2；最后加入情感性变革承诺作为自变量，构建模型 3。

变量多重共线性诊断的结果显示，各变量的 VIF 值为：支持导向 = 4.119，创新导向 = 1.62，规则导向 = 2.77，目标导向 = 3.69，情感性变革承诺 = 1.75，全都小于 5，因此可以判定回归模型中各主要自变量间不存在多重共线性。具体的回归结果如表 5 – 30 所示[①]，从表 5 – 30 中可以清楚地看到，模型 3 比模型 2 对于因变量方差的解释力进一步显著提高（ΔR^2 在 0.098 ~ 0.162 之间），所有模型 3 的 F 值都在 p < 0.001 的水平上显著。也就是说在加入情感性变革承诺后，模型的解释力明显提升了。具体来看，情感性变革承诺与直面应对（β = 0.392，p < 0.001）和计划应对（β = 0.493，p < 0.001）显著正相关，与行为脱离（β = – 0.457，p < 0.001）和空想应对（β = – 0.524，p < 0.001）显著负相关。因此，可以判定假设 3 – 7 得到支持。

---

① 模型 1 中的人口统计学变量系数与表 5 – 21 中模型 1 的内容一致，限于篇幅这里没有列出。

表 5 - 30　　价值观匹配、情感性变革承诺与员工应对策略的分层回归结果（N = 242）

变量	直面应对		计划应对		行为脱离		空想应对	
	模型 2	模型 3	模型 2	模型 3	模型 2	模型 3	模型 2	模型 3
性别	- 0.050	- 0.067	- 0.016	- 0.038	0.015	0.035	0.009	0.013
工作类别	0.013	- 0.011	0.103[†]	0.073	- 0.041	- 0.014	- 0.115	- 0.084
年龄	- 0.020	0.005	- 0.026	0.006	0.038	0.009	0.009	- 0.024
教育程度	- 0.116	- 0.153 *	0.008	- 0.040	0.130	0.174 *	0.179	0.228 **
工作时间	- 0.050	- 0.100	0.013	- 0.050	- 0.026	0.032	- 0.057	0.008
支持导向	- 0.327 **	- 0.217 *	- 0.251 *	- 0.112	0.299 **	0.171[†]	0.228 *	0.081
创新导向	- 0.116[†]	- 0.071	- 0.123 *	- 0.067	0.163 *	0.111[†]	0.018	- 0.041
规则导向	- 0.146 *	- 0.082	- 0.172 *	- 0.064	0.178 *	0.103	0.185 *	0.095
情感性承诺	—	0.392 ***	—	0.493 ***	—	- 0.457 ***	—	- 0.524 ***
R^2 修正值	0.400	0.499	0.344	0.509	0.323	0.446	0.250	0.405
ΔR^2	0.374	0.098	0.340	0.162	0.303	0.121	0.216	0.153
F 值	18.82 ***	24.99 ***	15.02 ***	26.03 ***	13.75 ***	20.38 ***	9.90 ***	17.44 ***

　　注：*** 表示在 $p < 0.001$ 的水平下显著，** 表示在 $p < 0.01$ 的水平下显著，* 表示在 $p < 0.05$ 水平下显著，† 表示在 $p < 0.1$ 的水平下显著。

　　进一步来看，情感性变革对于价值观匹配与员工应对策略的影响是否具有中介作用。为了更加直观地说明这三者之间的具体关系，本书将它们之间的相互关系和回归系数表示在图 5 - 3 中。在图 5 - 3 中右侧两列数字中，每一个维度的应对策略旁的第一列分别代表三个维度的个人—组织价值观匹配对应对策略的直接回归系数，第二列代表包括中介变量的模型 3 中价值观匹配对应对策略回归的系数。根据图 5 - 3 中所列的对应数据，通过对比回归系数显著性水平和大小的变化来判断情感性变革承诺是否对价值观匹配与员工应对策略间关系起中介作用（Baron and Kenny，1986）。

　　从图 5 - 3 中可以看到在加入情感性变革承诺后，各维度价值观匹配与应对策略关系的显著性明显下降，其中支持导向与直面应对和行为脱离，创新导向与行为脱离间关系的显著性下降，而支持导向与计划应对、空想应对，创新导向与直面应对、计划应对，规则导向与直面应对、计划应对、行为脱离和空想应对以及目标导向与计划应对间关系的显著性消失，这似乎说明情感性变革承诺在价值观匹配与应对策略选择的部分维度间的关系起完全中介作用。为了进一步考察情

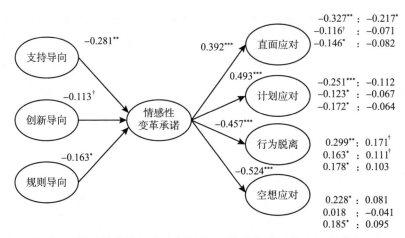

图 5 - 3　情感性变革承诺对价值观匹配与员工应对策略间关系的影响

感性变革承诺的具体作用，本书对上述显著性消失的 8 对变量做结构方程的模型拟合检验，比较包括完全中介模型和部分中介模型对数据的拟合，检验结果如表 5 - 31 所示。

表 5 - 31　　　　　　　　　中介模型比较结果（N = 242）

测量模型		χ^2	$\Delta\chi^2$	df	χ^2/df	RMSEA	GFI	TLI	CFI	AIC
支持导向	模型 1	65.597	—	52	1.261	0.033	0.958	0.990	0.992	117.597
计划应对	模型 2	56.207	9.39	51	1.102	0.021	0.964	0.995	0.997	110.207
支持导向	模型 3	86.076	—	63	1.366	0.039	0.947	0.985	0.988	142.076
空想应对	模型 4	84.925	- 1.15	62	1.370	0.039	0.948	0.985	0.988	142.925
创新导向	模型 5	78.044	—	52	1.501	0.046	0.947	0.980	0.984	130.044
直面应对	模型 6	70.229	7.82	51	1.377	0.040	0.953	0.985	0.989	124.229
创新导向	模型 7	55.552	—	52	1.068	0.017	0.965	0.997	0.998	107.552
计划应对	模型 8	53.763	1.79	51	1.054	0.015	0.966	0.998	0.998	107.763
规则导向	模型 9	92.776	—	52	1.784	0.057	0.939	0.968	0.975	144.776

测量模型		χ^2	$\Delta\chi^2$	df	χ^2/df	RMSEA	GFI	TLI	CFI	AIC
直面应对	模型 10	77.632	15.11	51	1.522	0.047	0.948	0.979	0.984	131.632
规则导向	模型 11	74.844	—	52	1.439	0.043	0.953	0.982	0.986	126.844
计划应对	模型 12	69.454	5.39	51	1.362	0.039	0.956	0.985	0.988	123.454
规则导向	模型 13	75.897	—	52	1.460	0.044	0.949	0.979	0.983	127.897
行为脱离	模型 14	67.551	8.35	51	1.325	0.037	0.995	0.985	0.989	121.551
规则导向	模型 15	91.521	—	63	1.453	0.043	0.946	0.980	0.984	147.521
空想应对	模型 16	88.237	3.28	62	1.423	0.042	0.947	0.981	0.985	146.237

注：奇数编号的模型代表完全中介模型；偶数编号的模型代表部分中介模型。

结构方程模型的拟合结果表明部分中介模型和完全中介模型对数据拟合的结果都不错，但对于嵌套模型间的比较，本书采用被认为更有效的卡方检验（温忠麟、侯杰泰和马什赫伯特，2004；温忠麟、张雷、侯杰泰和刘红云，2004）和 AIC 值的变化（侯杰泰、温忠麟和成子娟，2004；李茂能，2006）来判断模型的优劣。部分中介模型与完全中介模型相比，固定参数增加 1，自由度减少 1，一般认为当增加固定参数牺牲自由度时，如果卡方值的下降足够多（一般来说取 $\Delta\chi^2 > \chi^2$（df，0.01）），就认为新的模型更可取，如果相反，则根据模型的节俭性原则，应该选择变量间关系更简单的模型。如果以此为标准，表 5-31 中的模型 2、模型 6、模型 10 和模型 14 的 $\Delta\chi^2 > 6.63$（自由度为 1，$\alpha = 0.01$ 时 χ^2 的临界值），那么可以认为情感性变革承诺在这些变量的关系中起部分中介而不是完全中介作用。但考虑到卡方统计量的大小对样本量的大小非常敏感，如果按照温忠麟等（2004）的建议提高 χ^2 统计量的检验标准：当样本量大于 200 小于 250 时，取 $\Delta\chi^2 > 10.83$ 作为判断标准（自由度为 1，$\alpha = 0.001$ 时 χ^2 的临界值）。如果按照这一较为严格的标准，则只有模型 10 可以被认为是比模型 9 更优的模型。

当然，由于卡方值对样本的敏感性以及学术界还没有对卡方检验显著水平的要求达成一致的看法，还需要模型的其他拟合指标来考察。从表 5-31 中可以看到，部分中介模型 2、模型 6 和模型 14 比之对应的完全中介模型 1、模型 5 和模型 13 在各项拟合指标上都有较为明显的改善，尤其是 AIC 显著下降，并且模型 $\Delta\chi^2$ 的卡方检验也在 $\alpha = 0.01$ 水平上显著。因此也可以认为部分中介模型与完全中介模型相比而言是更好的选择。

综合以上分层回归模型和结构方程模型的检验结果，情感性变革承诺对支持导向的价值观匹配与直面应对、计划应对和行为脱离，创新导向与直面应对和行为脱离以及规则导向与直面应对和行为脱离的关系起部分中介作用，而对支持导向与空想应对，创新导向与计划应对以及规则导向与计划应对和空想应对间关系起完全中介作用。据此结论，可以判定假设 3 – 9 得到部分支持。

四、规范性变革承诺的中介作用检验

变量多重共线性诊断的结果显示，各变量的 VIF 值为：支持导向 = 4.30，创新导向 = 1.59，规则导向 = 2.84，目标导向 = 3.72，规范性变革承诺 = 2.23，全都小于 5，因此可以判定回归模型中各主要自变量间不存在多重共线性。具体的回归结果如表 5 – 32 所示。从表 5 – 32 中可以清楚地看到，模型 3 比模型 2 对于因变量方差的解释力有不同程度的提高（ΔR^2 在 0.093 ~ 0.147 之间），所有模型 3 的 F 值都在 $p < 0.001$ 的水平上显著。也就是说在加入情感性变革承诺后，模型的解释力明显提升了。具体来看，规范性变革承诺与直面应对（$\beta = 0.429$，$p < 0.001$）和计划应对（$\beta = 0.411$，$p < 0.001$）显著正相关，与行为脱离（$\beta = -0.463$，$p < 0.001$）和空想应对（$\beta = -0.570$，$p < 0.001$）显著负相关。因此，可以判定假设 3 – 8 得到支持。

表 5 – 32　　价值观匹配、规范性变革承诺与员工应对策略的分层回归结果（N = 242）

变量	直面应对		计划应对		行为脱离		空想应对	
	模型 2	模型 3	模型 2	模型 3	模型 2	模型 3	模型 2	模型 3
性别	- 0.050	- 0.069	- 0.016	- 0.035	0.015	0.036	0.009	0.016
工作类别	0.013	- 0.004	0.103[†]	0.087	- 0.041	- 0.024	- 0.115	- 0.093
年龄	- 0.020	0.045	- 0.026	- 0.051	0.038	0.065	0.009	- 0.042
教育程度	- 0.116	- 0.126[†]	0.008	- 0.003	0.130	0.141[†]	0.179	0.194[*]
工作时间	- 0.050	- 0.059	0.013	- 0.005	- 0.026	- 0.017	- 0.057	- 0.045
支持导向	- 0.327[**]	- 0.164[†]	- 0.251[*]	- 0.095	0.299[**]	0.102	0.228[*]	0.011
规则导向	- 0.116[†]	- 0.049	- 0.172[*]	- 0.047	0.178[*]	0.066	0.185[*]	0.054
目标导向	- 0.123	- 0.053	- 0.172[†]	- 0.093	0.042	- 0.029	0.080	- 0.011
规范性承诺	—	0.429[***]	—	0.411[***]	—	- 0.463[***]	—	- 0.570[***]

续表

变量	直面应对		计划应对		行为脱离		空想应对	
	模型2	模型3	模型2	模型3	模型2	模型3	模型2	模型3
R^2 修正值	0.400	0.494	0.344	0.437	0.323	0.421	0.250	0.400
ΔR^2	0.374	0.093	0.340	0.093	0.303	0.097	0.216	0.147
F值	18.82 ***	24.55 ***	15.02 ***	19.74 ***	13.75 ***	18.53 ***	9.90 ***	17.07 ***

注：*** 表示在 p < 0.001 的水平下显著，** 表示在 p < 0.01 的水平下显著，* 表示在 p < 0.05 水平下显著，† 表示在 p < 0.1 的水平下显著。

进一步来看，情感性变革对于价值观匹配与员工应对策略的影响是否具有中介作用。为了更加直观地说明这三者之间的具体关系，本书将它们之间的相互关系和回归系数表示在图5-4中。

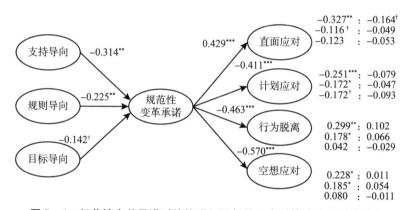

图5-4 规范性变革承诺对价值观匹配与员工应对策略间关系的影响

从图5-4中可以看到在加入规范性变革承诺后，支持导向与直面应对间关系显著性下降，而支持导向与计划应对、行为脱离、空想应对，规则导向与直面应对、计划应对、行为脱离和空想应对以及目标导向与计划应对间关系的显著性消失，这似乎说明规则性变革承诺在价值观匹配与应对策略选择的部分维度间的关系起完全中介作用。为了进一步考察规范性变革承诺的具体作用，本书对上述显著性消失的8对变量做结构方程的模型拟合检验，比较包括完全中介模型和部分中介模型对数据的拟合，检验结果如表5-33所示。

表5-33　　　　　　中介模型比较结果（N=242）

测量模型		χ^2	$\Delta\chi^2$	df	χ^2/df	RMSEA	GFI	TLI	CFI	AIC
支持导向	模型1	68.189	—	52	1.311	0.036	0.956	0.988	0.990	120.189
计划应对	模型2	67.748	0.44	51	1.328	0.037	0.956	0.987	0.990	121.748
支持导向	模型3	53.748	—	52	1.034	0.012	0.966	0.999	0.999	105.784
行为脱离	模型4	53.745	0.00	51	1.054	0.015	0.966	0.998	0.998	107.745
支持导向	模型5	89.133	—	63	1.415	0.046	0.946	0.983	0.986	145.133
空想应对	模型6	86.005	3.13	62	1.387	0.040	0.948	0.984	0.987	144.005
规则导向	模型7	78.288	—	52	1.506	0.046	0.949	0.979	0.983	130.288
直面应对	模型8	76.758	1.53	51	1.505	0.046	0.950	0.979	0.984	130.758
规则导向	模型9	89.065	—	52	1.713	0.054	0.944	0.969	0.975	141.065
计划应对	模型10	88.650	0.42	51	1.738	0.055	0.944	0.968	0.975	142.650
规则导向	模型11	75.500	—	52	1.452	0.043	0.952	0.978	0.983	127.500
行为脱离	模型12	74.569	0.93	51	1.462	0.044	0.953	0.978	0.983	128.569
规则导向	模型13	104.865	—	63	1.665	0.053	0.939	0.970	0.976	160.865
空想应对	模型14	104.796	0.07	62	1.690	0.054	0.940	0.969	0.975	162.796
目标导向	模型15	78.500	—	52	1.510	0.046	0.949	0.978	0.983	130.500
计划应对	模型16	77.653	0.85	51	1.523	0.047	0.950	0.978	0.983	131.653

注：奇数编号的模型代表完全中介模型；偶数编号的模型代表部分中介模型。

如表5-33所示，所有的部分中介模型比之对应的完全中介模型，各项拟合指标的改变程度都非常有限，因此根据模型的节俭性原则，应该选择变量间关系更简单的完全中介模型。

综合以上分层回归模型和结构方程模型的检验结果，规范性变革承诺对支持导向的价值观匹配与直面应对的关系起部分中介作用，而对支持导向与计划应对、行为脱离和空想应对，规则导向与计划应对、行为脱离和空想应对以及目标导向与计划应对的关系起完全中介作用。据此结论，可以判定假设3-10得到部分支持。

五、变革承诺预测员工应对的优势分析

本书也进行了优势分析来探讨变革承诺对员工应对各维度影响的相对大小。

1. 变革承诺预测直面应对的优势分析

从表 5-34 的分析结果中可以看到，在预测直面应对时，规范性变革承诺起到相对重要的作用，贡献了已解释方差的 54.0%。

表 5-34　　　　　　　　变革承诺预测直面应对的优势分析

模型已包括的变量	R^2	情感性变革承诺	规范性变革承诺
—	0	0.387	0.425
情感性变革承诺	0.387	—	0.081
规范性性变革承诺	0.425	0.044	—
情感性 + 规范性	0.469	—	—
对 R^2 的分解	—	0.216	0.253
在已预测方差中的比例	—	46.0%	54.0%

2. 变革承诺预测计划应对的优势分析

从表 5-35 的分析结果中可以看到，在预测计划应对时，情感性变革承诺起到相对重要的作用，贡献了已解释方差的 56.2%。

表 5-35　　　　　　　　变革承诺预测计划应对的优势分析

模型已包括的变量	R^2	情感性变革承诺	规范性变革承诺
—	0	0.468	0.405
情感性变革承诺	0.468	—	0.038
规范性性变革承诺	0.405	0.101	—
情感性 + 规范性	0.505	—	—
对 R^2 的分解	—	0.284	0.221
在已预测方差中的比例	—	56.2%	43.8%

3. 变革承诺预测行为脱离的优势分析

从表 5-36 的分析结果中可以看到，在预测行为脱离时，情感性变革和规范性变革承诺起到几乎同等重要的作用，分别贡献了已解释方差的 50.7% 和 49.3%。

表 5 – 36　　　　　　　　　变革承诺预测行为脱离的优势分析

模型已包括的变量	R^2	情感性变革承诺	规范性变革承诺
—	0	0.387	0.381
情感性变革承诺	0.387	—	0.055
规范性变革承诺	0.381	0.061	—
情感性 + 规范性	0.441	—	—
对 R^2 的分解	—	0.224	0.218
在已预测方差中的比例	—	50.7%	49.3%

4. 变革承诺预测空想应对的优势分析

从表 5 – 37 的分析结果中可以看到，在预测行为脱离时，情感性变革和规范性变革承诺起到几乎同等重要的作用，分别贡献了已解释方差的 49.1% 和 50.9%。

表 5 – 37　　　　　　　　　变革承诺预测空想应对的优势分析

模型已包括的变量	R^2	情感性变革承诺	规范性变革承诺
—	0	0.374	0.382
情感性变革承诺	0.374	—	0.061
规范性变革承诺	0.382	0.053	—
情感性 + 规范性	0.435	—	—
对 R^2 的分解	—	0.214	0.222
在已预测方差中的比例	—	49.1%	50.9%

第五节　调节效应模型的假设检验

本书采用构建交互项和两步分层回归的方法检验员工感知的变革属性对个人—组织价值观匹配与员工应对策略选择之间关系的调节作用（Darlington，1968；Farh，Earley and Lin，1997；温忠麟、侯杰泰和张雷，2005）。首先，将人口统计变量作为控制变量，各维度的员工应对策略作为因变量，并在每一个回归模型中分别加入变革属性的两个维度之一和单个价值观匹配维度作为自变量，构建模型 1，这是为了尽可能剔除员工感知变革特征的直接影响；其次将变革属性与价值观匹配的交互项加入方程，构建模型 2。通过观察模型 2 对因变量解释力的变化以及交互项回归系数的显著与否来判断调节作用是否存在。

一、员工感知的变革节奏的调节作用

为了避免交互项与自变量、调节变量间的高度相关对研究结果造成的影响，本书按照常规的方式在构建交互项时，先对自变量和调节变量进行了中心化处理，并构建交互项（Akin and West，1991）。经过中心化处理后，各个模型中各主要变量间的 VIF 值都小于 3，可以认为研究结果没有受到严重多重共线性的影响。

表 5 - 38 列出了分层回归的结果，在这一部分数据分析的结果中，限于篇幅，表 5 - 38 没有报告人口统计变量的回归结果。当变革节奏和价值观匹配所构建的四个交互项进入模型后，在各个维度应对策略上方差解释力的提高都非常有限（ΔR^2 在 0.000 ~ 0.008 之间）。具体看各个变量间的回归系数，支持导向的价值观匹配与变革节奏的交互项只与计划应对有较低水平的显著相关（$\beta = -0.092$，$p < 0.1$），而与直面应对、行为脱离和空想应对没有显著的相关性（回归系数分别为 $\beta = -0.057$，$\beta = 0.071$，$\beta = 0.037$），这样的结果不能够说明员工感知的变革节奏对支持导向的价值观匹配与员工应对策略选择之间关系有明显的调节作用，因此，实证分析结果基本不支持假设 3 - 11。

表 5 - 38　　　　　变革节奏调节作用的分层回归结果（N = 242）

变量	直面应对		计划应对		行为脱离		空想应对	
	模型 1	模型 2	模型 1	模型 2	模型 1	模型 2	模型 1	模型 2
支持 × 节奏	—	-0.057	—	-0.092[†]	—	0.071	—	0.037
ΔR^2	0.400	0.003	0.360	0.008	0.330	0.005	0.256	0.001
创新 × 节奏	—	0.001	—	0.021	—	0.062	—	0.028
ΔR^2	0.181	0.000	0.165	0.000	0.171	0.004	0.116	0.000
规则 × 节奏	—	-0.043	—	-0.076	—	0.016	—	0.029
ΔR^2	0.322	0.002	0.289	0.006	0.279	0.000	0.238	0.001
目标 × 节奏	—	-0.013	—	-0.063	—	-0.089[†]	—	0.027
ΔR^2	0.353	0.000	0.329	0.004	0.280	0.007	0.230	0.000

注：† 表示在 $p < 0.1$ 的水平下显著。

创新导向的价值观匹配与变革节奏的交互项，与各个维度的应对策略都没有显著的相关性（回归系数分别为 β = −0.001，β = 0.021，β = 0.062，β = 0.028）。这样的结果也不能够说明员工感知的变革节奏对创新导向的价值观匹配与员工应对策略选择之间关系有明显的调节作用，因此，实证分析结果不支持假设 3 − 12。

规则导向的价值观匹配与变革节奏的交互项，与各个维度的应对策略都没有显著的相关性（回归系数分别为 β = −0.043，β = −0.076，β = 0.016，β = 0.029）。这样的结果同样不能够说明员工感知的变革节奏对规则导向价值观匹配与员工应对策略选择之间关系有明显的调节作用，因此，实证分析结果不支持假设 3 − 13。

目标导向的价值观匹配与变革节奏的交互项与行为脱离的回归系数显著（β = 0.089，p < 0.1），而与直面应对、计划应对和行为脱离没有显著的相关性（回归系数分别为 β = −0.013，β = −0.063，β = 0.027），这样的结果不能够说明员工感知的变革节奏对目标导向的价值观匹配与员工应对策略选择之间关系有明显的调节作用，因此，实证分析结果基本不支持假设 3 − 14。

为了更具体反映变革节奏调节作用的方向和大小，以变革节奏的分值作为分类标准，将高于变革节奏均值一个标准差的样本作为感知到高变革节奏的数据集；将低于变革节奏均值一个标准差的样本作为感知到低变革节奏的数据集，然后分别对两类样本各个维度价值观匹配对应对策略选择的回归，并利用 Excel 作出回归方程的图形。限于篇幅，本书仅就以下两个交互项回归系数显著的自变量和因变量关系进行作图。每张图包括实线和虚线各一条，代表在调节变量不同水平下自变量与因变量的回归函数。如果两条直线的斜率有明显的差异（交叉或必然交叉），代表调节作用显著，两条直线越是接近于平行，代表调节作用越弱。

从图 5 − 5a 中，可以清楚地看到代表不同变革节奏水平的两条函数直线交叉，意味着员工感知的变革节奏对支持导向与员工计划应对之间有明显的调节作用。这种作用表现为高变革节奏减弱了支持导向的价值观匹配与直面应对数值上的负相关，也就说在员工感知到变革节奏越高时，支持导向价值观差异对于员工是否采用直面应对的影响就降低了。换一个角度看，回归直线交叉还表明，对于高支持导向价值观匹配程度的员工而言（匹配的分值越高匹配程度越低），在感知到低变革节奏时，更可能采取直面应对的策略；而对于低支持导向价值观匹配的员工而言，在感知到高变革节奏时则更可能采取直面应对的策略。

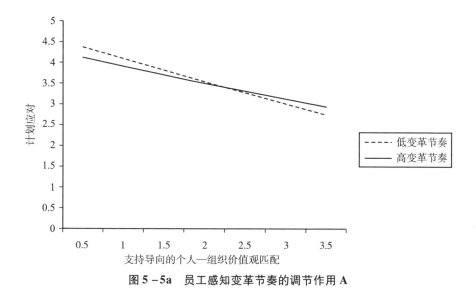

图 5 - 5a　员工感知变革节奏的调节作用 A

从图 5 - 5b 中，可以清楚地看到代表不同变革节奏水平的两条函数直线交叉，意味着员工感知的变革节奏对目标导向与员工直面应对变革之间有明显的调节作用。这种作用表现为高变革节奏减弱了目标导向的价值观匹配与行为脱离应对在数值上的正相关，也就说在员工感知到变革节奏越高时，目标导向价值观差异对于员工是否采用行为脱离应对的影响就降低了。换一个角度看，回归直线交

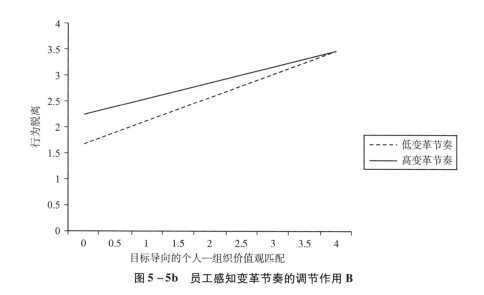

图 5 - 5b　员工感知变革节奏的调节作用 B

叉还表明，对于高目标导向价值观匹配程度的员工而言（匹配的分值越高匹配程度越低），在感知到高变革节奏时，更可能采取行为脱离的策略；而对于低目标导向价值观匹配的员工而言，在感知到低变革节奏时则更可能采取行为脱离的策略。

以上回归的结果和交互作用的图形说明虽然员工感知变革节奏调节作用的假设整体上没有得到很好的支持，但是在某些具体的维度上，变革节奏对价值观匹配与员工应对的关系间有明显的调节效应。

二、员工感知的变革影响力的调节作用

同样对构建交互项的变革影响力和各维度价值观匹配变量进行中心化处理，各模型内自变量的 VIF 值都小于 3，可以认为研究结果没有受到严重多重共线性的影响。

表 5 – 39 列出了分层回归的结果，当变革影响力和价值观匹配所构建的四个交互项进入模型后，除了对空想应对的解释力提升不明显外（ΔR^2 在 0.003 ~ 0.018 之间），其他模型在各个维度应对策略上方差解释力都有明显的提高（ΔR^2 在 0.009 ~ 0.040 之间）。因此，整体来说员工感知的变革影响力有比较明显的调节作用。

表 5 – 39　　　　　变革影响力调节作用的分层回归结果（N = 242）

变量	直面应对		计划应对		行为脱离		空想应对	
	模型 1	模型 2	模型 1	模型 2	模型 1	模型 2	模型 1	模型 2
支持 × 影响力	—	- 0.218 ***	—	- 0.229 ***	—	0.195 ***	—	0.086
ΔR^2	0.417	0.040	0.416	0.044	0.354	0.032	0.272	0.006
创新 × 影响力	—	- 0.170 **	—	- 0.155 **	—	0.194 ***	—	0.135 *
ΔR^2	0.193	0.028	0.212	0.024	0.189	0.037	0.130	0.018
规则 × 影响力	—	- 0.177 **	—	- 0.186 ***	—	0.098 †	—	0.106 †
ΔR^2	0.335	0.029	0.338	0.032	0.299	0.009	0.251	0.011
目标 × 影响力	—	- 0.181 ***	—	- 0.213 ***	—	0.190 **	—	0.063
ΔR^2	0.365	0.028	0.376	0.038	0.300	0.030	0.243	0.003

注：*** 表示在 p < 0.001 的水平下显著，** 表示在 p < 0.01 的水平下显著，* 表示在 p < 0.05 水平下显著，† 表示在 p < 0.1 的水平下显著。

　　具体看各个变量间的回归系数，支持导向的价值观匹配与变革影响力的交互项与直面应对（β＝－0.218，p＜0.001）、计划应对（β＝－0.229，p＜0.001）和行为脱离都显著相关（β＝0.195，p＜0.001），只与空想应对没有显著的相关性（回归系数为β＝0.086），这样的结果能部分说明员工感知的变革影响力对支持导向的价值观匹配与员工应对策略选择之间关系有明显的调节作用，因此，实证分析结果部分支持假设3－15。

　　创新导向的价值观匹配与变革影响力的交互项，与直面应对（β＝－0.170，p＜0.01）、计划应对（β＝－0.155，p＜0.01）、行为脱离（β＜0.001）和空想应对（β＝0.135，p＜0.05）都显著相关。这样的结果说明员工感知的变革影响力对创新导向的价值观匹配与员工应对策略选择之间关系有明显的调节作用，因此，实证分析结果支持假设3－16。

　　规则导向的价值观匹配与变革影响力的交互项，与直面应对（β＝－0.177，p＜0.01）、计划应对（β＝－0.186，p＜0.001）、行为脱离（β＝0.098，p＜0.1）和空想应对（β＝0.106，p＜0.1）的应对策略都有显著的相关性。这样的结果能够说明员工感知的变革影响力对规则导向价值观匹配与员工应对策略间关系起调节作用，因此，实证分析结果支持假设3－17。

　　目标导向的价值观匹配与变革影响力的交互项，与直面应对（β＝－0.181，p＜0.001）、计划应对（β＝－0.213，p＜0.001）和行为脱离（β＝0.190，p＜0.01）的应对策略有显著的相关性，只有与空想应对的关系不显著（β＝0.063）。这样的结果能够部分说明员工感知的变革影响力对规则导向价值观匹配与员工应对策略间关系起调节作用，因此，实证分析结果部分支持假设3－18。

　　同样，本书通过作图来进一步审查调节作用大小和方向。因为价值观匹配的不同维度对于应对策略影响的方向是相同的，所以限于篇幅，本书仅取支持导向的价值观匹配对于积极和消极的应对策略的关系分别作图。

　　从图5－6a中，可以清楚地看到代表不同变革影响力水平的两条函数直线交叉，意味着员工感知的变革影响力对支持导向与员工直面应对变革之间有明显的调节作用。这种作用表现为高变革影响力加强了支持导向的价值观匹配与直面应对数值上的负相关，也就说在员工感知到变革影响力越高时，支持导向价值观差异对于员工是否采用直面应对的影响就越高。换一个角度看，回归直线交叉还表明，对于高支持导向价值观匹配的员工而言（匹配的分值越低匹配程度越高），在感知到高变革影响力时比感知到低变革影响力时，更可能采取直面应对的策略；而对于低支持导向价值观匹配的员工而言，在感知到高变革影响时则比感知到低变革影响时，更少采取直面应对的策略。员工感知的变革影响力对于支持导向与计划应对和行为脱离应对间的关系也起到了类似的调节作用。

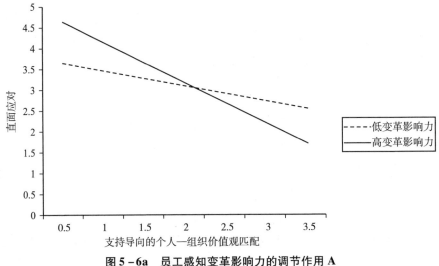

图 5 - 6a　员工感知变革影响力的调节作用 A

从图 5 - 6b 中，可以清楚地看到代表不同变革影响力水平的两条函数直线交叉，意味着员工感知的变革影响力对支持导向与员工行为脱离之间有明显的调节作用。这种作用表现为高变革影响力加强了支持导向的价值观匹配与行为脱离数值上的正相关，也就说在员工感知到变革影响力越高时，支持导向价值观差异对于员工是否采用行为脱离策略的影响就越大。换一个角度看，回归直线交叉还表

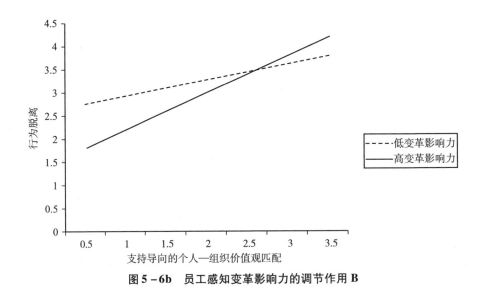

图 5 - 6b　员工感知变革影响力的调节作用 B

明，对于高支持导向价值观匹配的员工而言（匹配的分值越低匹配程度越高），在感知到低变革影响力时比感知到高变革影响力时，更可能采取行为脱离的策略；而对于低支持导向价值观匹配的员工而言，在感知到低变革影响时则比感知到高变革影响时，更少采取行为脱离的策略。

三、变革属性调节作用的有用性分析

从本节前两部分的分析结果看，员工感知的变革节奏和变革影响力同时在支持导向价值观匹配与计划应对策略以及目标导向价值观匹配与行为脱离策略间关系具有调节作用，这就需要探讨变革属性的这两个维度是否独立发挥作用。从另一个角度说，当员工感知的变革节奏和影响力的调节作用是相反时，哪一种因素的影响力会起主导作用？本书采用有用性分析（usefulness analysis）来探讨这两个问题（Darlington，1968），分两步分层回归来建模：第一步，价值观匹配和变革属性作为自变量，人口统计变量作为控制变量，应对策略作为因变量构建模型1；第二步，将价值观匹配与变革属性的交互项加入回归方程，构建模型2。观察在模型2中两个变革属性维度构建的交互项的系数是否显著，来判断他们是否独立具有调节作用。

经过中心化后，各主要变量间的VIF值都小于3，可以认为研究结果没有受到多重共线性的影响。如表5-40所示，有用性分析的结果表明，无论是对计划应对还是对行为脱离的应对策略，价值观匹配与变革影响力的交互项回归系数显著（$\beta = -0.244$，$p < 0.001$；$\beta = 0.195$，$p < 0.01$），而价值观匹配与变革节奏的交互项回归系数并不显著（$\beta = 0.27$；$\beta = -0.005$），也就是说在支持导向和直面应对以及目标导向与行为脱离的关系间，只有变革影响力有独立的调节作用。

表5-40   调节变量的有用性分析结果 （N=242）

变量	计划应对		行为脱离	
	模型1	模型2	模型1	模型2
支持导向	-0.551 ***	-0.638 ***	——	——
变革节奏	0.043	0.044	-0.046	-0.056
变革影响力	0.267 ***	0.287 ***	-0.163 *	-0.156 *

续表

变量	计划应对		行为脱离	
	模型 1	模型 2	模型 1	模型 2
支持 × 节奏	—	0.027	—	—
支持 × 影响力	—	− 0.244 ***	—	—
目标导向	—	—	0.461 ***	0.536 ***
目标 × 节奏	—	—	—	− 0.005
目标 × 影响力	—	—	—	0.195 **
R^2 修正值	0.397	0.439	0.277	0.304
ΔR^2	0.417	0.045	0.301	0.031
F 值	20.83 ***	19.85 ***	12.56 ***	11.50 ***

注：*** 表示在 $p < 0.001$ 水平下显著，** 表示在 $p < 0.01$ 的水平下显著，* 表示在 $p < 0.05$ 水平下显著。

第六节　有调节的中介效应模型的假设检验

虽然詹姆斯和布雷特（James and Brett, 1984）最早提出了关于有调节的中介效应模型，但他们并没有给出具体的检验方法。本书采用温忠麟等（2006）提出的检验方式，分两步检验这一效应：第一，检验员工变革承诺的中介效应；第二，作各维度应对策略对价值观匹配、变革承诺、变革属性以及变革属性与变革承诺交互项的回归，检验交互项的回归系数是否显著。

本章的第四节已经就情感性和规范性变革承诺的中介作用进行了检验，因此本节仅检验中介作用存在的部分变量间的关系是否受到变革属性的调节。采用检验调节作用相似的方法构建交互项和三步分层回归模型。首先，将人口统计变量作为控制变量，各维度的员工应对策略作为因变量，构建模型 1；其次，在每一个回归模型中分别加入中介模型中所包括的价值观匹配各维度变量和变革承诺的变量以及单个变革属性的变量，构建模型 2；最后，将变革属性与变革承诺的交互项加入方程，构建模型 3。

一、员工感知变革节奏对变革承诺中介效应的调节

同样先对中介变量和调节变量进行中心化处理，并构建交互项。经过中心化处理后，模型中各主要变量间的 VIF 值都在可接受的范围内。表 5 – 41 和表 5 – 42 分别列出了员工感知变革节奏对情感性变革承诺和规范性变革承诺的调节作用的检验结果。当变革节奏和变革承诺的交互项进入模型后，模型 3 的 F 值检验全部在 p < 0.001 水平下显著，但模型对因变量方差的解释力提高很小，尤其是在直面应对和计划应对上的 ΔR² 增加几乎可以忽略不计。但考虑到模型控制了包括人口统计变量、自变量以及中介变量的影响，加入交互项能够带来的模型解释力的增加会非常小（Aiken and West，1991），因此还需要具体考察交互项系数的显著性。

表 5 –41　　　　　　　有调节的中介作用的分层回归结果 A（N = 242）

变量	直面应对		计划应对		行为脱离		空想应对	
	模型 2	模型 3	模型 2	模型 3	模型 2	模型 3	模型 2	模型 3
支持导向	− 0.288 ***	− 0.292 ***	− 0.227 **	− 0.231 **	0.206 *	− 0.214 **	0.095	0.105
创新导向	− 0.068	− 0.070	− 0.047	− 0.049	0.074	0.077	—	—
规则导向	− 0.086	− 0.087	− 0.056	− 0.057	0.079	0.081	0.108	0.112
变革节奏	− 0.039	0.040	0.078 †	0.079 †	− 0.050	− 0.052	0.027	0.024
情感性承诺	0.389 ***	0.383 ***	0.494 ***	0.488 ***	− 0.441 ***	− 0.414 ***	− 0.494 ***	− 0.479 ***
承诺 × 节奏	—	0.041	—	− 0.045	—	− 0.088 *	—	− 0.108 *
R² 修正值	0.499	0.499	0.514	0.514	0.448	0.453	0.430	0.441
ΔR²	0.472	0.002	0.505	0.002	0.426	0.007	0.368	0.011
F 值	25.02 ***	22.80 ***	26.45 ***	24.13 ***	20.57 ***	19.20 ***	19.44 ***	18.24 ***

注：*** 表示在 p < 0.001 的水平下显著，** 表示在 p < 0.01 的水平下显著，* 表示在 p < 0.05 水平下显著，† 表示在 p < 0.1 的水平下显著。

可以发现，情感性变革承诺和变革节奏交互项与行为脱离和空想应对显著相关（分别为 β = − 0.088，p < 0.05；β = − 0.108，p < 0.05）但与直面应对和计划应对关系并不显著（β = 0.041；β = 0.045）。这说明，情感性变革承诺在价值观匹配与应对策略部分维度上的中介作用的确被员工感知的变革节奏所调节。因此，实证分析的结果部分支持了假设 3 – 19。再看表 5 – 42，规范性变革承诺和

变革节奏交互项只与计划应对显著相关（β = − 0. 095，p < 0. 05）。因此，实证分析的结果部分基本不支持假设 3 − 20。

表 5 − 42　　　　　有调节的中介作用的分层回归结果 B（N = 242）

变量	直面应对		计划应对		行为脱离		空想应对	
	模型 2	模型 3	模型 2	模型 3	模型 2	模型 3	模型 2	模型 3
支持导向	− 0. 213 **	− 0. 221 **	− 0. 102	− 0. 103	0. 128	0. 133	0. 006	0. 010
规则导向	− 0. 095	− 0. 097	− 0. 083	− 0. 082	0. 115	0. 116	0. 061	0. 062
目标导向	—	—	− 0. 119	− 0. 139	—	—	—	—
变革节奏	0. 087†	0. 086†	0. 152 **	0. 151 **	− 0. 128 *	− 0. 128 *	− 0. 053	− 0. 052
规范性承诺	0. 434 ***	0. 429 ***	0. 410 ***	0. 399 ***	− 0. 460 ***	− 0. 456 ***	− 0. 570 ***	− 0. 567 ***
承诺 × 节奏	—	0. 058	—	0. 095 *	—	− 0. 041	—	− 0. 043
R^2 修正值	0. 515	0. 519	0. 452	0. 460	0. 446	0. 447	0. 404	0. 403
ΔR^2	0. 468	0. 004	0. 447	0. 009	0. 401	0. 002	0. 364	0. 002
F 值	24. 58 ***	22. 58 ***	20. 09 ***	19. 64 ***	20. 73 ***	18. 70 ***	19. 15 ***	17. 28 ***

　　注：*** 表示在 p < 0. 001 的水平下显著，** 表示在 p < 0. 01 水平下显著，* 表示在 p < 0. 05 水平下显著，† 表示在 p < 0. 1 的水平下显著。

二、员工感知变革影响力对变革承诺中介效应的调节

同样先对中介变量和调节变量进行了中心化处理，并构建交互项。经过中心化处理后，模型中各主要变量间的 VIF 值都在可接受的范围内。表 5 − 43 和表 5 − 44 分别列出了员工感知变革影响力对情感性变革承诺和规范性变革承诺的调节作用的检验结果。当变革影响力和变革承诺的交互项进入模型后，模型 3 的 F 值检验全部在 p < 0. 001 水平下显著，并且模型对因变量方差的解释力有明显的提升（ΔR^2 在 0. 38 ~ 0. 66 之间）。再看各个回归模型，情感性变革承诺和变革影响力交互项的回归系数都在 p < 0. 001 水平下达到显著（分别为 β = 0. 275，β = 0. 234，β = − 0. 221，β = − 0. 191）。这说明，情感性变革承诺在价值观匹配与应对策略间关系所起的中介作用的确被员工感知的变革影响力所调节。因此，实证分析的结果支持假设 3 − 21。

表 5 – 43   有调节的中介作用的分层回归结果 C （N = 242）

变量	直面应对		计划应对		行为脱离		空想应对	
	模型 2	模型 3	模型 2	模型 3	模型 2	模型 3	模型 2	模型 3
支持导向	− 0.268 **	− 0.342 ***	− 0.204 **	− 0.266 ***	0.176 *	− 0.235 **	0.081	0.130
创新导向	− 0.076	− 0.040	− 0.073	− 0.042	0.108 †	0.079	—	—
规则导向	− 0.095	− 0.138 *	− 0.083	− 0.120 †	0.099	0.134 †	0.091	0.113
变革影响力	0.043	0.070	0.144 **	0.167 ***	− 0.083	− 0.104 *	0.003	− 0.015
情感性承诺	0.380 ***	0.303 ***	0.444 ***	0.378 ***	− 0.424 ***	− 0.362 ***	− 0.522 ***	− 0.466 ***
承诺×影响力	—	0.275 ***	—	0.234 ***	—	− 0.221 ***	—	− 0.191 ***
R^2 修正值	0.500	0.567	0.528	0.575	0.450	0.494	0.407	0.444
ΔR^2	0.473	0.066	0.519	0.047	0.428	0.044	0.367	0.038
F 值	20.12 ***	29.68 ***	27.65 ***	30.67 ***	20.75 ***	22.41 ***	19.39 ***	20.25 ***

注： *** 表示在 $p < 0.001$ 的水平下显著，** 表示在 $p < 0.01$ 的水平下显著，* 表示在 $p < 0.05$ 水平下显著，† 表示在 $p < 0.1$ 的水平下显著。

表 5 – 44   有调节的中介作用的分层回归结果 D （N = 242）

变量	直面应对		计划应对		行为脱离		空想应对	
	模型 2	模型 3	模型 2	模型 3	模型 2	模型 3	模型 2	模型 3
支持导向	− 0.222 **	− 0.310 ***	− 0.129	− 0.180 *	0.141 †	0.206 *	0.013	0.058
规则导向	− 0.087	− 0.072	− 0.071	− 0.037	0.104	0.093	0.053	0.045
目标导向	—	—	− 0.103	− 0.188 *	—	—	—	—
变革影响力	0.134 **	0.128 **	0.247 ***	0.237 ***	− 0.186 ***	− 0.181 ***	− 0.117 *	− 0.114 *
规范性承诺	0.430 ***	0.393 ***	0.403 ***	0.353 ***	− 0.453 ***	− 0.426 ***	− 0.566 ***	− 0.548 ***
承诺×影响力	—	0.237 ***	—	0.276 ***	—	− 0.177 **	—	− 0.119 *
R^2 修正值	0.505	0.561	0.496	0.560	0.438	0.467	0.435	0.425
ΔR^2	0.478	0.055	0.489	0.063	0.416	0.030	0.373	0.014
F 值	25.58 ***	28.98 ***	24.73 ***	28.93 ***	19.78 ***	20.20 ***	19.84 ***	18.82 ***

注： *** 表示在 $p < 0.001$ 的水平下显著，** 表示在 $p < 0.01$ 的水平下显著，* 表示在 $p < 0.05$ 水平下显著，† 表示在 $p < 0.1$ 的水平下显著。

再看表 5 - 44，规范性变革承诺和变革影响力交互项与应对策略各维度也显著相关（分别为 β = 0.237，p < 0.001；β = 0.276，p < 0.001；β = - 0.177，p < 0.01；β = - 0.119，p < 0.05）。这说明，规范性变革承诺在价值观匹配与应对策略间关系所起的中介作用的确被员工感知的变革影响力所调节。因此，实证分析的结果支持假设 3 - 22。

第六章

研究结论与实践探讨

第一节　实证研究结果与分析

　　基于拉撒路和福克曼（1984）所提出的压力和应对的认知现象理论，本书探讨了个人—组织价值观匹配与员工应对组织变革之间的关系，其中包括两者之间的直接作用，变革承诺的中介作用，以及员工感知的变革属性的调节作用。由于缺乏员工应对组织变革和员工感知变革属性的成熟量表，在正式调查之前，本书重新界定了两个构念的内涵与维度，并通过预测试对两份量表进行了修订。在用正式调查数据进行了量表的信度和效度分析之后，本书采用分层回归和结构方程模型的方法分别检验了变量之间的直接作用、中介作用和调节作用。数据分析的结果对理论推演的假设提供了一些重要的支持，并启发新的思路，在对研究做最后的结论陈述和探讨之前，本书首先对实证分析的结果做一个归纳性地总结和分析。

一、量表的修订及检验

　　组织的文化和价值观在以往的研究中被认为会对员工感知特殊事件及行为反应产生直接且重大的影响（Lau and Woodman，1995；Lau et al.，2002）。因此本书以奎恩等（Quinn and Rohrbaugh，1983；Cameron and Quinn，1999）开发并修订的竞争价值框架（CVF）为依据，分析个人—组织价值观匹配对员工应对组织变革策略的影响，理论的探讨和实证的检验基于四种不同导向的价值观匹配来展开：支持导向、创新导向、规则导向和目标导向。变量的测量采用了陈卫旗等（陈卫旗和重鸣，2007；陈卫旗，2009）修订而成的中文 CVF 测量量表。验证性因子分析（CFA）的结果显示多个因子间存在明显的相关，尤其是支持导向与规则导向和目标导向之间的因子间关联平方数（SIC）（分别为 0.517 和 0.483）仅略低于支持导向的平均变异抽取数（AVE）（0.517），说明因子间的区分性不高，存在提取二阶因子的可能，这与以往研究的实证结果是相似的（Ostroff et al，2005；陈卫旗，2009）。但本书出于探讨各维度价值观匹配的不同影响，并未提取高阶因子做整体性的价值观匹配分析，而 CFA 的结果也表明四因子结构在整体上优于单因子和两因子的结构，并且各因子的区分效度基本达到要求。

为了更准确地反映真实情况，本书并没有采用直接测量员工支持或反对组织变革的方式来考察员工在组织变革中的行为和认知反应，而是以员工面对重大压力事件（组织变革）时的个人调节作为切入点来探讨。回顾现有文献，本书发现没有非常适合的测量量表，因此，首先在拉塔克等（Latack，1986；Latack and Havlovic，1992）的理论框架的基础上，借鉴多个成熟的压力应对量表，经过预测试的语句筛选、提纯、EFA 和 CFA，最终获得包括 19 条语句的四维度应对结构：直面应对、计划应对、行为脱离和空想应对。正式调查数据的 CFA 结果表明各因子的信度和效度非常理想，而且四因子的结构优于以往研究最常见的两因子（控制应对和逃避应对）（Latack，1986）及三因子（计划应对、直面应对和脱离应对）（Amiot et al.，2006；Long，1990）结构。

其次，在探讨员工变革承诺的中介作用时，本书采用了迈耶和赫斯科维奇（Meyer and Herscovitch，2001）所提出的三维度模型中的情感性变革承诺和规范性变革承诺作为中介变量。正式数据的检验结果显示量表同样具有很好的信度和效度。

最后，本书基于斯特里特和加鲁佩（Street and Gallupe，2009）的理论框架和拉弗蒂和格里芬（Rafferty and Griffin，2006）9 条语句的三维度量表（变革计划性、变革影响力和变革频率）基础上，修订了包括变革节奏和变革影响力两个维度、8 条语句的测量量表。预测试和正式调查的数据检验都表明量表具有很好的信度和效度。

二、个人—组织价值观匹配的直接效应

在第五章的实证分析部分，本书首先对直接效应模型进行了检验。检验的基

本结果归纳在表6－1中，可以看到支持导向、创新导向和规则导向的个人—组织价值观匹配与各个维度的员工应对策略显著相关。这与理论假设和研究预期基本一致，组织中较为稳定的价值观因素通过与员工之间产生的匹配感对员工在组织变革中的行为和认知反应有明显的影响。更进一步，优势分析的结果发现，在价值观匹配的各个维度中，支持导向的匹配程度对于员工的应对选择有最显著的预测作用。这一点也符合个体和社会心理学研究的结论，支持导向价值观关注的是组织中的人际关系、凝聚力和团队协作等，与规则导向和创新导向的价值观匹配相比，支持导向的匹配感更多来自个体与他人的实际接触和交往，这种匹配感可以有具体的载体（如同事或上级），能够产生更强的情感联系，因此能够更明显地反映在员工的变革应对中。相反，目标导向的价值观匹配与应对策略的关系在数据分析中基本没有得到支持，一种可能的解释是组织变革的发生往往伴随着组织目标甚至是目标取向的改变，一旦这种变化产生，个人与组织在目标导向上的匹配感就可能消失。尤其是当变革具有较大影响力时，这种由于变革所导致的组织目标取向上的改变就很可能发生。相比而言，组织的人际关系、运作方式以及开放性上的取向并不容易在一次变革中发生大的改变。在本书中，员工感知变革影响力的平均得分达3.38，可以部分解释目标导向价值观匹配与员工应对间关系不显著的原因；另一种可能的情况是，以往的研究表明价值观的匹配是影响员工是否愿意留在组织的重要因素之一，因为员工会认为再寻找一个和自身价值观匹配的组织需要花费很高的成本（Kristof，1996）。如果从价值观匹配四个维度来看，与人际关系、凝聚力、运作方式和开放性这些因素相比，目标导向无疑是最容易识别的，所以员工寻找到一个在目标导向上与自身价值观匹配的组织最容易。这种情况下，目标导向的价值观匹配对于员工行为的预测力就应该最弱。

表6－1　　　　　　　　　　直接效应的假设检验结果

编号	假设	实证检验
3－1	支持导向的个人—组织价值观匹配程度与员工的积极应对正相关，与消极应对负相关	支持
	支持导向的个人—组织价值观匹配程度与直面应对正相关	支持
	支持导向的个人—组织价值观匹配程度与计划应对正相关	支持
	支持导向的个人—组织价值观匹配程度与行为脱离负相关	支持
	支持导向的个人—组织价值观匹配程度与空想应对负相关	支持

续表

编号	假设	实证检验
	创新导向的个人—组织价值观匹配程度与员工的积极应对正相关，与消极应对负相关	部分支持
	创新导向的个人—组织价值观匹配程度与直面应对正相关	支持
3-2	创新导向的个人—组织价值观匹配程度与计划应对正相关	支持
	创新导向的个人—组织价值观匹配程度与行为脱离负相关	支持
	创新导向的个人—组织价值观匹配程度与空想应对负相关	不支持
	规则导向的个人—组织价值观匹配程度与员工的积极应对正相关，与消极应对负相关	支持
	规则导向的个人—组织价值观匹配程度与直面应对正相关	支持
3-3	规则导向的个人—组织价值观匹配程度与计划应对正相关	支持
	规则导向的个人—组织价值观匹配程度与行为脱离负相关	支持
	规则导向的个人—组织价值观匹配程度与空想应对负相关	支持
	目标导向的个人—组织价值观匹配程度与员工的积极应对正相关，与消极应对负相关	基本不支持
	目标导向的个人—组织价值观匹配程度与直面应对正相关	不支持
3-4	目标导向的个人—组织价值观匹配程度与计划应对正相关	支持
	目标导向的个人—组织价值观匹配程度与行为脱离负相关	不支持
	目标导向的个人—组织价值观匹配程度与空想应对负相关	不支持

再从员工应对的角度来看，与其他三个维度的应对策略相比，空想应对能够被价值观匹配预测的程度最低。这与拉撒路和福克曼（1985）早期的研究结论是一致的，他们的研究表明员工压力评价对与空想应对的预测力相比直面应对、行为脱离和寻找社会支持等要弱。可能的解释是：许多个体应对压力事件的方式差异很大程度上取决于个体的差异，而不是对环境的评价（Carver et al.，1989）。如博尔格（Bolger，1990）的研究就表明神经质（neuroticism）能够显著预测空想应对，而罗斯基等（Roskies et al.，1993）分别在长期和短期工作不安全环境下的研究表明人格特征（正面或负面）对于认知逃避（cognitive avoidance）的预测力最为显著。本书的设计并没有重点考虑人格特质的作用，这可能可以部分解释价值观匹配在预测空想应对和其他应对策略上的差异。

三、员工变革承诺的中介效应

再看中介效应模型的假设检验，首先是检验各维度价值观匹配与员工变革承诺的关系。从表 6 - 2 中可以看到，除了目标导向与情感性变革承诺以及创新导向与规范性变革承诺的关系外，其他维度的个人—组织价值观匹配与变革承诺间关系的假设都得到了验证。这样的结果表明，在一般工作环境中已经被证实的价值观匹配对员工承诺的预测作用（Kristof - Brown et al.，2005；Verquer et al.，2003），同样也适用于组织变革的情境。在优势分析中，各维度的价值观匹配在预测规范性变革承诺时具有比较接近的作用，但是在预测情感性变革承诺中，支持导向再次凸显出更重要的作用，贡献了接近一半的可解释方差（48.3%）。

表 6 - 2　　　　　　　　　　　中介效应的假设检验结果 A

编号	假设	实证检验
3 - 5	个人—组织价值观在各个维度上的匹配程度与员工情感性变革承诺正相关	部分支持
	支持导向的个人—组织价值观匹配程度与员工情感性变革承诺正相关	支持
	创新导向的个人—组织价值观匹配程度与员工情感性变革承诺正相关	支持
	规则导向的个人—组织价值观匹配程度与员工情感性变革承诺正相关	支持
	目标导向的个人—组织价值观匹配程度与员工情感性变革承诺正相关	不支持
3 - 6	个人—组织价值观在各个维度上的匹配与员工规范性变革承诺正相关	部分支持
	支持导向的个人—组织价值观匹配程度与员工规范性变革承诺正相关	支持
	创新导向的个人—组织价值观匹配程度与员工规范性变革承诺正相关	不支持
	规则导向的个人—组织价值观匹配程度与员工规范性变革承诺正相关	支持
	目标导向的个人—组织价值观匹配程度与员工规范性变革承诺正相关	支持

其次是变革承诺与应对策略间的关系，如表 6 - 3 所示，无论是情感性还是规范性的变革承诺与应对策略之间的关系假设都得到了充分的支持。这证明了承诺这一成熟的构念在变革情境下同样具有预测员工行为的显著作用。情感性和规范性变革承诺分别在预测计划应对和直面应对中表现出更重要的作用，而在预测行为脱离和空想应对中的作用则几乎没有差异。

表6-3　　　　　　　　　　　中介效应的假设检验结果 B

编号	假设	实证检验
3-7	员工的情感性变革承诺与员工积极应对正相关，与消极应对负相关	支持
	员工情感性变革承诺与直面应对正相关	支持
	员工情感性变革承诺与计划应对正相关	支持
	员工情感性变革承诺与行为脱离负相关	支持
	员工情感性变革承诺与空想应对负相关	支持
3-8	员工的规范性变革承诺与员工积极应对正相关，与消极应对负相关	支持
	员工规范性变革承诺与直面应对正相关	支持
	员工规范性变革承诺与计划应对正相关	支持
	员工规范性变革承诺与行为脱离负相关	支持
	员工规范性变革承诺与空想应对负相关	支持

最后是在检验变革承诺对于价值观匹配与员工应对关系中所起的中介作用时，如表6-4所示，情感性和规范性变革承诺在各维度价值观匹配与应对策略之间的关系都起到了不同程度的中介作用，这种中介作用在多个关系中表现为完全中介。本书通过结构方程模型对多个完全中介模型和部分中介模型进行比较研究后，发现情感性变革承诺对支持导向的价值观匹配与直面应对、计划应对和行为脱离，创新导向与直面应对和行为脱离以及规则导向与直面应对和行为脱离的关系起部分中介作用，而对支持导向与空想应对，创新导向与计划应对以及规则导向与计划应对和空想应对间关系起完全中介作用；规范性变革承诺对支持导向的价值观匹配与直面应对的关系起部分中介作用，而对支持导向与计划应对、行为脱离和空想应对，规则导向与计划应对、行为脱离和空想应对以及目标导向与计划应对的关系起完全中介作用。这说明，价值观匹配对应对策略的影响在很大程度上通过变革承诺发生作用。

表6-4　　　　　　　　　　　中介效应的假设检验结果 C

编号	假设	实证检验
3-9	员工情感性变革承诺在个人—组织价值观匹配影响员工应对的过程中起部分中介作用	部分支持
	员工情感性变革承诺在支持导向的个人—组织价值观匹配影响员工应对的过程中起部分中介作用	部分支持

编号	假设	实证检验
	员工情感性变革承诺在创新导向的个人—组织价值观匹配影响员工应对的过程中起部分中介作用	部分支持
3 - 9	员工情感性变革承诺在规则导向的个人—组织价值观匹配影响员工应对的过程中起部分中介作用	部分支持
	员工情感性变革承诺在目标导向的个人—组织价值观匹配影响员工应对的过程中起部分中介作用	—
	员工规范性变革承诺在个人—组织价值观匹配影响员工应对的过程中起部分中介作用	部分支持
	员工规范性变革承诺在支持导向的个人—组织价值观匹配影响员工应对的过程中起部分中介作用	部分支持
3 - 10	员工规范性变革承诺在创新导向的个人—组织价值观匹配影响员工应对的过程中起部分中介作用	—
	员工规范性变革承诺在规则导向的个人—组织价值观匹配影响员工应对的过程中起部分中介作用	部分支持
	员工规范性变革承诺在目标导向的个人—组织价值观匹配影响员工应对的过程中起部分中介作用	基本不支持

四、员工感知变革属性的调节效应

从假设的验证来看（如表 6 - 5 所示），首先，员工感知变革节奏对于价值观匹配与应对策略间关系的调节作用并不如预期中的那样明显。在价值观匹配四个维度与员工应对策略四个维度，16 组关系中，员工感知的变革节奏只是对支持导向与计划应对以及目标导向与行为脱离两组关系有显著的调节，这种调节表现为当员工感知到高变革节奏时，价值观匹配对于员工应对的预测力下降。而员工感知变革节奏对创新导向和规则导向的价值观匹配与应对策略间的关系都没有明显的调节作用。这说明无论员工感知到的变革节奏是什么水平，都不会影响创新导向和规则导向的价值观匹配与应对策略之间的关系。这一结果与现有关于员工实证分析的结果较好地支持了员工感知变革影响力的调节作用，与员工感知变革节奏不同的是，这种作用表现为加强了价值观匹配的预测力。对比两个变量的调节作用，可以发现员工感知变革影响力的作用要明显强于变革节奏。根据本书第三章的理论推演，这说明在组织变革的特殊压力事件中，时间和精力的限制可能并不会严重影响价值观匹配对员工应对策略选择的直接作用；相反，员工个人是否有强烈的意愿去收集和分析相关的信息会对价值观匹配的作用产生明显的影响。但需要说明的是，由于本书的数据并非全部收集自正在发生变革的组织，因此在测量员工感知节奏和影响力上的准确性有一些差异。调查开展于变革结束后，变革事件所带来的压迫感和紧张感已经消失，这就可能会降低员工对于变革节奏的评估准确度，相比而言，感知变革影响力受此影响则较小。

其次，单就变革影响力而言，只有支持导向和目标导向与空想应对以及目标导向与行为脱离间的关系没有受到调节作用的影响。研究发现，这些不受调节作用影响的关系主要集中在价值观匹配对于消极应对策略的预测上，这说明当员工感知不同变革影响力时，价值观匹配的预测在消极应对上的影响相对比较稳定。

最后，由于员工感知变革节奏的调节作用并不明显，因此只有在支持导向价值观匹配与计划应对以及目标导向与行为脱离的关系上，变革节奏和变革影响力同时具有显著的调节作用。通过有用性分析，本书发现只有员工感知变革影响力是有独立的调节作用，这再次说明变革影响力的调节作用要强于变革节奏。

表6-5　　　　　　　　　　　　调节效应的假设检验结果

编号	假设	实证检验
3-11	员工感知的变革节奏对支持导向的个人—组织价值观匹配与员工应对策略各维度间的关系起调节作用	基本不支持
3-12	员工感知的变革节奏对创新导向的个人—组织价值观匹配与员工应对策略各维度间的关系起调节作用	不支持
3-13	员工感知的变革节奏对规则导向的个人—组织价值观匹配与员工应对策略各维度间的关系起调节作用	不支持
3-14	员工感知的变革节奏对目标导向的个人—组织价值观匹配与员工应对策略各维度间的关系起调节作用	基本不支持
3-15	员工感知的变革影响力对支持导向的个人—组织价值观匹配与员工应对策略各维度间的关系起调节作用	部分支持
3-16	员工感知的变革影响力对创新导向的个人—组织价值观匹配与员工应对策略各维度间的关系起调节作用	支持
3-17	员工感知的变革影响力对规则导向的个人—组织价值观匹配与员工应对策略各维度间的关系起调节作用	支持
3-18	员工感知的变革影响力对目标导向的个人—组织价值观匹配与员工应对策略各维度间的关系起调节作用	部分支持

五、被调节的中介效应

在检验被调节的中介效应模型时，如表6-6所示，假设3-21和假设3-22在实证检验中得到了很好的支持，假设3-19也得到了部分支持，但假设3-20得到数据支持不足，这个结果再次说明在组织变革环境下，员工感知的变革影响力相比变革节奏对员工行为有更大的影响。更重要的是，这个结论说明了在整个研究模型中，员工感知变革属性所起到的调节作用不仅仅是针对单个变量间的关系，而是对整条影响路径起到了调节的效果。

表6-6　　　　　　　　　　被调节的中介效应检验结果

编号	假设	实证检验
3-19	情感性变革承诺在个人—组织价值观匹配与员工应对策略间关系所起的中介作用被员工感知的变革节奏所调节	部分支持
3-20	规范性变革承诺在个人—组织价值观匹配与员工应对策略间关系所起的中介作用被员工感知的变革节奏所调节	基本不支持
3-21	情感性变革承诺在个人—组织价值观匹配与员工应对策略间关系所起的中介作用被员工感知的变革影响力所调节	支持
3-22	规范性变革承诺在个人—组织价值观匹配与员工应对策略间关系所起的中介作用被员工感知的变革影响力所调节	支持

第二节　本书的主要结论与实践启示

一、员工应对组织变革的不同类型

本书在拉塔克等（Latack，1986；Latack and Havlovic，1992）所提出的一般工作压力应对策略划分的理论框架基础上，将员工应对组织变革的策略按照积极/消极和行为/认知两个维度划分为直面应对、计划应对、行为脱离和空想应对四类。数据分析的结果说明四种理论上划分的应对类型能够在实地调查中被区分开来，假设检验的过程也显示不同前因和中介变量对于各个类型的员工应对也确实有不同的预测能力，能够推动将研究进一步深入，并使得实际的应用更有针对性，这说明结构的重新划分和验证具有理论和实践的双重意义。

自从压力应对研究被引入组织行为学领域后，许多学者就在不断致力于探索更加有效和严谨的工作环境下压力应对的结构。这种有效性的追求主要体现在能够切合管理学研究的实际意义，即能够在合理的结构上将员工应对的不同方式与组织的管理和绩效联系起来。这也就是经典的控制/逃避（Latack，1986）两分法被众多研究所采用的原因。而严谨的要求则体现在划分出的应对结构要尽可能多地反映个人心理和行为上的不同表现。在这一方面，工作环境下的应对研究一直停滞不前，许多研究采用的都是两维度甚至是单维度的应对测量。不少学者对此也提出了批评，认为这样的研究忽略了太多应该被关注的应对反应（Brough，O'Driscoll and Kalliath，2005），而且在一定程度上也影响了研究在管理实践中应用的价值。本书所提出的四类划分方式，在保留了正反两级结构的基础上丰富了应对的具体内容，为后续的研究提供了更多可供探讨的具体关系。

这里有两个问题需要进一步说明：第一，根据心理学中压力应对的研究，这四种类型的变革应对策略并不能囊括员工所有可能的应对策略，但正如拉塔克（Latack，1986）和朗（Long，1990）针对工作环境和贾奇等（Judge et al.，1999）针对组织变革所做的应对策略划分一样，将一些与变革无明显关系的员工应对策略排除在模型之外，例如，自我谴责（self-blame）（Lazarus and Folkman，1984）和情绪发泄（venting emotion）（Carver et al.，1989），既能够使研究更具有针对性，又简化了研究的内容。第二，在现有四分法基础上，还可以再进一步细分应对策略的类型，如按照拉塔克和哈夫洛维奇模型，可以将直面应对按照社会的（social）（Ilfeld，1980）/孤立的（solitary）（Carver，1989）的标准来划分，但考虑到这种细分不能够很显著地提高本书的价值（员工是采用社会的还是孤立的方式来解决问题对于组织而言的意义在本书中并不能体现出来），反而会明显增多研究需要考虑的变量关系，因此本书并没有再做这样的细分。

二、个人—组织价值观匹配与员工应对组织变革

本书从人与环境互动理论和社会控制理论出发，所做出的价值观匹配与员工变革应对之间的假设关系基本得到了验证。一方面，这证实了在组织变革的情境下，人与环境互动理论所阐述的情境差异对于个人行为的预测仍然是有效的——员工为了维护他所适应的环境愿意付出额外的努力；另一方面，也证明社会控制理论对于解释员工在变革情境中行为的作用：当员工与组织的价值观匹配度低

时，内部控制的强度较弱，员工完成自身工作职责的约束就更多的是来自外部的控制，而高水平的外部控制又导致了员工消极应对组织变革。但研究的结果也说明，价值观匹配的作用主要体现在支持导向、创新导向和规则导向上，因为当组织变革发生时，目标导向的价值观匹配很大可能会失去匹配的基准线，这样无论是环境还是控制的基础就发生了改变，匹配也就很大程度上失去了对行为的预测力。同时本书也为稳定因素能够预测特殊压力情境下的员工应对提供了新的佐证，虽然拉撒路和福克曼（1984）在最早的理论模型中就提出个人的压力应对同时受到情境和稳定因素的影响，但在此之后的许多研究由于各种各样的原因都没有很好地支持组织稳定因素对于员工应对具有影响的假设。价值观匹配作为个人—组织之间的一种较为稳定的感知因素被证实能够反映员工在组织变革中的应对策略差异，这种差异显著地表现在本书重新划分的积极或消极应对的导向上。因此，本书的研究使压力应对理论在组织变革领域的应用得到了丰富，也为将来更多组织因素对于员工应对组织变革的研究提供了一种支撑。

更进一步，根据现有的研究结论，支持导向的价值观，即个人与组织在人际关系方面的价值是否一致对于员工应对组织变革的影响最大。支持导向价值观关注的是组织中的人际关系、凝聚力和团队协作等，与规则导向和创新导向的价值观匹配相比，支持导向的匹配感更多来自个体与他人的实际接触和交往，这种匹配感可以有具体的载体（如同事或上级），能够产生更强的情感联系，因此能够更明显地反映在员工的变革应对中。相反，目标导向的价值观匹配与应对策略的关系最弱，因为组织变革的发生往往伴随着组织目标甚至是目标取向的改变，一旦这种变化产生，个人与组织在目标导向上的匹配感就可能消失。尤其是当变革具有较大影响力时，这种由于变革所导致的组织目标取向上的改变就很可能发生。相比而言，组织人际关系、运作方式以及开放性方面的取向并不容易在一次变革中发生大的改变。

虽然目标管理理论强调塑造员工与组织目标的一致对于激励员工和提升组织绩效具有重要作用。但是，对于环境快速变化的高科技企业而言，情况就十分特殊。因为行业快速变化带来的是组织目标的革新，组织很难甚至说不可能实现组织与所有员工目标的同步变化。在组织活动和管理过程中，一味追求目标方面的价值一致，只会导致管理效率低下。相反，良好的上下级关系和团队相互支持的氛围却能够提升组织的凝聚力，即便在不断的变革中出现员工之间以及组织与员工间的目标偏差，也可能因为情感上的联系而修正。因此，塑造价值观匹配的组织社会化活动应更聚焦于支持导向的价值观匹配，使高科技企业事半功倍。

接着，中介效应的假设检验表明价值观匹配对于员工应对的影响很大程度上是通过员工的变革承诺起作用的。这证实了理性行为理论同样可以用来解释员工应对组织变革的决策过程。另外，从情感性和规范性变革承诺的概念内涵来看，无论是员工因为信念上认同变革所带来的利益还是视支持变革为自己的责任，都是一种相对稳定的态度，不容易因为变革情境因素（如信息沟通、领导效能等）的改变而变化，这从侧面说明了价值观匹配的确是能够独立于变革情境因素而影响员工应对组织变革的要素。同时，个人—组织价值观匹配→变革承诺→个体应对的过程也说明组织稳定因素对于员工应对的影响可能有别于情境因素的作用机制。相比较情境因素通过情境评价来影响应对选择，稳定因素则是通过相对稳定的评价—态度—应对来实现其影响。

虽然关于个人—组织价值观匹配与组织效能之间的关系尚存在争议（Schneider, Goldstein and Smith, 1995），但本书的研究结果起码说明了与组织价值观匹配度高的员工在变革中会积极应对，而匹配度低的员工则相反。对于组织变革的推动和实施而言，前者正是管理者所期望的。本书的研究为组织变革的实践提供了新的思路——既然员工很少会直接通过行为表现出对变革的支持或反对，那么如果管理者能够寄望员工积极解决个人所面对的实际问题和压力，对于组织而言就是莫大的帮助，因为过往的研究已经一再证实员工不同的应对反应会导致其绩效和离职与否的显著差异（Amiot et al. , 2006；Fugate et al. , 2008；Wanberg and Banas, 2000）。基于这样的前提，管理者可以通过社会化的策略（Griffin, Colella and Goparaju, 2000）来建立员工和组织在价值观层面，尤其是支持导向上的匹配，从而提升变革活动的效率和变革成功的可能。例如，团队建设活动、文化塑造活动、工作乐趣活动，来建立员工和组织在价值观层面的匹配，从而提升变革活动的效率和变革成功的可能。当然，价值观匹配相比一些可操控的变革情境因素而言并不是一朝一夕可以建立的，有一个较长的时间跨度（Cable and Parsons, 2002），因此如果将其作为一种针对性的变革准备措施，并不能说是一种很好的选择。但对于那些处于动荡环境中的高科技企业而言，组织的变革经常性地发生，准确把握每一个变革的特征并保持对变革情境的控制会让管理者应接不暇。相比而言，管理者在招聘和选拔员工时重点控制或通过一些有效的策略保证员工与组织在价值观上的匹配就是更为持久而有效的措施。从这个角度来看，建立价值观的匹配是一种更基本、更彻底地改善员工在变革中表现的方式。现有一些控制情境因素的变革管理方式，如加强信息沟通、提倡员工参与和提高领导效能无非是希望提高员工对于组织和变革的认同，那么如果同样是为了引导员工的应对选择，这些临时抱佛脚的政策与未雨绸缪地关注价值观匹配相比就相形见绌了。

具体从员工应对策略的角度看，员工是否积极应对更容易受到价值观匹配的影响。与其他三类的应对策略相比，员工空想应对能够被价值观匹配影响的程度最低。这是因为许多员工应对压力事件的方式差异很大程度上取决于他们本身的个性差异，而不是对环境的评价。管理者在变革管理的过程中也需要意识到，除了可以通过未雨绸缪的管理手段以及临时抱佛脚的变革策略，员工是否会抵制变革很大程度上也会受到其个人个性的影响。所以在企业中，发生个别员工抵制变革，可能并不是管理策略和组织变革的问题。

三、员工感知的变革属性

如前文所述，在以往的文献中很少探讨组织稳定因素对员工应对影响，在仅有的一些实证研究中也没有很好支持组织稳定因素对员工应对的显著影响（Scheck and Kinicki，2000），所以本书根据精细加工可能性模型（elaborated likihood model，ELM）的基本原理检验组织稳定因素的作用是否影响员工信息处理能力和意愿。员工感知高变革节奏意味着员工处理变革信息受到时间上的限制，此外高节奏的感知会带来心理上的高压力感并影响信息处理的能力；而员工感知高变革影响力意味着员工可能有较高的变革卷入度和较强烈的信息处理意愿。相比变革的情景因素，当员工具有处理大量变革相关信息的能力和意愿时，一些组织稳定因素才能对员工反应产生影响。本书研究的结果显示，员工感知到的变革属性，尤其是变革的影响力对于价值观匹配与应对策略之间的关系有明显的调节作用：感知高变革节奏减弱了价值观匹配的影响，而感知高变革影响力则起到了加强的作用。在有调节的中介效应模型中，本书进一步检验了这种调节不但作用于价值观匹配的直接效应，还作用于变革承诺的中介效应，也就是说员工感知变革属性所代表的员工处理信息的能力和意愿确实对 ELM 中的中枢路径的影响大小起到了调节作用。这就证实了精细加工可能性模型在变革情境下的适用性，更重要的是，这个结论对于组织稳定因素影响员工变革应对的研究是一个重要的补充，并为将来该领域的研究提供了新的思路

从理论应用的角度看，基于早期组织变革的研究结论（Ashford，1988；Dunphy and State，1990；Miller and Monge，1985；Schweiger et al.，1987），控制变革情境因素（如加强信息沟通、提倡员工参与和提高领导效能）以获得员工支持变革的策略基本上已经为变革实践者们所共知，但仅有 30% ~ 40% 的变革达到预期效果（Kim et al.，2011），而对那些涉及组织核心的变革，失败的比例更是高达 70%（Miller，2002），说明这些管理策略可能在某些情况下并不能很好地发

挥作用。

打造匹配的员工—组织价值观对于组织变革的管理而言，并不是一剂万能药，同样存在适用范围。根据本书的研究结论，从组织变革的不同类型来看，当组织发生根本性变革时（高变革影响力），员工与组织在价值观上的匹配度能更有效地预测员工的行为，而变革情境因素的作用会被减弱。根据这样的推论，管理者在需要推动影响深远的组织变革之前，可以通过科学合理的手段审查或测量员工与组织在价值观上的匹配度。如果匹配度较低，那么实施根本性的变革，尤其是持久地根本性变革将使组织面临很大的风险，即使管理者很好地控制变革的一些情境因素也很难获得员工的支持。毕竟随着国民整体教育水平的提高，现代企业的员工分析处理信息的能力显著提高，那些临时性的变革管理措施虽然可以在一定程度上刺激员工或引发认同，但如果员工有充分的时间和足够意愿来分析环境和个人的相关信息，他们就会深入思考和相互交流。这样，组织的基本特征和一贯政策而不是变革当期的情况将对他们的认知和行为起到更大的影响作用。也就是说，如果管理者发现员工与组织的价值观匹配度较低，而又不得不推行根本性的变革时，一方面应该积极营造有利的变革情境，另一方面应该尽量加快变革的节奏，降低价值观匹配的影响，才能在最大程度上避免员工的消极应对。相反，如果管理者发现组织的员工与组织有很高的价值观匹配度，那么在推行根本性的变革时就可以尽量降低变革的节奏，使得价值观匹配的影响得以充分发挥，形成员工与组织对变革的共鸣，以最大可能获得员工的支持。

第三节 研 究 局 限

本书在研究和撰写过程中由于人力、物力以及研究设计本身的限制，存在一些局限和不足，有待于将来的研究进一步探索。

第一，如果要得出一个一般性的研究结论，目标群体的随机抽样被认为是必须的，因此本书可能存在抽样代表性的问题。由于必须兼顾在发生变革的组织中收集样本又要考虑变革属性的差异，本书采用了便捷抽样和定额抽样相结合的方式收集数据。虽然样本的来源包括 5 类主要的组织形式，但在教育程度、年龄和工作年限上都较为集中。以后的研究需要在更大范围的变革组织中收集人口统计分布更合理的样本加以分析才能得到更具有一般性的结论。如果从研究的应用角度出发，还可以通过行业的划分，选择那些处于高复杂性和动荡性环境中的组织作为调查的目标，因为组织稳定因素的作用对于这些组织而言具有更明显的意义。

第二，因为员工在变革中的反应可能有阶段性的差异（Folkman et al.，1985；Fugate et al.，2002；Sung et al.，2017），而且许多构念之间的因果关系在理论上并不明确，所以已经有一些研究开始采用纵向调查（longitudinal investigation）和面板数据分析（panel data analysis）的方式来探讨员工在组织变革中的心理变化和行为反应（Amiot et al.，2006）。但研究受到时间和经济成本的限制很难展开这样的调查研究，今后的研究中应尽量争取在正发生变革的组织中收集多个时间点（如变革前、变革中和变革后）的数据，这样既能够有力说明构念之间是否存在因果关系，又能够保证调查数据真实体现被试在变革压力下的感受和反应。

第三，本书在对价值观匹配进行衡量时采用了间接测量然后求差值的方式，这种方式获得的数据虽然可以在一定程度上反映个人—组织价值观的匹配程度，但却忽视了匹配的方向，即高分值水平的匹配和低分值水平的匹配的不同影响。现有的文献中，爱德华等（Eward et al.，1993，2007，2009）所提倡的二项式回归（polynomial regression analysis）和响应面分析（response surface methodology）可以弥补这方面的不足。以后的研究可以考虑尝试新的测量和分析方法以进一步探索不同水平价值观匹配的作用是否有所差异。

第四，本书数据调查采用的全部都是自陈式的问卷，因此在测量员工的价值观匹配和个人态度的关系时可能受到一定程度同源偏差（common method bias）的影响（Edwards and Parry，1993；Podsakoff and Organ，1986）。虽然许多学者已经提出，采用单一来源的报告方式会夸大匹配的影响作用（Podsakoff，MacKenzie，Lee and Podsakoff，2003），应该采用跨层面的评价方式（cross-level approach）来获得个人—组织匹配的分值（Klein，Dansereau and Hall，1994；Roberts，Hulin and Rousseau，1978）。但很多个人—组织匹配的相关研究还是采用多个变量单一来源的自陈式报告，因为他们认为个人只会受到那些他们能感知到的环境与自身的匹配的影响，所以虽然单一调查来源会由于同源偏差增强匹配与结果变量间的关系，但是这种调查反映的是真实的而不是人为的偏差（artifactual bias）（Caplan，1987；Endler and Magnussen，1976；French，Caplan and Harrison，1982），因为不管个人与组织是否具有相似的特征或者是否互相满足了对方的需要，只要个人主观感知到匹配，那匹配就是存在的，就能够对员工个人的行为产生远大于实际匹配的影响（Cable and Judge，1997）。这样的争论在交互心理学领域由来已久，克里斯托夫－布朗等2005年的研究综述指出，很难说哪一种调查匹配的方式是更好的，一种可能的折中方式是收集多个时间点的跨层面数据，这样既可以有效降低人为偏差的影响又保证了判断匹配程度的真实性。

第五，本书尝试从不同维度的价值观匹配来探讨对于员工应对的影响，结果也的确显示出它们之间的差异，但在验证性因子分析的结果中，支持导向和规则导向的价值观匹配的区分效度不佳，而应对策略中的直面应对和计划应对也出现同样的情况。在以后的研究中是否可以继续采用这样的结构维度来讨论它们之间的相互关系还需要进一步检验。更好的选择是在我国不同地区搜集更多来自不同类型企业的员工样本，反复检验"中国员工应对组织变革"的四因子结构的可靠性和稳定性。

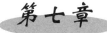

第七章

员工应对组织变革研究的展望

本书的基本主题就是要拓展并完善员工应对变革的心理过程模型，但本书并没有将一些重要的变革情境因素纳入员工应对组织变革的过程模型。这一方面是为了简化模型，聚焦于员工—组织价值观匹配的作用；另一方面也是受限于调查问卷的长度，避免过多的调查语句降低数据的可靠性。

笔者在研究过程的多个阶段对于未来研究的拓展进行了多角度的思考，很渴望将这些可能不太成熟的观点与大家分享，以期获得一些反馈和互动。因此，在本书的最后，将这些思考与想法写下来，希望对员工应对组织变革领域的研究者有一定的启发性。

总体说来，笔者认为未来的研究可以继续沿着三个方向来开展员工应对组织变革研究的完善与拓展工作：一是进一步探索和完善员工应对组织变革的过程模型，综合组织和个人两个层面的情境因素实现模型的层次性拓展。二是通过方法的改进，提升现有模型的效度和实践意义。三是利用多时段的纵向数据验证在不同变革发生时，各类情境因素对员工应对的影响及整体层面员工应对策略的反作用，实现模型的动态性拓展，也同时将个体层面的行为问题提升回到组织层面的变革问题上，从另一个角度实现层次性拓展。这三方面的完善将弥补以往研究所存在的宏微观层面的割裂，也将能够填补员工行为与变革发展动态关系研究的空白。具体的研究建议可分为六大主题。

第一节　员工应对组织变革过程要素的完善

根据图7-1和前文的综述，现有员工应对组织变革的过程模型有三个方面需要进一步完善或验证。

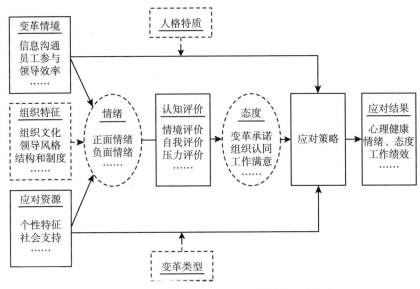

图 7 - 1　员工应对组织变革过程模型的研究展望

注：（1）图 7 - 1 的模型中有四个未来需要进一步完善的环节，其中"态度"环节在本章第二节"完整检验员工应对组织变革的精细加工可能性模型"中讨论。

（2）实线框和实线箭头代表已经在理论上被广泛认同的构念和相互关系，也是拉撒路和福克曼（1984）应对过程模型的原始框架；虚线椭圆所包含的是已经有理论和经验研究进行探讨，但与其他构念间关系还不明确的构念；虚线方框所包含的是本书在文献研究基础上提出的模型可进一步拓展的构念。

一、个人的情绪与应对策略的关系

个人情绪的因素与应对策略选择的相互决定关系在理论上并没有达成一致的认识，究竟是员工应对策略的选择导致了员工情绪和态度等因素的变化，还是相反的关系？两个方向的假设都有各自不同的理论支持。

根据经典的情绪认知评价理论（cognitive appraisal theory of emotions），个体对情境的评价会触发情绪（Smith et al.，1993），然后才会引发个体的应对策略。根据拉撒路和福克曼等（1984）提出的压力和应对的过程理论，个体无法决定去应对和改善情境给予个人的压力，直到他能够对情境进行有意识的初级评价，而这种评价会激发情绪反应。因此，应对策略因应降低负面情绪或利用正面情绪而产生。那么在应对的过程中，识别个体的情绪反应就非常重要，它决定了个体会采用的应对策略（Lazarus，2001）。这种"评价—情绪—应对"的过程机制符合以往情绪认知评价的经验研究的结果。例如，行为抑制系统（behavioral inhibition system，BIS）和行为助长系统（behavioral facilitation system，BFS）认为个体会逃离或避免去感知那些会促发他们负面情绪的情境（BIS），也会积极投入到那些他们渴望或感知有利的情境（BFS）（Watson，Wiese，Vaidya and Tellegen，1999）。在现有的研究中，积极的应对策略通常包括前瞻性和掌控性的行为和认知再评价，而消极应对策略通常包括逃避性和脱离性的行为和认知再评价（Latack，1986；Long，1990），这完全符合 BFS 和 BIS 的机理。

另外，应对的刺激—反应理论（stimulus-response theory of coping）认为个人与情境的接触是一种刺激，会直接导致应对反应，然后才会激发情绪，并导致其他一系列应对的结果（Dewe and Alvin，1999）。该理论植根于行为心理学的实验研究（Cronbach，1957），与应对的过程理论在情绪与应对的因果关系上有完全不同的观点。应对的刺激—反应理论认为，一旦个体将所处情境评价为是有压力的（可能有威胁或是有害的），那么他们就会马上采取一定的应对策略来缓解这种压力感，并着力改善个人与环境的关系，例如，想办法掌控环境（Dewe，Cox and Ferguson，1993）。当前组织管理领域大量的员工压力应对的实证研究都没有考虑情绪的作用，而是直接检验各类情境评价与应对策略的关系，这实际上为这种刺激—反应的理论提供了经验证据。

富盖特等（Fugate et al.，2008）的研究比较了这两种理论模型并进行了检验，结果表明刺激—反应模型能够更好地拟合数据。但是这种涉及因果关系确定的研究需要收集多个时间段的数据进行模型拟合才能具有足够的说服力，而且需要在不同的情境中多次检验各种可选模型。

二、人格特质的调节作用

现有研究中对于调节变量的探讨非常有限。在组织行为领域的研究中，人格特征更多是作为调节变量而不是前因变量进行讨论。未来的研究可以进一步探讨员工个人特征对于情境评价与应对策略之间关系的调节影响。

博尔格和祖克曼（Bolger and Zuckerman，1995）前瞻性的研究认为个体的某些人格特质会影响他们从不同应对策略中获得的好处，这种现象被称为"差异有效性假说"（differential effectiveness hypothesis）。但至今在组织领域的应对研究中，还甚少检验这种假说的有效性。卡梅耶 - 穆勒等（Kammeyer - Mueller et al.，2009）的研究同时探讨了自我评估（core self-evaluations，CSE）对应对策略的直接影响以及对应对策略与紧张感之间关系的调节影响。他们的跟踪研究结果显示，具有更高自我评估的个体在感知到压力后，会更少采用逃避应对。他们同时提出具有更高自我评估的个体在采用问题解决应对策略后会有更低的紧张感，但是跟踪数据并不支持这种调节作用。未来的研究可以借鉴心理学新近的研究结果，探讨更多人格特质对于员工变革应对的影响方式。

三、变革类型的调节作用

变革类型的调节作用将是未来员工应对组织变革研究的重要切入点。21 世纪初期，关于员工应对组织变革的研究大多数停留于将组织变革作为压力应对过程的背景因素（唐杰和林志扬，2009）。包括本书的研究在内，近几年相关研究已经考虑将各类决定变革类型的因素考虑到研究模型中。卡特等（Carter et al.，2013）在两个中国服务型组织的研究检验了变革的频率对于领导—员工关系与员工变革过程中的绩效表现及组织公民行为关系的调节作用。结果表明，变革的频率越高，领导—员工关系对员工绩效和组织公民行为的正向影响就越强。该研究的逻辑与本书相近，认为虽然渐进式的变革有利于员工逐步适应新的规范和程序，但是也可能导致员工基于自身利益的考虑而破坏或反对变革的开展。相反，如果变革是快速而迅猛地发生时，员工会更多受到管理者所提供的建设性的管理策略的影响（Weick and Quinn，1999），如变革信息传递，变革绩效奖励等，而这些策略的有效性很大程度上决定了领导—员工关系的营造。

未来关于变革类型与员工应对过程的关系还可以考虑更多变革属性的维度和调节作用的形式，甚至通过整合多个维度的变革属性来具体区分不同类型变革的影响，从而提升研究的实践指导意义。

第二节　完整检验员工应对组织变革的精细加工可能性模型

本书所开展的研究，其中的遗憾之一是没有能够同时考察变革情境因素和组织稳定因素对于员工应对的相对作用大小，也就不能完整地检验精细加工可能性模型在变革情境中的适用性。未来的研究应该考虑在更多发生不同类型变革的组织中收集情境和稳定因素的数据来对比两类前因变量在不同变革属性下相对作用大小的变化。当然，与情境因素的研究相比稳定因素的研究还比较少，从本书的研究思路出发，控制变革属性的影响，可以探讨更多组织稳定因素对于员工应对组织变革的影响。

　　基于 ELM 的基本框架和应对的过程模型，本书提供一个完整检验员工应对组织变革的精细加工可能性模型（如图 7 - 2 所示）。应对被视为人与环境交互作用的过程并体现为认知和行为的结果，这一过程与 ELM 包含许多同样的核心要素。现有研究也证实员工的应对选择与变革信息的获取有关（Amiot et al.，2006；Wanberg and Banas，2000）。ELM 的框架不仅能够解释现有应对过程模型的基本原理，而且能够帮助深入了解稳定因素对员工应对选择的影响，明确态度变量在不同因素作用过程中的角色，以及探析稳定、情境两类影响因素在不同变革中的具体作用机制，并最终拓展员工应对组织变革的过程模型。

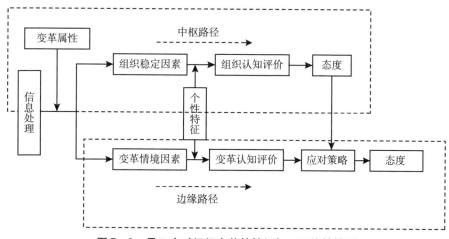

图 7 - 2　员工应对组织变革的精细加工可能性模型

一、中枢路径

　　在图 7 - 2 的模型中，中枢路径由员工处理组织稳定因素所激发，从而影响员工对组织的认知评价，产生稳定而持久的态度并最终影响员工应对变革的策略。这些稳定因素是指在发生变革的组织中相对稳定存在的、会跨情境影响员工在不同压力下的应对选择的因素。职业压力的相关研究指出，员工的应对策略并不仅受情境因素影响，还受到工作中的环境因素的长期影响，如文化、集权和正规化的程度等（Elfering et al.，2005）。组织行为学的大量经验研究也证实，组织文化（Masuda and Nisbett，2001）、组织气氛（Mikkelsen，Ogaard and Lovrich，2000）、领导风格（Krause，2004）和组织—员工关系（Tsui et al.，1997）等组织环境因素会对员工的态度和行为有稳定的影响。稳定因素对员工应对变革的影响的理论解释源自个体对事件变革的归因（attributional interpretation of work phe-nomena）（Weiner，1995）。归因理论的观点认为，个体会本能地在特定事件与自身及环境间建立因果关系，从而对事件产生相应的态度和反应。这种归因有两个基本维度：一是内部的或外部的；二是稳定的或短暂的。心理学的研究文献显示，个体倾向于将工作环境中发生的负面事件归因于外部的稳定因素（Douglas and Martinko，2001），他们会依据自己对于这些因素的评价产生相应的态度和反应。

另一种理论解释来自态度的形成理论（Sanbonmatsu and Fazio，1990）。评价是态度的主要构成要素之一，只有当个体对某一主体做出评价性反应，态度才会形成。态度一旦形成，就会在个体再次遇到态度客体时，预示出个体的评价性反应，那么"评价—态度—行为"就是员工态度变化和作用的过程，这一过程也称为"态度三要素"。例如，迈耶和赫斯科维奇（Meyer and Herscovitch，2002）的研究就证实了员工的变革承诺能够预测员工在变革情境中的行为。但是，这种应对过程在现有的实证研究中得到的支持较少。

吉尔伯特（Gilbert，1989）在论述归因的机理时指出，当个体需要对特定的事件做出反应时，首先会产生"刺激—反应"，而只有当他有充分的时间和足够的动机时，才能对事件的始末进行详细的思考、评价和归因，即对信息进行精细加工。结合变革的情境来看，只有当员工有能力、有动机对组织的相关环境信息进行仔细审查和分析时，组织的稳定因素影响员工应对的过程才会被激发，反之员工很容易受到那些突然发生的、自上而下的变革措施的刺激而有所反应（边缘路径）。这样的过程与 ELM 一般模型中枢路径所产生的信息处理和行为反应的过程和机理相符合。

因此，在员工应对组织变革的精细加工可能性模型中，研究者可以将组织稳定因素导向的应对过程定位为员工能够实现高水平精细加工的中枢路径，其作用机理可以归纳为：当组织变革发生时，组织中稳定的环境因素会通过影响员工对组织的认知评价，使员工形成对组织变革相对稳定的态度，这种态度会影响员工应对组织变革的策略。

二、边缘路径

在本书建立的员工应对组织变革的精细加工可能性模型中，边缘路径由员工处理变革情境因素所激发，影响员工对变革的认知评价从而刺激员工做出应对变革策略并产生不稳定的态度。在压力应对和组织变革的研究文献中，信息沟通、员工参与以及领导效能被认为是有代表性的变革情境因素。高水平的信息沟通、员工参与和领导效能已经被证实能够降低员工在变革中所感觉到的压力并提高员工的自我评价（Amiot et al.，2006；Wanberg and Banas，2000）。

边缘路径导向的员工应对过程同样涉及态度要素的作用，但其所扮演的角色与中枢路径导向的应对过程不同。在低精细加工水平下，个体对于事件的认知评价会直接刺激后续的行为，然后才形成短暂且不稳定的态度，而这种态度并不一定会影响后续的行为（Petty et al.，1997）。这种"评价—应对—态度"的关系是基于"刺激—反应"的原理——当个人在所处的情境下感受到压力时，他就会立即采取一定的应对策略来减轻这种压力感，然后才会去试图改变自身与环境的关系（Dewe and Alvin，1999）。归因理论同样指出，在时间和动机不足的情况下，个体会倾向于立即对特定事件做出反应，事后再去寻求归因，而归因的差异会影响个体对事件的态度。这种"评价—应对—态度"的关系得到现有压力应对研究的证实，学者们普遍认同正面的变革认知评评价（Kohler，Munz and Grawitch，2006）和高水平的自我评价（Amiot et al.，2006）会引致积极的员工应对；而负面的变革认知评价（Fugate et al.，2008）和低水平的自我评价（Wanberg and Banas，2000）会引致消极的员工应对。积极的员工应对会对组织承诺（Judge et al.，1999）、工作满意（Feldman and Tompson，1993）和组织认同（Amiot et al.，2006）等态度变量产生正向影响。

这些影响因素的作用过程与 ELM 所阐述的低精细加工可能性情况下引发个体行为决策的简单提示的"刺激—反应"过程相吻合。例如，信息沟通和员工参与能够引发员工的情感认同和对未来发展的联想，而领导的高效能对员工有直接的刺激，使其产生情感认同。基于这种低精细加工可能性，本书认为由变革情境因素导向的过程是员工应对组织变革的边缘路径，其作用机理可以归纳为：当组织变革发生时，变革的情境因素会通过影响员工对变革的认知评价，来影响员工应对组织变革的策略，而不同的应对策略选择会导致员工对变革相对不稳定的态度差异。

第三节　员工应对组织变革过程的跨层次检验

员工应对组织变革的过程，实际上涉及员工个体、员工群体和组织三个层面的因素。后两个层次分别属于单位层次（unit level）的共享单位特性（shared unit properties）和总体单位特性（configural unit properties）（Kozlowski and Klein，

2000）。个体层面包括认知评价、个性特征、个体应对策略等，共享单位特性包括价值观和群体应对，总体单位特性包括变革属性和变革策略。

在过去十几年的组织管理研究中，多层次的观点逐渐被认同——组织既是宏观亦是微观的，因此在组织情境中的理论研究应该同时考虑（1）组织和群体因素自上而下对个人心理和行为的影响；（2）个人心理和行为自下而上对群体甚至组织因素的影响。只有同时考虑不同层次内部因素以及相互之间的影响才能够更好体现组织管理情境研究的特殊性和真实性。例如，德肖恩、科兹洛夫斯基、施密特、米尔纳和维希曼（DeShon, Kozlowski, Schmidt, Milner and Wiechmann, 2004）的研究检验一个多重目标绩效模型在个人和团队层次上的一致性。结果发现，有79%的假设在个人与团队层次同时成立，但其余的假设在不同层次的检验结果不同。

本书提供两种构建员工应对组织变革的过程跨层次模型的思路。第一种是跨层次直接效应模型（Cross-level Direct-effect Model）（如图7-3所示），检验较高层次的组织稳定因素（如文化、气氛、结构等）或群体层次的变革情境对较低层次的个体变革认知评价的影响，以及较低层次的个体应对策略对较高层次的组织变革绩效的影响。

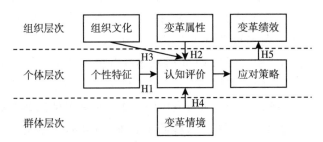

图7-3　员工应对组织变革的跨层次直接效应模型

第二种思路是构建跨层次的调节效应模型（cross-level moderated-effect model）（如图7-4所示），检验较低层次的员工个体应对组织变革的过程如何被组织层次的变革属性等因素调节。

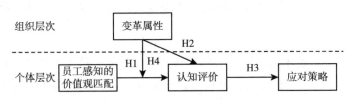

图7-4　员工应对组织变革的跨层次调节效应模型

具体到分析方法，目前学术界常用的多层次分析技术，包括协方差分析、普通最小二乘回归情境分析（James and Williams，2000）、组内与组间分析（WA-BA）（Dansereau and Yaimarino，2000）、多层次共变结构分析（multilevel covariance structure analysis）（Muthen，1994），以及多层线性模型（hierarchical linear model，HLM）（Kozlowski and Klein，2000）。其中，越来越多学者已经认同 HLM 在分析跨层次数据时具有多方面的优势，包括明确地分析嵌套性数据间的关系并且能够改善个体层次影响效果的估计（廖卉和庄瑗嘉，2012）。

第四节　价值观匹配对员工变革应对组织变革的多重效应检验

过去十来年间，匹配研究在微观和宏观的组织研究中受到广泛的关注。近年来，越来越多的国内学者开始进行相关的实证研究，除了本书涉及的个人—组织价值观匹配之外，还有组织结构与信息技术匹配（朱晓武和闫妍，2007）和个人—职务匹配（陈卫旗和王重鸣，2007）等，覆盖了管理学和心理学的多个研究领域。这些研究中的绝大部分，对于衡量两个变量间的匹配效应与本书一样，都是采用了差异分数（difference scores）的形式——计算两个测量变量差值的绝对值。然而，国外学术界广泛认为差异分数的运用会导致包括降低信度和效度及伪相关在内的许多的方法论上的问题（Johns，1981）。

爱德华兹和帕里（Edwards and Parry，1993）提出了可供替代的方法来检验匹配程度与其他变量的关系——利用变量的一阶和高阶项组成的多项式来构建回归方程，例如：

$$Z = b_0 + b_1X + b_2Y + b_3X^2 + b_4XY + b_5Y^2 + e$$

这种通过建立多项式回归方程（polynomial regression equation）来评价匹配效应的方法可以使研究者避免因使用差异分数而产生的方法论问题，并且可以直接检验在匹配研究中有重要意义却无法通过差异分数反映的假设内容（Edwards and Cable，2009），如到底是匹配效应与主效应哪一种对企业更有意义。这种方法近年来得到了许多学者的认可和检验，无论是在方法的规范性还是应用的实际意义上，多项回归都被证明具有差异分数回归无法比拟的优势（Edwards and Cable，2009；Kalliath et al.，1999）。

笔者前期发表的学术论文《多项式回归及其在一致性研究中的应用与分析》对这一方法的应用进行了详细的讨论。采用"差异分数"检验得到具有同样显著匹配效应的因素，在采用二项式回归并将回归结果描绘在响应面之上，可能存在明显的差异（如图 7 - 5 所示）。其中，X 轴代表组织价值观取值（organizational value），Y 轴代表个人价值观取值（personal value），Z 轴代表变革承诺（commitment to change）。左图为较完美的匹配效果，即响应面（三维面）上沿 X = Y 直线所代表的匹配效应非常明显，但同时说明了高数值水平的匹配效应要优于低数值水平的匹配效应（深色部分为高数值匹配）；在右图中，传统匹配效应的检验仍然显著，但可以发现响应面的脊（最大值连成的曲线）与 X = Y 线明显偏离，这说明在某些情况下，自变量的主效应要高于匹配的效应，也就是说实际对结果变量起主要影响的是价值观的直接效应而不是匹配效应。那么对于实际的企业管理而言，员工社会化策略目标可能不是追求个人—组织的价值观匹配，而是应该追求更适合企业生存环境需要的价值观导向。

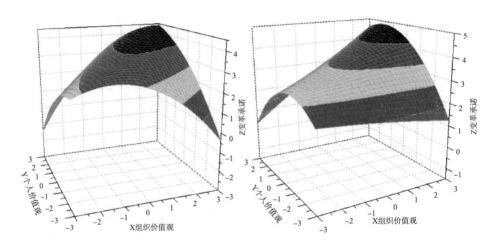

图 7 - 5　二项式回归结果的响应面分析效果

采用多项式回归和响应面分析无论对于理论研究还是实际管理都具有十分明显的意义。本书着重于员工应对组织变革的过程研究，限于篇幅没有对各个维度的价值观匹配问题进行深入的分析。未来关注个人—组织匹配及其对组织变革影响的研究可以运用新的分析方法来展开深入探讨。

具体来说，第一，验证是否存在完美的匹配效应。在本书所采用的差异分数检验中，个人—组织价值观四个维度的匹配效应都得到了验证检验，几乎不存在差异。但如果采用多项式回归和响应面分析，结果可能明显不同，现有一些采用二项式回归与响应面分析的研究表明完美的匹配效应几乎是不存在的（Kalliath et al.，1999；彭坚和王霄，2016；唐杰、林志扬和莫莉，2011；张海燕和张正堂，2017；祝振兵、曹元坤和彭坚，2017）。第二，考察自变量的主效应和匹配效应以及自变量主效应对匹配效应的相对大小。第三，揭示了在非完美匹配情况下，结果变量的取值和变化规律。虽然二项式回归与响应面分析的步骤及其所要求的检验方法较之差异分数要烦琐许多，但这些额外的信息不但能够在理论上深化研究者对匹配效应的理解，而且能够明显提升研究结论在实践中的应用价值。以组织—个人价值观匹配为例，以往大量的研究虽然检验了价值观匹配对组织和个体层面因素的影响，但极少存在完美的一致性效应。响应面分析的结果能够进一步分析，自变量在低水平上的匹配是否能够比自变量在高水平的不匹配带来更高水平的个体和组织产出？如果不能，这就是匹配效应不如自变量主效应的数据表现。如果依照传统分析方法得到的结论来指导实践，一味追求员工和组织在价值观层面的匹配，而忽略了适合环境或组织当前文化的价值导向，就会出现严重的错误。

第五节　员工应对组织变革的多时间点研究

组织变革是企业生存和发展难以越过的问题，而且许多企业总是不断地进行渐进式的持续变革（Carter et al.，2012）。持续变革的环境一方面要求组织的员工不断地调整工作方式，这给员工每日的工作都会带来强烈的不确定感，从而带来额外的工作压力；另一方面由于同事和上级的变化，员工积累的社会资本和协作关系也面临不断地调整，从而他们能够调动应对变化的资源又下降了。根据压力应对的过程理论（Lazarus and Folkman，1984），在组织变革的环境中，管理者需要通过展示高效的领导行为提升员工应对变革的信心，积极传递变革信息等变革管理的策略降低员工的不确定感，从而让员工感到获得足够的支持和信任，从而提升应对资源（Carter et al.，2012）。但由于很少研究同时考虑了组织变革的其他环境因素，它们是否总是有效就存在疑问（Rafferty and Restubog，2017），一些研究结果也并不支持这些管理策略的有效性。有的学者提出上级的支持和过多的参与决策，也可能产生额外的压力（Rafferty and Griffin，2006）。已有实证研究的矛盾结果和不同的理论视角，要求员工应对组织变革的研究区分不同的变革情境，采用更准确的调查方法。例如，在真实变革环境中，根据变革不同发展阶段的特点，调查员工应对变革过程的不同要素，能够更准确反映员工在变革过程中的心理和行为变化（Fugate et al.，2008）。以下，本书同样提供两个利用多时间点数据进一步检验员工应对组织变革过程的思路。

一、三阶段应对过程模型

以往员工应对组织变革的过程研究大多数都是采用截面数据（e. g. , Cart-wright and Panchal, 2001；Fugate et al. , 2008；Scheck and Kinicki, 2000），但是应对过程实际上包含了多种类型的因素之间的因果关系，准确测量这些因素的时间点并不相同（Amiot et al. , 2006）。很容易能够理解的是，员工不会在变革初级就能够很准确地评价变革并采用相应的应对策略，而员工应对策略的结果也不会短时间内就体现出来。尤其是某些具有长远影响意义的稳定因素，它们对于员工应对策略的影响并不会很快体现出来。因此，采用多时间点的调查数据来分析员工应对组织变革的过程，能够帮助研究者和管理者更准确地判断不同情境因素、组织稳定因素对于员工认知和应对策略的不同影响机制。如图 7 - 6 所示，员工应对组织变革过程要素的调查，可以分为三个时间点。

第一个调查时间点在变革开始之前或刚开始阶段。调查内容是那些组织已经形成并具有稳定性的因素。在这个时间点，员工对组织文化、结构、制度等方面的认识还未受到变革的影响，调查所得到的是长期以来这些稳定因素在他们心目中的认知。这些因素对于员工应对变革的潜移默化的影响，也是基于这种最初的认知。

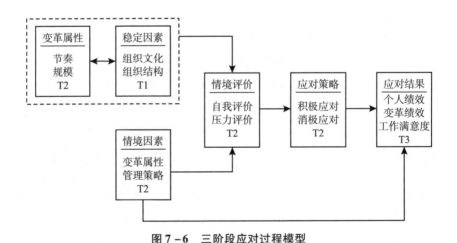

图 7 - 6　三阶段应对过程模型

第二个调查时间点是在变革中期（通常是变革开始之后的 1 ~ 3 个月）。调查内容包括变革的情境因素、变革的属性、员工的变革评价和应对策略。在这一阶段，经过变革初期的准备、策略实施和信息传递，员工已经逐步对变革的目标、策略和对自身利益的影响有一定的认识。员工对于变革的评价趋于稳定，采用的应对策略也是经过初级和次级评价的结果，具有一定的稳定性和持续性。

第三个调查时间点是在变革后期或结束后（通常是变革开始之后的 6～12 个月）。调查内容主要聚焦于应对的结果，包括个人层面的绩效、工作满意度、心理健康状况以及群体和组织层面的变革绩效。这些应对结果通常需要一定时间才能显现出来，相比同一时间点调查获得的结果更能够说明应对策略的作用。

二、员工应对策略的动态演变模型

除了利用多时间数据样本提高研究的效度之外，员工应对组织的纵向还有另一个十分有价值的切入点，那就是应对策略的动态演变。员工应对策略的动态演变是指在变革过程中由于员工对变革情境、个人应对资源的评价变化，或者情境因素刺激—反应作用而导致的应对策略的变化。这种演变的原因可能是由于（1）企业变革策略本身的改变；（2）员工前一时间应对策略的自然演变；（3）员工前一时间点应对策略对企业变革策略反作用所导致的。[①]

如图 7-7 所示，同样是三个时间点的调查，但需要被调查者在第一和第二个时间点都报告相应的变革情境因素、情境评价和应对策略，从而检验两个时间点之间的应对策略的演变以及前一个时间点应对策略对后一个时间点组织变革情境因素的影响。

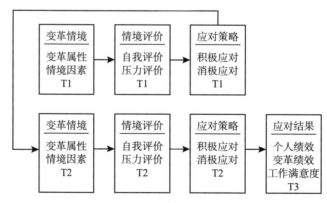

图 7-7　员工应对策略的动态演变模型

---

① 本书将在下一节展开讨论应对策略对组织变革的反作用的机理。

第六节　员工变革应对与组织变革演进

根据个人—情境互动理论，变革中组织的环境和变革策略对员工行为的影响并不是单向的。因此，本书关于员工应对组织变革研究最后的建议是考虑群体层面上的员工变革应对与变革属性、变革策略的动态关系，即员工应对策略对变革本身特征及实施方式产生的反作用如何？这也是组织变革研究中近来关注的焦点和难点问题。如图7-8所示，通过在变革前期、中期和后期三个时间点采集的纵向配对数据来检验员工应对与变革演进的因果关系：在变革中期，变革策略、变革属性及其交互作用对员工应对策略的影响；在变革后期，员工应对策略对变革属性及变革策略的影响。通过纵向数据来验证在理论和案例研究中不断被讨论的员工行为与变革演进的热点问题，这无疑能够帮助研究者深入认识两者间的动态因果关系，为将来更多的组织宏观（变革）与微观（行为）相结合的实证研究提供理论基础和基本范式。需要特别注意的是，动态模型中的应对策略不是员工个体的行为策略，而是个体应对聚合到群体层面的群体行为策略。

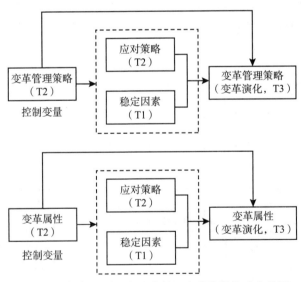

图7-8　变革管理—变革应对—变革演化的动态模型

变革管理—变革应对—变革演化的动态模型是一个跨层次的纵向研究模型。为了能够获得组织变革的不同演变规律，研究者需要在多个发生不同类型变革的组织中分别开展调查研究工作，并分别检验多种动态模型的有效性。再通过整合多个子模型的检验结果来得到一个如表 7 - 1 所示的变革管理指导矩阵——在不同类型的变革发生时，管理者采用怎样的管理策略能够使得员工积极应对变革。图 7 - 9 中则是员工应对策略对变革可能产生的反作用的关系描述。积极和消极应对都可能会造成变革本身的演化。

表 7 - 1　　　　　　　　　　　　变革管理指导矩阵

变革的影响力			
		渐进性的	根本性的
变革的节奏	持续性的	持久的渐进性变革	持续的根本性变革
		变革管理策略 1	变革管理策略 4
	间断性的	间断的渐进性变革	间断的根本性变革
		变革管理策略 2	变革管理策略 3

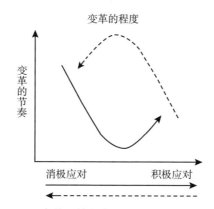

图 7 - 9　变革属性与变革应对可能的演变关系

附　　录

附录1　员工应对组织变革研究调查问卷（预测试）

这是一份关于员工对组织变革的看法和反应的问卷，纯为学术研究设计，采用不记名填写，您的信息将被绝对保密。

填写问卷大约需要10～15分钟，请您首先回忆您所经历的最近的一次组织变革（请注意，这里所指的组织变革既可以是大规模的合并、结构重组或战略调整，也可以是小规模的薪资调整、技术创新、流程优化或管理层人事变动；可以是具体的产品或服务变动也可以是虚拟的文化重建），请依据那次变革和所在单位的相应情况，在符合描述的空格或数字上画"√"。

问卷的质量直接影响研究质量，因此您的帮助非常重要，感谢大力支持！

第一部分：组织变革特征描述

请您对所回忆的那次变革的基本特征进行描述	完全不同意	基本不同意	不确定	基本同意	完全同意
1. 那次变革很快发生又很快结束了	☐	☐	☐	☐	☐
2. 变革是从小到大逐步开展的	○	○	○	○	○
3. 我还没来得及仔细考虑变革的影响，它已经结束了	☐	☐	☐	☐	☐
4. 在我看来，那次变革持续了很长时间	○	○	○	○	○
5. 那次变革对我所在的部门或单位意义重大	☐	☐	☐	☐	☐
6. 变革改变了我所在单位或部门的文化、结构或权力分配	○	○	○	○	○
7. 变革对我的切身利益造成了很大影响（正面或负面）	☐	☐	☐	☐	☐
8. 变革对我在单位的发展有很大的影响（正面或负面）	○	○	○	○	○

第二部分：员工应对组织变革的描述

请您对如何处理变革所产生的问题做出描述	完全 不符合	基本 不符合	不确定	基本 符合	完全 符合
1. 避免处于变革的环境中（离开或阻止其发生）	☐	☐	☐	☐	☐
2. 设法离开变革发生的环境	○	○	○	○	○
3. 尽最大可能使自己从容地离开变革的环境	☐	☐	☐	☐	☐
4. 预测变革的不利后果，并提前做好最坏的打算	○	○	○	○	○
5. 通过吃喝、抽烟或药物治疗来使自己舒服一些	☐	☐	☐	☐	☐
6. 变革使我难以应付，所以尽量放下那些事	○	○	○	○	○
7. 过一天算一天，等待变革的下一步发展再做打算	☐	☐	☐	☐	☐
8. 争取比平时更多的休息时间	○	○	○	○	○
9. 将部分工作委托给同事	☐	☐	☐	☐	☐
10. 告诉自己随着时间的推移，一切会变好	○	○	○	○	○
11. 提醒自己工作并不是生活的全部	☐	☐	☐	☐	☐
12. 希望有对自己有利的奇迹发生	○	○	○	○	○
13. 避免总被变革的事情所困扰	☐	☐	☐	☐	☐
14. 这次变革让我感觉难以应付自如	○	○	○	○	○
15. 希望能够改变已经发生的事情或自己的感觉	☐	☐	☐	☐	☐
16. 常常想象自己能在一个更好的环境中	○	○	○	○	○
17. 希望目前的情况能尽快改变或过去	☐	☐	☐	☐	☐
18. 我会想象变革是怎样结束的	○	○	○	○	○
19. 直接和我的上司探讨变革产生的问题	☐	☐	☐	☐	☐
20. 我觉得自己应对变革的努力好于大部分的同事	○	○	○	○	○
21. 花更多的时间和精力来完成自己的工作	☐	☐	☐	☐	☐
22. 努力让自己更快、更高效地工作	○	○	○	○	○
23. 我设法有条理地做事以保证自己能够掌控局面	☐	☐	☐	☐	☐
24. 尽最大努力去做那些别人期望我完成的工作	○	○	○	○	○
25. 从我的立场出发争取我想要的	☐	☐	☐	☐	☐
26. 腾出额外的精力针对变革做一些计划和安排	○	○	○	○	○
27. 仔细思考自己在变革中所面对的挑战	☐	☐	☐	☐	☐
28. 我不会回头看，而是专注于下一步要做的事	○	○	○	○	○

续表

请您对如何处理变革所产生的问题做出描述	完全不符合	基本不符合	不确定	基本符合	完全符合
29. 我设想一些改变，也许这样能使工作完成得更好	□	□	□	□	□
30. 设想一系列解决问题的方法	○	○	○	○	○
31. 我在脑海中不断重温我将要做的事情或者说的话	□	□	□	□	□
32. 设想我所敬佩的人会如何解决我所面对的问题	○	○	○	○	○

第三部分：个 人 信 息

1. 学历：

□高中及高中以下　□大专　　□本科　　□硕士　　□博士

2. 您的年龄所处阶段是：

□25 岁以下　　□25～30 岁　　□31～40 岁　　□41～50 岁　　□50 岁以上

3. 工作年限：

□3 年以下　　□3～5 年　　□6～10 年　　□11～20 年　　□20 年以上

4. 您的工作性质属于：

□管理者（有权分配工作及调派人员）□非管理者

5. 你所在单位属于：

□外资企业　□民营企业　□国有企业　□事业单位　□政府部门

6. 最后一个问题，性别：□女　□男

附录2　员工应对组织变革研究调查问卷

这是一份关于员工对组织变革的看法和反应的问卷，纯为学术研究设计，采用不记名填写，您的信息将被绝对保密。

填写问卷大约需要 10～15 分钟，请您首先回忆您所经历的最近的一次组织变革（请注意，这里所指的组织变革既可以是大规模的合并、结构重组或战略调整，也可以是小规模的薪资调整、技术创新、流程优化或管理层人事变动；可以是具体的产品或服务变动也可以是虚拟的文化重建），请依据那次变革和所在单位的相应情况，在符合描述的空格或数字上画"√"。

问卷的质量直接影响研究质量，因此您的帮助非常重要，感谢大力支持！

第一部分：组织变革特征描述

请您对所回忆的那次变革的基本特征进行描述	完全 不同意	基本 不同意	不确定	基本 同意	完全 同意
1. 那次变革很快发生又很快结束了	□	□	□	□	□
2. 变革是从小到大逐步开展的	○	○	○	○	○
3. 我还没来得及仔细考虑变革的影响，它已经结束了	□	□	□	□	□
4. 在我看来，那次变革持续了很长时间	○	○	○	○	○
5. 那次变革对我所在的部门或单位意义重大	□	□	□	□	□
6. 变革改变了我所在单位或部门的文化、结构或权力分配	○	○	○	○	○
7. 变革对我的切身利益造成了很大影响（正面或负面）	□	□	□	□	□
8. 变革对我在单位的发展有很大的影响（正面或负面）	○	○	○	○	○

第二部分：对组织变革的承诺

请您对变革的个人看法进行选择	完全 不同意	基本 不同意	不确定	基本 同意	完全 同意
1. 我相信变革的价值	□	□	□	□	□
2. 我认为变革对我所在的部门或单位是有益的	○	○	○	○	○
3. 在我看来，变革对部门或单位的发展很重要	□	□	□	□	□
4. 我认为发起变革是一个错误	○	○	○	○	○
5. 对我来说，支持变革是最明智的	□	□	□	□	□
6. 抵制变革会给我带来很大风险	○	○	○	○	○
7. 我抵制变革的代价太大	□	□	□	□	□
8. 我觉得抵制变革是不切实际的	○	○	○	○	○
9. 我有责任推动变革	□	□	□	□	□
10. 我不应该反对变革	○	○	○	○	○
11. 我觉得抵制变革是不负责任的	□	□	□	□	□
12. 我不觉得我有任何义务支持变革	○	○	○	○	○

第三部分：员工应对组织变革的描述

请您对如何处理变革所产生的问题做出描述	完全不符合	基本不符合	不确定	基本符合	完全符合
1. 避免处于变革的环境中（离开或阻止其发生）	□	□	□	□	□
2. 变革使我难以应付，所以尽量放下那些事	○	○	○	○	○
3. 争取比平时更多的休息时间	□	□	□	□	□
4. 将部分工作委托给同事	○	○	○	○	○
5. 告诉自己随着时间的推移，一切会变好	□	□	□	□	□
6. 希望能够改变已经发生的事情或自己的感觉	○	○	○	○	○
7. 常常想象自己能在一个更好的环境中	□	□	□	□	□
8. 希望目前的情况能尽快改变或过去	○	○	○	○	○
9. 希望有对自己有利的奇迹发生	□	□	□	□	□
10. 我设法有条理地做事以保证自己能够掌控局面	○	○	○	○	○
11. 我觉得自己应对变革的努力好于大部分的同事	□	□	□	□	□
12. 花更多的时间和精力来完成自己的工作	○	○	○	○	○
13. 努力让自己更快、更高效地工作	□	□	□	□	□
14. 腾出额外的精力针对变革做一些计划和安排	○	○	○	○	○
15. 设想一系列解决问题的方法	□	□	□	□	□
16. 设想我所敬佩的人会如何解决我所面对的问题	○	○	○	○	○
17. 仔细思考自己在变革中所面对的挑战	□	□	□	□	□

第四部分：员工—组织价值匹配

说明：每条题项分两部分：①实际情况：在您实际工作中，贵单位重视这种做法的程度；

②个人期待：对您个人而言，您认为这种做法在贵单位应该得到重视的程度。

请您针对变革发生所在单位的情况和您的个人看法进行描述	实际情况					个人期待				
	完全不符合	基本不符合	不确定	基本符合	完全符合	非常不重要	比较不重要	一般	比较重要	非常重要
1. 上级指导员工工作，帮助员工寻求工作资源	1	2	3	4	5	1	2	3	4	5
2. 同事间团结合作，相互支持	1	2	3	4	5	1	2	3	4	5
3. 上级倾听员工个人问题、帮助员工解决困难	1	2	3	4	5	1	2	3	4	5
4. 允许员工参与决策和发表意见	1	2	3	4	5	1	2	3	4	5
5. 热衷寻求新产品、新服务和开辟新市场	1	2	3	4	5	1	2	3	4	5
6. 致力于寻求外部市场新机遇、敢冒风险	1	2	3	4	5	1	2	3	4	5
7. 经常打破常规、强调创造性	1	2	3	4	5	1	2	3	4	5
8. 投入较多资源开发新技术和新产品	1	2	3	4	5	1	2	3	4	5
9. 制定了大量成文的制度规定和流程	1	2	3	4	5	1	2	3	4	5
10. 经常检查员工工作过程	1	2	3	4	5	1	2	3	4	5
11. 要求员工行动之前请示上级批准	1	2	3	4	5	1	2	3	4	5
12. 严格要求员工遵从流程和规范	1	2	3	4	5	1	2	3	4	5
13. 高度关注利润、效率和产出	1	2	3	4	5	1	2	3	4	5
14. 给员工下达明确的任务目标	1	2	3	4	5	1	2	3	4	5
15. 强调任务目标的实现	1	2	3	4	5	1	2	3	4	5
16. 根据任务重要性分配资源	1	2	3	4	5	1	2	3	4	5

第五部分：个 人 信 息

1. 学历：

□高中及高中以下　□大专　□本科　□硕士　□博士

2. 您的年龄所处阶段是：

□25 岁以下　□25～30 岁　□31～40 岁　□41～50 岁　□50 岁以上

3. 工作年限：

□3 年以下　□3～5 年　□6～10 年　□11～20 年　□20 年以上

4. 您的工作性质属于：

□管理者（有权分配工作及调派人员）□非管理者

5. 你所在单位属于：

□外资企业　□民营企业　□国有企业　□事业单位　□政府部门

6. 最后一个问题，性别：□女　□男

参 考 文 献

[1] 白长虹, 孙旭群. 我国企业变革管理的关键影响因素研究 [J]. 现代管理科学, 2016 (07): 97 - 99.

[2] 陈卫旗, 王重鸣. 人—职务匹配、人—组织匹配对员工工作态度的效应机制研究 [J]. 心理科学, 2007, 30 (4): 979 - 981.

[3] 陈卫旗. 组织于个体的社会化策略对人——组织价值匹配的影响 [J]. 管理世界, 2009, 24 (6): 99 - 110.

[4] 陈昭全, 张志学, Whetten, D. 管理研究中的理论建构 [M]//樊景立, 陈晓萍, 徐淑英, 编. 组织与管理研究的实证方法: 第二版. 北京: 北京大学出版社, 2012: 63 - 95.

[5] 韩雪亮. 组织变革准备研究回顾与整合 [J]. 心理科学, 2016 (05): 1248 - 1255.

[6] 韩翼, 刘竞哲. 个人—组织匹配、组织支持感与离职倾向——工作满意度的中介作用 [J]. 经济管理, 2009, 31 (2): 84 - 91.

[7] 贺小刚, 朱丽娜, 杨婵, 王博霖. 经营困境下的企业变革: "穷则思变"假说检验 [J]. 中国工业经济, 2017 (01): 135 - 154.

[8] 侯杰泰, 温忠麟, 成子娟. 结构方程模型及其应用 [M]. 北京: 教育科学出版社, 2004.

[9] 黄芳铭. 结构方程模式——理论与应用 [M]. 北京: 中国税务出版社, 2005.

[10] 黄燕, 陈维政. 企业组织变革的系统模型探究 [J]. 领导科学, 2013 (26): 41 - 44.

[11] 李超平, 时勘. 优势分析在组织行为学研究中的应用——组织公平与工作倦怠关系的实证研究 [J]. 数理统计与管理, 2005, 24 (6): 24 - 48.

[12] 李茂能. 图解 AMOS 在学术研究中的应用 [M]. 重庆: 重庆大学出版社, 2011.

[13] 廖卉, 庄瑷嘉. 多层次理论模型的建立及研究方法 [M]// 陈晓萍,

徐淑英，樊景立，编．组织与管理研究的实证方法：第二版．北京：北京大学出版社，2012：442－476.

[14] 林忠，郑世林，夏福斌，孟德芳．组织变革中工作压力的形成机理：基于国有企业样本的实证研究［J］．中国软科学，2016（3）：84－95.

[15] 卢纹岱．SPSS for Windows统计分析：第4版［M］．北京：电子工业出版社，2006.

[16] 罗胜强，姜嬿．调节变量和中介变量［M］//陈晓萍，徐淑英，樊景立，编．组织与管理研究的实证方法：第二版．北京：北京大学出版社，2012：419－441.

[17] 罗斯，E.A.社会控制［M］．秦志勇，毛勇政，等译．北京：华夏出版社，1901.

[18] 骆元静，杜旌．组织变革前非正式信息的作用机制［J］．心理科学进展，2016（12）：1819－1828.

[19] 马贵梅，樊耘，于维娜，颜静．员工—组织价值观匹配影响建言行为的机制［J］．管理评论，2015，27（04）：85－98.

[20] 彭坚，王霄．与上司"心有灵犀"会让你的工作更出色吗？——追随原型一致性、工作投入与工作绩效［J］．心理学报，2016，48（9）：1151－1162.

[21] 秦志华，王冬冬，冯云霞．组织变革承诺的提升机制——模型与跨层次检验［J］．科学学与科学技术管理，2015（12）：79－89.

[22] 唐杰，林志扬．工作环境下的员工压力应对研究［J］．应用心理学，2009，15（4）.

[23] 唐杰，林志扬，石冠峰．价值观匹配对员工应对组织变革的影响研究：多个模型的比较［J］．华东经济管理，2012（08）：147－151.

[24] 唐杰．气氛重塑在组织扁平化过程中的作用：原理、框架与应用［J］．商业研究，2012，26（08）.

[25] 唐杰，石冠峰．探析员工应对组织变革的维度结构：综述与理论模型构建［J］．现代管理科学，2012（06）：107－110.

[26] 唐杰．组织变革情境下的员工应对策略研究——内涵、维度、前因与结果［J］．华东经济管理，2010，24（163）：111－114.

[27] 汪潇，杨东涛．个人与组织价值观一致性研究述评与展望［J］．学术界，2014（07）：208－215，312.

[28] 王钦．新工业革命背景下的管理变革：影响、反思和展望［J］．经济

管理，2014（12）：176 - 185.

[29] 王叶飞，谢光荣. 情绪智力、自我领导与大学生压力应对方式的关系：积极情感与自我效能感的中介作用 [J]. 中国临床心理学杂志，2016，24（03）：558 - 560，565.

[30] 王玉峰，蒋枫，刘爱军. 企业组织变革压力下员工的应对策略研究 [J]. 工业技术经济，2014（06）：102 - 110.

[31] 王玉峰，金叶欣. 变革的积极应对、工作投入对员工绩效的影响——技能的调节作用 [J]. 科学学与科学技术管理，2016（04）：158 - 171.

[32] 王震，宋萌. 员工反馈规避行为的形成与后果：基于应对理论的实证研究 [J]. 科研管理，2015，36（5）：127 - 138.

[33] 温忠麟，侯杰泰，马什赫伯特. 结构方程模型检验：拟合指数与卡方准则 [J]. 心理学报，2004，36（2）：186 - 194.

[34] 温忠麟，侯杰泰，张雷. 调节效应与中介效应的比较和应用 [J]. 心理学报，2005，37（2）：268 - 274.

[35] 温忠麟，张雷，侯杰泰，刘红云. 中介效应检验程序及其应用 [J]. 心理学报，2004，36（5）：614 - 620.

[36] 温忠麟，张雷，侯杰泰. 有中介的调节变量和有调节的中介变量 [J]. 心理学报，2006，38（3）：448 - 452.

[37] 吴明隆. 问卷统计分析实务：SPSS 操作与应用 [M]. 重庆：重庆大学出版社，2010.

[38] 奚玉芹，戴昌钧. 人—组织匹配研究综述 [J]. 经济管理，2009，31（8）：180 - 186.

[39] 于丹，董大海，刘瑞明，原永丹. 理性行为理论及其拓展研究的现状与展望 [J]. 心理科学进展，2008，16（5）：796 - 802.

[40] 曾贱吉，欧晓明. 组织变革认知对企业员工工作态度的影响及其作用机制 [J]. 企业经济，2015（04）：97 - 103.

[41] 张海燕，张正堂. 一致性视角解读制度信任对再次合作意愿的影响——多项式回归结合响应面分析法 [J]. 南大商学评论，2017（2）：135 - 156.

[42] 张婕，樊耘，纪晓鹏. 组织变革因素与员工对变革反应关系研究 [J]. 管理评论，2013（11）：53 - 64.

[43] 张文彤，董伟. SPSS 统计分析高级教程 [M]. 北京：高等教育出版社，2013.

［44］ 赵慧娟. 价值观匹配、能力匹配对情感承诺的影响机制研究 ［J］. 经济管理, 2015, 37 (11): 165 - 175.

［45］ 朱晓武, 闫妍. 组织结构与 IT 匹配对绩效影响的实证研究 ［J］. 科技管理研究, 2007, 27 (9): 195 - 198.

［46］ 祝振兵, 曹元坤, 彭坚. 积极追随原型—特质匹配对辱虐管理的影响——基于多项式回归与响应面分析的探索 ［J］. 心理科学, 2017 (6): 1405 - 1411.

［47］ Akin, L. S., West, S. G. Multiple regression: Testing and interpreting iterations ［M］. Newbury Park: Sage, 1991.

［48］ Aldwin, C. M., Revenson, T. A. Does coping help? A reexamination of the relation between coping and mental health ［J］. *Journal of Personality and Social Psychology*, 1987, 53 (2): 337 - 348.

［49］ Alexander, J. W., Randolph, W. A. The Fit between Technology and Structure as a Predictor of Performance in Nursing Subunits ［J］. *Academy of Management Journal*, 1985, 28 (4): 844 - 859.

［50］ Allport, G. W. Attitudes. In C. Murchison (Ed.). A handbook of social psychology ［C］. Worcester, MA: Clark University Press, 1935.

［51］ American Institute of Stress. Stress in the workplace ［R］. 2007.

［52］ Amiot, C. E., Terry, D. J., Jimmieson, N. L., Callan, V. J. A Longitudinal Investigation of Coping Processes During a Merger: Implications for Job Satisfaction and Organizational Identification ［J］. *Journal of Management*, 2006, 32 (4): 552 - 574.

［53］ Amos, E. A., Weathington, B. L. An Analysis of the Relation Between Employee—Organization Value Congruence and Employee Attitudes ［J］. *Journal of Psychology*, 2008, 142 (6): 615 - 632.

［54］ Anderson, C. R. Locus of Control, Coping Behaviors, and Performance in a Stress Setting: A Longitudinal Study ［J］. *Journal of Applied Psychology*, 1977, 62 (4): 446 - 451.

［55］ Anderson, J. C., Gerbing, D. W. Structural equation modeling in practice: A review and recommended two-step approach ［J］. *Psychological Bulletin*, 1988, 103 (3): 411 - 423.

［56］ Armenakis, A. A., Bedeian, A. G. Organizational Change: A Review of Theory and Research in the 1990s ［J］. *Journal of Management*, 1999, 25 (3):

293 – 315.

〔57〕 Armstrong – Stassen, M. , Cameron, S. J. , Mantler, J. , Horsburgh, M. E. The Impact of Hospital Amalgamation on the Job Attitudes of Nurses. 〔J〕. *Canadian Journal of Administrative Sciences*, 2001, 18 (3): 149.

〔58〕 Armstrong – Stassen, M. Coping with Transition: A Study of Layoff Survivors 〔J〕. *Journal of Organizational Behavior*, 1994, 15 (7): 597 – 621.

〔59〕 Armstrong – Stassen, M. Determinants of How Managers Cope with Organisational Downsizing 〔J〕. *Applied Psychology: An International Review*, 2006, 55 (1): 1 – 26.

〔60〕 Ashford, S. J. Individual Strategies for Coping with Stress During Organizational Transitions 〔J〕. *Journal of Applied Behavioral Science*, 1988, 24 (1): 19 – 36.

〔61〕 Aspinwall, L. G. , Taylor, S. E. A Stitch in time: Self-regulation and Proactive Coping 〔J〕. *Psychological Bulletin*, 1997, 121 (3): 417 – 436.

〔62〕 Bagozzi, R. P. , Baumgartner, H. , Youjae, Y. State versus Action Orientation and the Theory of Reasoned Action: An Application to Coupon Usage 〔J〕. *Journal of Consumer Research*, 1992, 18 (4): 505 – 518.

〔63〕 Bagozzi, R. P. , Wong, N. , Abe, S. , Bergami, M. Cultural and Situational Contingencies and the Theory of Reasoned Action: Application to Fast Food Restaurant Consumption 〔J〕. *Journal of Consumer Psychology*, 2000, 9 (2): 97 – 106.

〔64〕 Bagozzi, R. P. , Yi, Y. On the Evaluation of Structural Equation Models 〔J〕. *Journal of Academy of Marketing Science*, 1988, 16 (1): 74 – 94.

〔65〕 Barley, S. R. Semiotics and the Study of Occupational and Organizational Cultures 〔J〕. *Administrative Science Quarterly*, 1988, 28 (3): 393 – 413.

〔66〕 Baron, R. M. , Kenny, D. A. The Moderator-mediator Variable Distinction in Social Psychological Research: Conceptual, strategic, and statistical considerations 〔J〕. *Journal of Personality and Social Psychology*, 1986, 51 (6): 1173 – 1182.

〔67〕 Batra, R. , Homer, P. M. , Kahle, L. R. Values, Susceptibility to Normative Influence, and Attribute Importance Weights: A Nomological Analysis 〔J〕. *Journal of Consumer Psychology*, 2001, 11 (2): 5 – 128.

〔68〕 Bentler, P. M. , Chou, C. P. Practical issues in structural modeling 〔J〕. *Sociological Methods and Research*, 1987, 16 (1): 78 – 117.

〔69〕 Billings, A. G. , Moos, R. H. Coping, Stress, and Social Resources Among

Adults with Unipolar Depression ［J］. *Journal of Personality and Social Psychology*, 1984, 46（4）: 877 – 891.

［70］ Block, J. The Q-sort Method in Personality Assessment and Psychiatric Research ［M］. Palo Alto, CA: Consulting Psychologists Press, 1978.

［71］ Bolger, N. Coping as a personality process: A Prospective Study ［J］. *Journal of Personality and Social Psychology*, 1990, 59（3）: 525 – 537.

［72］ Bolger N, Zuckerman A. A Framework for Studying Personality in the Stress Process ［J］. *Journal of Personality and Social Psychology*, 1995, 69（5）: 890.

［73］ Boomsma, A. The Robustness of LISTEL Against Small Sample Sizes in Factor Analysis Models. In H. Wold, K. Joreskog（Eds.）. Systems under Indirect Observation ［C］. New York: Elservier North – Holland, 1982: 149 – 173.

［74］ Bray, D. W. Personnel-centered Organizational Diagnosis. In A. Howard. （Ed.）. Diagnosis for Organizational Change ［C］. New York: Guilford Press, 1994: 152 – 171.

［75］ Bridges, M. The End of the Job ［J］. *Fortune*, 1994: 62 – 74.

［76］ Briscoe, J. P. , Henagan, S. C. , Burton, J. P. , Murphy, W. M. Coping with an Insecure Employment Environment: The Differing Roles of Protean and Boundaryless Career Orientations ［J］. *Journal of Vocational Behavior*, 2012, 80（2）: 308 – 316.

［77］ Brislin, R. W. , Lonner, W. J. , Thomdike, R. M. Cross-cultural Research Methods ［M］. New York: Wiley, 1973.

［78］ Brough, P. , O'Driscoll, M. , Kalliath, T. Confirmatory Factor Analysis of the Cybernetic Coping Scale ［J］. *Journal of Occupational and Organizational Psychology*, 2005, 78（1）: 53 – 61.

［79］ Budescu, D. V. Dominance Analysis: A new approach to the Problem of Relative Importance of Predictors in Multiple Regression ［J］. *Psychological Bulletin*, 1993, 114（3）: 542 – 551.

［80］ Cable, D. M. , Edwards, J. R. Complementary and Supplementary Fit: A Theoretical and Empirical Integration ［J］. *Journal of Applied Psychology*, 2004, 89（5）: 822 – 834.

［81］ Cable, D. M. , Judge, T. A. Interviews' Perceptions of Person-organization Fit and Organizational Selection Decisions ［J］. *Journal of Applied Psychology*, 1997, 82（4）: 546 – 561.

［82］ Cable, D. M. , Judge, T. A. Person – Organization Fit, Job Choice Decisions, and Organizational Entry ［J］. *Organizational Behavior Human Decision Processes*, 1996, 67 (3): 294 –311.

［83］ Cable, D. M. , Parsons, C. K. Socialization Tactics and Person-organization Fit ［J］. *Personnel Psychology*, 2002, 54 (1): 1 –23.

［84］ Caldwell, D. , Chatman, J. , O'Reilly, C. Building Organizational Commitment: A Multi-firm Study ［J］. *Journal of Occupational Psychology*, 1990, 63 (1): 245 –261.

［85］ Caplan, R. D. Person-environment Fit Theory: Commensurate Dimensions, Time Perspectives and Mechanisms ［J］. *Journal of Vocational Behavior*, 1987, 31 (2): 248 –267.

［86］ Carter M. Z. , Armenakis A A, Feild H S, et al. Transformational Leadership, Relationship Quality and Employee Performance During Continuous Incremental Organizational Change ［J］. *Journal of Organizational Behavior*, 2013, 34 (7): 942 –958.

［87］ Cartwright, S. , Panchal, S. The Stressful Effects of Mergers and Acquisitions. In J. Dunham (Ed.), Stress inthe Workplace: Past, Present and Future ［M］. London: Whurr, 2001: 67 –89.

［88］ Carver, C. S. , Scheier, M. F. , Weintraub, J. K. Assessing coping strategies: A theoretically based approach ［J］. *Journal of Personality and Social Psychology*, 1989, 56 (2): 267 –283.

［89］ Carver, C. S. You Want to Measure Coping but Your Protocol's Too Long: Consider the Brief COPE ［J］. International Journal of Behavioral Medicine, 1997, 4 (1): 92.

［90］ Chatman, J. A. Matching people and organizations: Selection and socialization in public accounting firms ［J］. *Administrative Science Quarterly*, 1991, 36 (4): 459 –484.

［91］ Chen, Z. X. , Aryee, S. , Lee, C. Test of a Mediation Model of Perceived Organizational Support ［J］. *Journal of Vocational Behavior*, 2005, 66 (3): 457 – 470.

［92］ Cheng, C. , Lau, H. – P. B. , Chan, M. – P. S. Coping Flexibility and Psychological Adjustment to Stressful Life Changes: A Meta-analytic Review ［J］. *Psychological bulletin*, 2014, 140 (6): 1582.

［93］Cheng, T. , Mauno, S. , Lee, C. The Buffering Effect of Coping Strategies in the Relationship Between Job Insecurity and Employee Well-being ［J］. *Economic and Industrial Democracy*, 2014, 35 (1): 71 – 94.

［94］Churchill, G. A. A Paradigm for Developing Better Measures of Marketing Constructs ［J］. *Journal of Marketing Research*, 1979, 16 (1): 64 – 73.

［95］Cialdini, R. B. , Petty, R. E. , Cacioppo, J. T. Attitude and Attitude Change ［J］. *Annual Review of Psychology*, 1981, 32: 357 – 404.

［96］Cohen, J. , Cohen, P. , West, S. G. , Aiken, L. S. Applied Multiple Regression/Correlation Analysis for the Behavioral Sciences. The Third edition ［M］. Mahwah, NJ: Lawrence Erlbaum Associates, Inc, 2003.

［97］Cohen, S. , Wills, T. A. Stress, Social Support, and Buffering Hypothesis ［J］. *Psychological Bulletin*, 1985, 98 (2): 310 – 357.

［98］Conner, D. R. , Patterson, R. W. Building Commitment to Oganizational Change ［J］. *Training and Development Journal*, 1982, 2 (1): 18 – 30.

［99］Conner, D. R. Managing at the Speed of Change: How Resilient Managers Succeed and Prosper Where Others Fail ［M］. New York: Villard Books, 1992.

［100］Connor – Smith, J. K. , Flachsbart, C. Relations between Personality and Coping: A Meta-analysis ［J］. *Journal of Personality and Social Psychology*, 2007, 93 (6): 1080 – 1107.

［101］Coyne, J. C. , Aldwin, C. , Lazarus, R. S. Depression and Coping in Stressful Episodes ［J］. *Journal of Abnormal Psychology*, 1981, 90 (5): 439 – 447.

［102］Cronbach L J. The Two Disciplines of Scientific Psychology ［J］. *American Psychologist*, 1957, 12 (11): 671.

［103］Daniels, K. , Beesley, N. , Cheyne, A. , Wimalasiri, V. Coping Processes Linking the Demands-control-support Model, Affect and Risky Decisions at Work ［J］. *Human Relations*, 2008, 61 (6): 845 – 874.

［104］Daniels, K. , Harris, C. A Daily Diary Study of Coping in the Context of the Job Demands-control-support Model ［J］. *Journal of Vocational Behavior*, 2005, 66 (2): 219 – 237.

［105］Dansereau, F. , Yammarino, F. J. Within and between Analysis: The Varient Paradigm as an Underlying Approach to Theory Building and Testing. In K. J. Klein, S. W. J. Kozlowski (Eds.), Multilevel Theory, Research, and Methods in Organizations: Foundations, Extensions, and New Directions ［M］. San Francisco:

Jossey – Bass, 2000: 425 – 466.

[106] Darlington, R. B. Multiple Regression in Psychological Research and Practice [J]. *Psychological Bulletin*, 1968, 79 (3): 161 – 182.

[107] De Ridder, D. What is Wrong with Coping Assessment? A Review of Conceptual and Methodological Issues [J]. *Psychology Health*, 1997, 12 (3): 417 – 431.

[108] DeShon R P, Kozlowski S W J, Schmidt A M, et al. A Multiple – Goal, Multilevel Model of Feedback Effects on the Regulation of Individual and Team Performance [J]. *Journal of Applied Psychology*, 2004, 89 (6): 1035 – 1056.

[109] Dewe, P., Alvin, N. H. Exploring the Relationship between Primary Appraisal and Coping a Work Setting [J]. *Journal of Social Behavior Personality*, 1999, 14 (3): 397 – 418.

[110] Dewe, P. J. Identifying Strategies Nurses to Cope with Work Stress [J]. *Journal of Advanced Nursing*, 1987, 12 (4): 489 – 497.

[111] Dewe P, Cox T, Ferguson E. Individual Strategies for Coping with Stress at Work: A Review [J]. *Work & Stress*, 1993, 7 (1): 5 – 15.

[112] Douglas, S. C., Kiewitz, C., Martinko, M. J., Kim, Y., Chun, J. U., Harvey, P. Cognitions, Emotions, and Evaluations: An Elaboration Likelihood Model for Workplace Aggression [J]. *Academy of Management Review*, 2008, 33 (2): 425 – 451.

[113] Douglas, S. C., Martinko, M. J. Exploring the Role of Individual Differences in the Prediction of Workplace Aggression [J]. *Journal of Applied Psychology*, 2001, (4): 547 – 559.

[114] Dunican, B., Keaster, R. Acceptance of Change: Exploring the Relationship among Psychometric Constructs and Employee Resistance [J]. *International Journal of the Academic Business World*, 2015, 9 (2): 27 – 38.

[115] Dunphy, D. C., Stace, D. A. Under New Management: Australian Organisations in Transition [M]. Sydney: McGraw – Hill, 1990.

[116] Edwards, J. R., Cable, D. M. The Value of Value Congruence [J]. *Journal of Applied Psychology*, 2009, 94 (3): 654 – 677.

[117] Edwards, J. R., Parry, M. E. On the Use of Polynomial Regression Equations as an Alternative to Difference Scores in Organizational Research [J]. *Academy of Management Journal*, 1993, 36 (6): 1577 – 1613.

［118］Edwards, J. R. A Cybernetic Theory of Stress, Coping, and Well-being in Organizations ［J］. *Academy of Management Review*, 1992, 17 (2): 238 – 274.

［119］Ekehammar, B. Interactionism in Personality from a Historical Perspective ［J］. *Psychological Bulletin*, 1974, 81 (12): 1026 – 1048.

［120］Endler, N. S. , Magnussen, D. Interactional Psychology and Personality ［M］. Washington, DC: Hemisphere, 1976.

［121］Erdem, H. , Turen, U. , Gokmen, Y. , Tuz, O. Perceived Organizational Support, Stress Coping Behaviors and Mediating Role of Psychological Capital: Special Education and Rehabilitation Centers ［J］. *Scientific Annals of Economics and Business*, 2017, 64 (3): 359 – 377.

［122］Erdogan, B. , Kraimer, M. L. , Liden, R. C. Work Value Congruence and Intrinsic Career Success ［J］. *Personnel Psychology*, 2004, 57 (2): 305 – 332.

［123］Erwin, D. G. , Garman, A. N. Resistance to Organizational Change: Linking Research and Practice ［J］. *Leadership & Organization Development Journal*, 2010, 31 (1): 39 – 56.

［124］Etzioni, A. Mixed-scanning: A "Third" Approach to Decision-making ［J］. *Public Administration Review*, 1967, 27 (5): 385 – 392.

［125］Farh, J. , Earley, P. C. , Lin, S. Impetus for Action: A Cultural Analysis of Justice and Organizational Citizenship Behavior in Chinese Society ［J］. *Administrative Science Quarterly*, 1997, 42 (3): 421 – 444.

［126］Feldman D C, Tompson H B. Expatriation, Repatriation, and Domestic Geographical Relocation: An Empirical Investigation of Adjustment to New Job Assignments ［J］. *Journal of International Business Studies*, 1993, 24 (3): 507 – 529.

［127］Fishbein, M. , Ajzen, I. Belief, Attitude, Intention, Behavior ［M］. Reading, MA: Addision – Wesley, 1975.

［128］Folkman, S. , Lazarus, R. , Dunkel – Schetter, C. , De Longis, A. , Gruen, R. Dynamics of a Stressful Encounter: Cognitive Appraisal, Coping, and Encounter Outcomes ［J］. *Journal of Personality and Social Psychology*, 1986, 48 (2): 150 – 170.

［129］Folkman, S. , Lazarus, R. S. An Analysis of Coping in a Middleaged Community Sample ［J］. *Journal of Health and Social Behavior*, 1980, 21 (2): 219 – 239.

［130］Folkman, S. , Lazarus, R. S. If It Changes It Must Be a Process: Study of Emotion and Coping During Three Stages of a College Examination [J]. *Journal of Personality and Social Psychology*, 1985, 48 (1): 150 – 170.

[131] Folkman, S. Personal Control and Stress and Coping Processes: A Theoretical Analysis [J]. *Journal of Personality and Social Psychology*, 1984, 46 (4): 839 – 852.

[132] Fornell, C., Larcker, D. F. Evaluating Structural Equation Models with Unobservable Variables and Measurement Error [J]. *Journal of Marketing Research*, 1981, 18 (1): 39 – 50.

[133] French, J. J., Caplan, R. D., Harrison, R. V. The Mechanisms of Job Stress and Strain [M]. London: Wiley, 1982.

[134] Fugate, M., Harrison, S., Kinicki, A. J. Thoughts and Feelings About Organizational Change a Field Test of Appraisal Theory [J]. *Journal of Leadership & Organizational Studies*, 2011, 18 (4): 421 – 437.

[135] Fugate, M., Kinicki, A. J., Prussia, G. E. Employee Coping with Organizational Change: An Examination of Alternative Theoretical Perspective and Models [J]. *Personnel Psychology*, 2008, 61 (1): 1 – 36.

[136] Fugate, M., Kinicki, A. J., Scheck, C. L. Coping with an Organizational Merger over Four Stages [J]. Personnel Psychology, 2002, 55 (4): 905 – 928.

[137] Fugate, M., Soenen, G. Predictors and Processes Related to Employees' Change-elated Compliance and Championing [J]. *Personnel Psychology*, 2018, 71 (1): 109 – 132.

[138] Ganster, D. C., Hennessey, H. W., Luthans, F. Social Desirability Response Effects: Three Alternative Models [J]. *Academy of Management Journal*, 1983, 26 (2): 321 – 331.

[139] George, B. C. The Relationships among Commitment to Change, Coping with Change, and Turnover Intentions [J]. *European Journal of Work and Organizational Psychology*, 2006, 15 (1): 29.

[140] Gilbert D T, Osborne R E. Thinking Backward: Some Curable and Incurable Consequences of Cognitive Busyness [J]. *Journal of Personality and Social Psychology*, 1989, 57 (6): 940.

[141] Glick, W. G., Huber, G. P., Miller, C. C., Harold, D., Sutcliffe, K. M. Studying Changes in Organizational Design and Effectiveness: Retrospective

Event Histories and Periodic Assessments. In Huber, G. P. , Van de Ven, A. H. (Eds.). Longitudinal Field Research Methods: Studying Processes of Organizational Change [M]. Thousand Oaks, CA: Sage, 1995: 126 – 154.

[142] Gorsuch, R. L. Factor Analysis. 2nd Edition Edition [M]. Hillsdale, NJ: Erlbaum Associates, 1983.

[143] Gowan, M. A. , Riordan, C. M. , Gatewood, R. D. Test of a Model of Coping with Involuntary Job Loss Following a Company Closing [J]. *Journal of Applied Psychology*, 1999, 84 (1): 75 – 86.

[144] Greenwood, R. , Hinings, C. R. Understanding Radical Organizational Change: Bringing Together the Old and the New Institutional [J]. *Academy of Management Review*, 1996, 21 (4): 1022 – 1054.

[145] Gregory, B. T. , Harris, S. G. , Armenakis, A. A. , Shook, C. L. Organizational Culture and Effectiveness: A Study of Values, Attitudes, and Organizational Outcomes [J]. *Journal of Business Research*, 2009, 62 (7): 673 –679.

[146] Gretchen M Spreitzer, A. K. M. To Stay or to Go: Voluntary Survivor Turnover Following an Organizational Downsizing [J]. *Journal of Organizational Behavior*, 2002, 23 (6): 707 –729.

[147] Griffin, A. E. C. , Colella, A. , Goparaju, S. Newcomer and Organizational Socialization Tactics: An Interactionist Perspective [J]. *Human Resource Management Review*, 2000, 10 (4): 453 –474.

[148] Hair, J. , Anderson, R. , Tatham, R. , Black, W. Multivariate Data Analysis. 5th Edition [M]. Englewood Cliffs, NJ: Prentice Hall, 1998.

[149] Hambrick, D. C. , Mason, P. A. Upper Echelons: The Organization as a Reflection of Its Top Managers [J]. *Academy of Management Review*, 1984, 9 (2): 193 – 206.

[150] Harry, T. R. , Charles, M. J. Handbook of Research Methods in Social and Personality Psychology [M]. Cambridge: Cambridge University Press, 2000.

[151] Hatch, M. J. The Dynamics of Organizational Culture [J]. *Academy of Management Review*, 1993, 18 (4): 657 –693.

[152] Herman, J. L. , Tetrick, L. E. Problem-focused Versus Emotion-focused Coping Strategies and Repatriation Adjustment [J]. *Human Resource Management*, 2009, 48 (1): 69 –88.

[153] Herscovitch, L. , Meyer, J. P. Commitment to Organizational Change:

Extension of a Three-component Model [J]. *Journal of Applied Psychology*, 2002, 87 (3): 474 – 487.

[154] Herscovitch, L. Commitment to Organizational Change: Extension and Evaluation of a Three-component Model. Doctoral Dissertation [D]. The University of Western Ontario, London, Ontario, 1999.

[155] Hicks, R. E., Knies, E. – M. Psycholgical Capital, Adaptbility, Coping with Change, and Employee Engagement in a Multinational Company [J]. *Journal of International Business Disciplines*, 2015, 10 (2).

[156] Hill N S, Seo M G, Kang J H, et al. Building Employee Commitment to Change Across Organizational Levels: The Influence of Hierarchical Distance and Direct Managers' Transformational Leadership [J]. *Organization Science*, 2012, 23 (3): 758 – 777.

[157] Hitlin, S. Values as the Core of Personal Identity: Drawing Links between Two Theories of Self [J]. *Social Psychology Quarterly*, 2003, 66 (2): 118 – 137.

[158] Hollinger, R. C., Clark, J. P. Formal and Informal Social Controls of Employee Deviance [J]. *Sociological Quarterly*, 1982, 23 (3): 333 – 343.

[159] HOLMES, T. H., RAHE, R. H. The Social Readjustment Rating Scale [J]. *Journal of Psychosomatic Research*, 1967, 11 (2): 213 – 218.

[160] Holten, A. – L., & Brenner, S. O. Leadership Style and the Process of Organizational Change [J]. *Leadership & Organization Development Journal*, 2015, 36 (1): 2 – 16.

[161] Howard, A. (Ed.). The Changing Nature of Work [C]. San Francisco: Jossey – Bass, 1995.

[162] Ilfeld, F. W. Coping Styles of Chicago Adults: Description [J]. *Journal of Human Stress*, 1980, 6 (2): 2 – 10.

[163] Irving, P. G., Coleman, D. F., Cooper, C. L. Further Assessments of a Three-component Model of Occupational Commitment: Generalizability and Differences Across Occupations [J]. *Journal of Applied Psychology*, 1997, 82 (2): 444 – 452.

[164] James, L. R. & Williams, L. J. The Cross-level Operator in Regression, ANCOVA, and Contextual Analysis. In K. J. Klein, S. W. J. Kozlowski (Eds.), Multilevel Theory, Research, and Methods in Organizations: Foundations, Extensio, and New Directions [M]. San Francisco: Jossey – Bass, 2000.

[165] James, L. R., Brett, J. M. Mediators, Moderators and Tests for Media-

tion [J]. *Journal of Applied Psychology*, 1984, 69 (2): 307 – 321.

[166] Jehn, K. A. , Chadwick, C. , Thatcher, S. M. B. To Agree or not to Agree: The Effects of Value Congruence, Individual Demographic Dissimilarity, and Conflict on Workgroup Outcomes [J]. *International Journal of Conflict Management*, 1997, 8 (4): 287 – 305.

[167] Johns, G. Difference Score Measures of Organizational Behavior Variables: A Critique [J]. *Organizational Behavior and Human Performance*, 1981, 27 (3): 443 – 463.

[168] Johnson, J. W. A Heuristic Method for Estimating the Relative Weight of Predictor Variables in Multiple Regression [J]. *Multivariate Behavioral Research*, 2000, 35 (1): 1 – 19.

[169] Joudrey, A. D. , Wallace, J. E. Leisure as a Coping Resource: A Test of the Job Demand-control-support Model [J]. *Human Relations*, 2009, 62 (2): 195 – 217.

[170] Judge, T. A. , Thoresen, C. J. , Pucik, V. , Welbourne, T. M. Managerial Coping with Organizational Change: A Dispositional Perspective [J]. *Journal of Applied Psychology*, 1999, 84 (1): 107 – 122.

[171] Jung, D. I. , Avolio, B. J. Effects of Leadership Style and Followers' Cultural Orientation on Performance in Group and Individual Task Conditions [J]. *Academy of Management Journal*, 1999, 42 (2): 208 – 218.

[172] Kalliath, T. J. , Bluedorn, A. C. , Strube, M. J. A Test of Value Congruence Effects [J]. *Journal of Organizational Behavior*, 1999, 20 (7): 1175 – 1198.

[173] Kammeyer – Mueller, J. D. , Judge, T. A. , Scott, B. A. The Role of Core Self – Evaluations in the Coping Process [J]. *Journal of Applied Psychology*, 2009, 94 (1): 177 – 195.

[174] Kashima, Y. , Kim, U. , Gelfand, M. J. , Yamaguchi, S. , Sang – Chin, C. , Yuki, M. Culture, Gender, and Self: A Perspective from Individualism – Collectivism Research [J]. *Journal of Personality Social Psychology*, 1995, 69 (5): 925 – 937.

[175] Keon, T. , Latack, J. , Wanous, J. Image Congruence and the Treatment of Difference Scores in Organizational Choice Research [J]. *Human Relations*, 1982, 35 (2): 155 – 165.

［176］Kilmann, R. , Saxton, M. , Serpa, R. Gaining Control of the Corporate Culture ［M］. San Francisco: Jossey – Bass. 1986.

［177］Kim, T. G. , Hornung, S. , Rousseau, D. M. Change-supportive Employee Behavior: Antecedents and the Moderating Role of Time ［J］. *Journal of Management*, 2011, 37（6）: 1664 – 1693.

［178］Kinicki, A. J. , Latack, J. C. Explication of the Construct of Coping with Involuntary Job Loss ［J］. *Journal of Vocational Behavior*, 1990, 36（3）: 339 – 360.

［179］Kinicki, A. J. , Prussia, G. E. , McKee – Ryan, F. M. A Panel Study of Coping with Involuntary Job Loss ［J］. *Academy of Management Journal*, 2000, 43（1）: 90 – 100.

［180］Klein, K. J. , Dansereau, F. , Hall, R. J. Levels Issues in Theory Development, Data Collection, and Analysis ［J］. *Academy of Management Review*, 1994, 19（2）: 195 – 229.

［181］Kline, R. B. Principles and Practice of Structural Equation Modeling ［M］. New York: The Guilford Press, 1998.

［182］Kluckhohn, C. Values and Value-orientations in the Theory of Action: An Exploration in Definition and Classification. In Parsons, T. , Shils, E. （Eds. ）. Toward a General Theory of Action ［M］. Cambridge, MA: Harvard University Press, 1951.

［183］Kohler, J. M. , Munz, D. C. , Grawitch, M. J. Test of a Dynamic Stress Model for Organisational Change: Do Males and Females Require Different Models? ［J］. *Applied Psychology: An International Review*, 2006, 55（2）: 168 – 191.

［184］Kohn, M. , Schooler, C. The Reciprocal Effects of the Substantive Complexity of Work and Intellectual Flexibility: A Longitudinal Assessment ［J］. *American Journal of Sociology*, 1978, 84（1）: 24 – 52.

［185］Konovsky, M. A. , Pugh, S. D. Citizenship Behavior and Social Exchange ［J］. *Academy of Management Journal*, 1994, 37（3）: 656 – 669.

［186］Kozlowski, S. W. J. , Klein, K. J. A Multilevel Approach to Theory and Research in Organizations: Contextual, Temporal, and Emergent Processes. In K. J. Klein, S. W. J. Kozlowski （Eds. ）, Multilevel Theory, Research, and Methods in Organizations: Foundations, Extenions, and New Directions ［M］. San Francisco: Jossey – Bass.

［187］Krause, D. E. Influence-based Leadership as a Determinant of the Inclination to Innovate and of Innovation-related Behaviors: An Empirical Investigation [J]. *Leadership Quarterly*, 2004, (1): 79 – 102.

[188] Kristof, A. L. Person-organization Fit: An Integrative Review of its Conceptualizations, Measurement, and Implications [J]. *Personnel Psychology*, 1996, 49 (1): 1 – 49.

[189] Kristof – Brown, A. L., Zimmerman, R. D., Johnson, E. C. Consequences of Individual's Fit at Work: A Meta-analysis of Person-job, Person-organization, Person-group, and Person-supervisor Fit [J]. *Personnel Psychology*, 2005, 58 (2): 281 – 342.

[190] Kruglanski, A. W., Pierro, A., Higgins, E. T., Capozza, D. "On the Move" or "Staying Put": Locomotion, Need for Closure, and Reactions to Organizational Change [J]. *Journal of Applied Social Psychology*, 2007, 37 (6): 1305 – 1340.

[191] Latack, J. C., Havlovic, S. J. Coping with Job Stress: A Conceptual Evaluation Framework for Coping Measures [J]. *Journal of Organizational Behavior*, 1992, 13 (5): 479 – 508.

[192] Latack, J. C., Kinicki, A. J., Prussia, G. E. An Integrative Process Model of Coping With Job Loss [J]. *Academy of Management Review*, 1995, 20 (2): 311 – 342.

[193] Latack, J. C. Coping with Job Stress: Measures and Future Directions for Scale Development [J]. *Journal of Applied Psychology*, 1986, 71 (3): 377 – 385.

[194] Lau, C., Tse, D. K., Zhou, N. Institutional Forces and Organizational Culture in China: Effects on Change Schemas, Firm Commitment and Job Satisfaction [J]. *Journal of International Business Studies*, 2002, 33 (3): 533 – 550.

[195] Lau, C., Woodman, R. W. Understanding Organizational Change: A Schematic Perspective [J]. *Academy of Management Journal*, 1995, 38 (2): 537 – 554.

[196] Lazarus, R., Folkman, S. Stress, appraisal, and coping [M]. New York: Springer, 1984.

[197] Lazarus, R. S. Cognition and Motivation in Emotion [J]. *American Psychologist*, 1991, 46 (4): 352 – 367.

[198] Lazarus RS. Relational Meaning and Discrete Emotions. In Scherer K, Schoor A, Johnstone T (Eds.), Appraisal Processes in Emotion: Theory Methods, Research, London: Oxford University Press, 2001: pp. 37 – 67.

［199］ Lee, C. , Green, R. T. Cross-cultural Examination of the Fishbein Behavioral Intentions Model ［J］. *Journal of International Business Studies*, 1991, 22 （2）: 289 – 305.

［200］ Leiter, M. P. Coping Patterns as Predictors of Burnout: The Function of Control and Escapist Coping Patterns ［J］. *Journal of Organizational Behavior*, 1991, 12 （2）: 123 – 144.

［201］ Levy, A. Second-order Planned Change: Definition and Conceptualization ［J］. *Organizational Dynamics*, 1986, 15 （1）: 5 – 20.

［202］ Lewin, J. E. , & Sager, J. K. The Influence of Personal Characteristics and Coping Strategies on Salespersons' Turnover Intentions. *Journal of Personal Selling & Sales Management*, 2010, 30 （4）: 355 – 370.

［203］ Lewin, K. A Dynamic Theory of Personality ［M］. New York, US: McGraw – Hill, 1935.

［204］ Liu, Y. , Perrewé, P. L. Another Look at the Role of Emotion in the Organizational Change: A Process Model ［J］. *Human Resource Management Review*, 2005, 15 （4）: 263 – 280.

［205］ Locke, E. A. The Nature and Causes of Job Satisfaction. In Dunnette, M. D. , HoughEds, L. M. （Eds. ）. Handbook of industrial and organizational psychology ［M］. Palo Alto, CA: Consulting Psychologists Press, 1976: 1319 – 1328.

［206］ Long, B. C. Relation between Coping Strategies, Sex-typed Traits, and Environmental Characteristics: A Comparison of Male and Female Managers ［J］. *Journal of Counseling Psychology*, 1990, 37 （2）: 185 – 194.

［207］ Lord, F. The Utilization of Unreliable Difference Score ［J］. *Journal of Educational Psychology*, 1958, 49 （3）: 150 – 152.

［208］ Lowe, R. , Bennett, P. Exploring Coping Reactions to Work-stress: Application of an Appraisal Theory ［J］. *Journal of Occupational and Organizational Psychology*, 2003, 76 （3）: 393 – 400.

［209］ MacCallum, R. C. , Brown, M. W. , Sugawara, H. M. Power Analysisi and Determination of Sample Size for Covariance Structure Modeling ［J］. *Psychological Method*, 1996, 1 （2）: 130 – 149.

［210］ Marlowe, D. , Crowne, D. P. Social Desirability and Response to Perceived Situational Demands ［J］. *Journal of Consulting Psychology*, 1961, 25 （2）: 109 – 115.

［211］ Martinko, M. J. , Gundlach, M. J. , Douglas, S. C. Toward and Integrative Theory of Counterproductive Workplace Behavior: A Casual Reasoning Perspective ［J］. *International Journal of Selection and Assessment*, 2002, 10 (1/2): 36 – 50.

［212］ Masuda, T. , Nisbett, R. E. Attending Holistically Versus Analytically: Comparing the Context Sensitivity of Japanese and Americans ［J］. *Journal of Personality and Social Psychology*, 2001, 81 (5): 922 – 934.

［213］ McCulloch, M. C. , Turban, D. B. Using Person – Organization Fit to Select Employees for High – Turnover Jobs ［J］. *International Journal of Selection Assessment*, 2007, 15 (1): 63 – 71.

［214］ Meglino, B. M. , Ravlin, E. C. , Adkins, C. L. A Work Values Approach to Corporate Culture: A Field Test of the Value Congruence Process and Its Relationship to Individual Outcomes ［J］. *Journal of Applied Psychology*, 1989, 74 (3): 424 – 432.

［215］ Meglino, B. M. , Ravlin, E. C. Individual Values in Organizations: Concepts, Controversies, and Research ［J］. *Journal of Management*, 1998, 24 (2): 351 – 389.

［216］ Meyer, A. D. , Tsui, A. S. , Hinings, C. R. Configurational Approaches to Organizational Analysis ［J］. *Academy of Management Journal*, 1993, 36 (6): 1175 – 1195.

［217］ Meyer, J. P. , Allen, N. J. A Three-component Conceptualization of Organizational Commitment ［J］. *Human Resource Management Review*, 1991, 1 (1): 61 – 89.

［218］ Meyer, J. P. , Allen, N. J. Commitment in the Workplace: Theory Research, and Application ［M］. Thousand Oaks, CA: Sage, 1997.

［219］ Meyer, J. P. , Herscovitch, L. Commitment in the Workplace: Toward a General Model ［J］. *Human Resource Management Review*, 2001, 11 (2): 299 – 326.

［220］ Meyer, J. P. , Topolnytsky, L. Commitment in a Changing World of Work ［J］. *Canadian Psychology*, 1998, 39 (1/2): 83 – 93.

［221］ Meyer, J. W. , Rowan, B. Institutionalized Organizations: Formal Structure as Myth and Ceremony ［J］. *American Journal of Sociology*, 1977, 83 (2): 340 – 363.

［222］ Michel A. The Mutual Constitution of Persons and Organizations: An Ontological Perspective on Organizational Change [J]. *Organization Science*, 2014, 25 (4): 1082 – 1110.

[223] Mikkelsen A, Ogaard T, Lovrich N. Modeling the Effects of Organizational Setting and Individual Coping Style on Employees Subjective Health, Job Satisfaction and Commitment [J]. *Public Administration Quarterly*, 2000: 371 – 397.

[224] Miller, D. Successful change leaders: What makes them? What do they do that is different? [J]. *Journal of Change Management*, 2002, 2 (4): 359 – 368.

[225] Miner. Idiosyncratic Jobs in Formal Organizations [J]. *Administrative Science Quarterly*, 1987, 32 (3): 327 – 351.

[226] Mirvis, P. H. Organization Development: Part 1 – An Evolutionary Perspective. In Passmore, W. A. , Woodmen, R. W. (Eds.). Research in Organization Change and Development [M]. Greenwich, CT: JAI Press, 1988: 1 – 57.

[227] Mishra, A. K. , Spreitzer, G. M. Explaining How Survivors Respond to Downsizing: The Role of Trust, Empowerment, Justice, and Work Redesign [J]. *Academy of Management Review*, 1998, 23 (3): 567.

[228] Muhonen, T. , Torkelson, E. Collective and Individualistic Coping with Stress at Work [J]. *Psychological Reports*, 2008, 102 (2): 450 – 458.

[229] Mullen, C. A. , Rodríguez, M. A. , Allen, T. G. Coping with Organizational Aging: Renewal Through Institutional Diversity and Collaborative Learning [J]. *Journal of Organizational Theory in Education*, 2017, 2 (1): 1 – 17.

[230] Murray, H. A. Explorations in personality [M]. Oxford, England: Oxford Univ. Press, 1938.

[231] Muthén B O. Multilevel Covariance Structure Analysis [J]. *Sociological Methods & Research*, 1994, 22 (3): 376 – 398.

[232] Nadler, D. A. , Tushman, M. L. Organizational Frame Bending: Principles for Managing Reorientation [J]. *Academy of Management Executive*, 1989, 3 (3): 194 – 204.

[233] Noblet, A. , Rodwell, J. , McWilliams, J. Organizational Change in the Public Sector: Augmenting the Demand Control Model to Predict Employee Outcomes under New Public Management [J]. *Work Stress*, 2006, 20 (4): 335 – 352.

[234] Nunnally, J. C. Psychometric Theory [M]. New York: McGraw – Hill, 1978.

[235] Oreg, S. , Berson, Y. Leadership and Employees' reactions to Change:

The Role of Leader' personal Attributes and Transformational Leadership Style [J]. *Personnel psychology*, 2011, 64 (3): 627 –659.

[236] Oreg, S., Vakola, M., Armenakis, A. Change Recipients' Reactions to Organizational Change: A 60 – year Review of Quantitative Studies [J]. *The Journal of Applied Behavioral Science*, 2011, 47 (4): 461 –524.

[237] Oreg, S. Resistance to Change and Performance: Toward a More Even – Handed View of Dispositional Resistance [J]. *The Journal of Applied Behavioral Science*, 2018, 54 (1): 88 –107.

[238] O'Reilly, C. A., Chatman, J., Caldwell, D. F. People and Organizational Culture: A Profile Comparison Approach to Assessing Person – Organization Fit [J]. *Academy of Management Journal*, 1991, 34 (3): 487 –516.

[239] Orth, M. S. Factors Related Resistance and Support of Organizational Change. Doctoral Dissertation [D]. Fort Collins, Colorado: Colorado State University, 2002.

[240] Ostroff, C., Yuhyung, S., Kinicki, A. J. Multiple Perspectives of Congruence: Relationships between Value Congruence and Employee Attitudes [J]. *Journal of Organizational Behavior*, 2005, 26 (6): 591 –623.

[241] Ouchi, W., Wikins, A. Organizational Culture. In Turner, R. (Ed.). Annual Review of Sociology [M]. *Palo Alto, CA: Annual Reviews*, 1985, 11: 457 – 483.

[242] Park, H. S. Relationships Among Attitude and Subjective Norms: Testing the Theory of Reasoned Action Across Cultures [J]. *Communication Studies*, 2000, 51 (2): 162 –175.

[243] Parsons, F. Choosing a vocation [M]. Boston, MA, US: Houghton, Mifflin and Company, 1909.

[244] Paulhus, D. L. Measurement and Control of Response Bias. In Robinson, J. P. Shaver, P. R. (Eds.). Measures of personality and social psychological attitude [M]. New York: Academic Press, 1991.

[245] Paulhus, D. L. Social Desirable Responding: The Evolution of a Construct. In Braun, H., Wiley, D. E., Jackson, D. N. (Eds.). Personality and intellect, validity and values: Cross-cutting themes [M]. New York: Guilford, 1999.

[246] Pearlin, L. I., Schooler, C. The Structure of Coping [J]. *Journal of Health and Social Behavior*, 1978, 19 (1): 2 –21.

［247］ Pervin, L. A. Performance and Satification as a Function of Individual-environment Fit ［J］. *Psychological Bulletin*, 1968, 69 (1): 56 – 68.

［248］ Petrou, P., Demerouti, E., Schaufeli, W. B. Crafting the Change: The Role of Employee Job Crafting Behaviors for Successful Organizational Change ［J］. *Journal of Management*, 2016, 44 (5): 1766 – 1792.

［249］ Petty, R. E., Cacioppo, J. T., Schumann, D. Central and Peripheral Routes to Advertising Effectiveness: The Moderating Role of Involvement ［J］. *Journal of Consumer Research*, 1983, 10 (2): 135 – 146.

［250］ Petty, R. E., Wegener, D. T., Fabrigar, L. R. Attitudes and Attitude Change ［J］. *Annual Review of Psychology*, 1997, 48: 609 – 647.

［251］ Plowman, D. A., Baker, L. T., Beck, T. E., Kulkarni, M., Solansky, S. T., Travis, D. V. Radical Change Accidentally: The emergence and Amplification of Small Change ［J］. *Academy of Management Journal*, 2007, 50 (3): 515 – 543.

［252］ Podsakoff, P. M., MacKenzie, S. B., Bachrach, D. G., Podsakoff, N. P. The Influence of Management Journals in the 1980s and 1990s ［J］. *Strategic Management Journal*, 2005, 26 (5): 473 – 488.

［253］ Podsakoff, P. M., MacKenzie, S. B., Lee, J., Podsakoff, P. N. Common Method Biases in Behavioral Research: A Critical Review of the Literature and Recommended Remedies ［J］. *Journal of Applied Psychology*, 2003, 88 (5): 879 – 903.

［254］ Podsakoff, P. M., Organ, D. W. Self Reports in Organizational Research: Problems and Prospects ［J］. *Jounral of Management*, 1986, 12 (4): 531 – 544.

［255］ Porras, J. L., Robertson, P. Organization development: Theory, practice, and research. In Dunnette, M. D., Hough, L. M. (Eds.). Handbook of industrial and organizational psychology ［M］. Palo Alto, CA: Consulting Psychological Press, 1992: 719 – 822.

［256］ Prakash, V., John, W. L. A Reliability Problem in the Measurement of Disconfirmation of Expectations. In Richard, P. B., Alice, M. T. (Eds.). Advances in Consumer Research ［M］. Ann Arbor, MI: Association for Consumer Research, 1983, 10: 244 – 249.

［257］ Quinn, R. E., Kahn, J. A., Mandl, M. M. Perspectives on Organizational Change: Exploring Movement at the Interface ［M］. Hillsdale: Erlbaum, 1994.

［258］Quinn, R. E. , Rohrbaugh, J. A Spatial Model of Effectiveness Criteria: Towards a Competing Values Approach to Organizational Analysis ［J］. *Management Science*, 1983, 29 (2): 363 – 377.

［259］Quinn, R. E. , Spreitzer, G. M. The Psychometrics of the Competing Values Culture Instrument and an Analysis of the Impact of Organizational Culture on Quality of Life ［J］. *Research in Organizational Change and Development*, 1991, 5 (1): 115 – 142.

［260］Rafferty, A. E. , Restubog, S. L. Why Do Employees' Perceptions of Their Organization's Change History Matter? The Role of Change Appraisals ［J］. *Human Resource Management*, 2017, 56 (3): 533 – 550.

［261］Rafferty, A. E. , Griffin, M. A. Perceptions of Organizational Change: A Stress and Coping Perspective ［J］. *Journal of Applied Psychology*, 2006, 91 (5): 1154 – 1162.

［262］Rafferty, A. E. , Jimmieson, N. L. , Armenakis, A. A. Change Readiness: A Multilevel Review ［J］. *Journal of Management*, 2013, 39 (1): 110 – 135.

［263］Rafferty, A. E. , Restubog, S. L. D. The Impact of Change Process and Context on Change Reactions and Turnover During a Merger ［J］. *Journal of Management*, 2010, 36 (5): 1309 – 1338.

［264］Rafferty A E, Jimmieson N L. Individual and External Coping Resources as Predictors of Employees' Change Attitudes. Organizational Change: Psychological Effects and Strategies for Coping ［M］. Routledge, 2018: 47 – 64.

［265］Reichers, A. E. Conflict and Organizational Commitments ［J］. *Journal of Applied Psychology*, 1986, 71 (4): 508 – 514.

［266］Rexrode, K. R. , Petersen, S. , O'Toole, S. The Ways of Coping Scale: A Reliability Generalization Study ［J］. *Educational and Psychological Measurement*, 2008, 68 (2): 262 – 280.

［267］Riketta. Organizational Identification: A Meta-analysis ［J］. *Journal of Vocational Behavior*, 2005, 66 (2): 358 – 384.

［268］Rindova, V. P. , Kotha, S. Continuous "morphing": Competing Through Dynamic Capabilities, form, and Function ［J］. *Academy of Management Journal*, 2001, 44 (6): 1263 – 1280.

［269］Roberts, K. H. , Hulin, C. L. , Rousseau, D. M. Developing an Interdisciplinary Science of Organizations ［M］. San Francisco, CA: Jossey – Bass, 1978.

[270] Romanelli, E., Tushman, M. L. Organizational Transformation as Punctuated Equilibrium: An Empirical Test [J]. *Academy of Management Journal*, 1994, 37 (5): 1141 – 1666.

[271] Roskies, E., Louis – Guerin, C., Fournier, C. Coping with job insecurity: How does personality make a difference? [J]. *Journal of Organizational Behavior*, 1993, 14 (7): 617 – 630.

[272] Sagie, A., Koslowsky, M. Organizational Attitudes and Behaviors as a Function of Participation in Strategic and Tactical Change Decisions: An Application of Path-goal theory [J]. *Journal of Organizational Behavior*, 1994, 15 (1): 37 – 47.

[273] Samaratunge, R. Change Process Characteristics and Resistance to Organisational Change: The Role of Employee Perceptions of Justice [J]. *Australian Journal of Management*, 2015, 40 (1).

[274] Sanbonmatsu, D. M., Fazio, R. H. The Role of Attitudes in Memory-based Decision Making [J]. *Journal of Personality and Social Psychology*, 1990, (4): 614 – 622.

[275] Scheck, C. L., Kinicki, A. J. Identifying the Antecedents of Coping with an Organizational Acquisition: A Structural Assessment [J]. *Journal of Organizational Behavior*, 2000, 21 (6): 627 – 648.

[276] Schein, E. H. Culture: The Missing Concept in Organization Studies [J]. *Administrative Science Quarterly*, 1996, 41 (2): 229 – 240.

[277] Schein, E. H. Organizational culture [J]. *American Psychologist*, 1990, 45 (2): 109 – 119.

[278] Schneider, B., Goldstein, H. W., Smith, D. B. The ASA Framework: An Update [J]. *Personnel Psychology*, 1995, 48 (6): 747 – 773.

[279] Schroeder, L. M. Cultivation and the Elaboration Likelihood Model: A Test of the Learning and Construction and Availability Heuristic Models [J]. *Communication Studies*, 2005, 56 (3): 227 – 242.

[280] Schwartz, S. H. Universals in the Content and Structure of Values: Theoretical Advances and Empirical Tests in 20 Countries [J]. *Advances in Experimental Social Psychology*, 1992, 25 (1): 1 – 65.

[281] Schweiger, D. M., Ivancevich, J. M., Power, F. R. Executive Actions for Managing Human Resources Before and After Acquisition [J]. *Academy of Management Executive*, 1987, 1 (2): 127 – 138.

［282］ Shin, J. , Taylor, M. S. , Seo, M. − G. Resources for Change: The Relationships of Organizational Inducements and Psychological Resilience to Employees' Attitudes and Behaviors toward Organizational Change ［J］. *Academy of Management Journal*, 2012, 55 (3): 727 −748.

［283］ Simpson, R. L. Social Control of Occupations and Work ［J］. *Annual Review of Sociology*, 1985, 11: 415 −436.

［284］ Siu, O. , Spector, P. E. , Cooper, C. L. A Three-phase Study to Develop and Validate a Chinese Coping Strategies Scales in Greater China ［J］. *Personality and Individual Differences*, 2006, 41 (3): 537 −548.

［285］ Skinner, E. A. , Edge, K. , Altman, J. , Sherwood, H. Searching for the Structure of Coping: A Review and Critique of Category Systems for Classifying Ways of Coping ［J］. *Psychological Bulletin*, 2003, 129 (2): 216.

［286］ Smircich, L. Concepts of Culture and Organizational Analysis ［J］. *Administrative Science Quarterly*, 1983, 28 (2): 339 −359.

［287］ Smith, C. A. , Haynes, K. N. , Lazarus, R. S. , Pope, L. K. In Search of the "hot" Cognitions: Attributions, Appraisals, and Their Relation to Emotion ［J］. *Journal of Personality and Social Psychology*, 1993, 65 (5): 916 −929.

［288］ Smith, L. G. , Amiot, C. E. , Smith, J. R. , Callan, V. J. , Terry, D. J. The Social Validation and Coping Model of Organizational Identity Development a Longitudinal Test ［J］. *Journal of Management*, 2013, 39 (7): 1952 −1978.

［289］ Smither, R. , Houston, J. , McIntire, S. Organization Development: Strategies for Changing Environments ［M］. Routledge, 2016.

［290］ Smollan, R. K. Causes of Stress before, During and after Organizational Change: A Qualitative Study ［J］. *Journal of Organizational Change Management*, 2015, 28 (2): 301 −314.

［291］ Srivastava, R. , Tang, Thomas Li − Ping Tang. Coping Intelligence: Coping Strategies and Organizational Ocmmitment among Boundary Spanning Employees ［J］. *Journal of Business Ethics*, 2015, 130 (3): 525 −542.

［292］ Stahl, G. K. , Caligiuri, P. The Effectiveness of Expatriate Coping Strategies: The Moderating Role of Cultural Distance, Position Level, and Time on the International Assignment ［J］. *Journal of Applied Psychology*, 2005, 90 (4): 603.

［293］ Stephen, S. Commitment to Change: Profiles of Commitment and In-role Performance ［J］. *Personnel Review*, 2004, 33 (2): 187.

［294］ Stephenson, W. The Study of Behavior: Q-technique and Its Methodology ［M］. Chicago: University of Chicago Press, 1953.

［295］ Strebel. The dance of change ［M］. New York: Currency Doubleday, 1999.

［296］ Street, C. T. , Gallupe, R. B. A Proposal for Operationalizing the Pace and Scope of Organizational Change in Management Studies ［J］. *Organizational Research Methods*, 2009, 12 (4): 720 –737.

［297］ Sukanlaya, S. , Tian, P. S. O. , Yong, W. G. Are Country and Culture Values Interchangeable? A Case Example Using Occupational Stress and Coping ［J］. *International Journal of Cross Cultural Management*, 2006, 6 (2): 205 –218.

［298］ Sundaram, M. S. , Sekar, M. , Subburaj, A. Occupational Stress Coping on Policing Reference to Grade Ⅲ Police Constables ［J］. *International Journal of Business Management & Research*, 2014, 4: 39 –50.

［299］ Sung, W. , Woehler, M. L. , Fagan, J. M. , Grosser, T. J. , Floyd, T. M. , Labianca, G. J. Employees' responses to an Organiational Merger: Intraindividual Change in Organizational Identification, Attachment, and Turnover ［J］. *Journal of Applied Psychology*, 2017, 102 (6): 910.

［300］ Swidler, A. Culture in Action: Symbols and Strategies ［J］. *American Sociological Review*, 1986, 5 (2): 273 –286.

［301］ Tam, K. Y. , Ho, S. Y. Web Personalization as a Persuasion Strategy: An Elaboration Likelihood Model Perspective ［J］. *Information Systems Research*, 2005, 16 (3): 271 –291.

［302］ Teo, S. T. , Pick, D. , Newton, C. J. , Yeung, M. E. , Chang, E. Organisational Change Stressors and Nursing Job Satisfaction: The Mediating Effect of Coping Strategies ［J］. *Journal of Nursing Management*, 2013, 21 (6): 878 –887.

［303］ Terry, D. J. , Jimmieson, N. L. A Stress and Coping Approach to Organisational Change: Evidence from Three Field Studies ［J］. *Australian Psychologist*, 2003, 38 (2): 92 –101.

［304］ Topolnytsky, L. Commitment in an Era of Change: The Role Olperceived Culture, Culture Fit, and Justice. Doctoral Dissertation ［D］. London, Ontario, Canada: The University of Western Ontario, 2002b.

［305］ Trevino, L. K. Ethical Decision Making in Organizations: A Person – Situation Interactionist Model ［J］. *Academy of Management Review*, 1986, 11 (3):

601 – 617.

[306] Trice, H. , Beyer, J. Studying Organizational Cultures Through Rites and Ceremonials [J]. *Academy of Management Review*, 1984, 9 (4): 653 – 669.

[307] Tsui A S, Pearce J L, Porter L W, et al. Alternative Approaches to the Employee-organization Relationship: Does Investment in Employees Pay Off? [J]. *Academy of Management Journal*, 1997, 40 (5): 1089 – 1121.

[308] Tubbs, M. E. , Dahl, J. G. An Empirical Comparison of Self-report and Discrepancy Measures of Goal Commitment [J]. *Journal of Applied Psychology*, 1991, 76 (5): 708 – 716.

[309] Tushman, M. L. , Romanelli, E. Organzational Evolution: A Metamorphosis Model of Convergence and Reorientation [J]. Research in Organizational Behavior, 1985, 7: 171.

[310] Tweed, R. G. , White, K. , Lehman, D. R. Culture, Stress, and Coping: Internally and Externally-targeted Control strategies of European Canadians, East Asian Canadians, and Japanese [J]. *Journal of Cross – Cultural Psychology*, 2004, 35 (6): 652 – 668.

[311] Vakola, M. , Petrou, P. Organizational Change: Psychological Effects and Strategies for Coping [M]. Routledge, 2018.

[312] Vakola, M. What's in there for me? Individual readiness to change and the perceived impact of organizational change [J]. *Leadership & Organization Development Journal*, 2014, 35 (3): 195 – 209.

[313] Vancouver, J. B. , Schmitt, N. W. An Exploratory Examination of Person-organization Fit: Organizational Goal Congruence [J]. *Personnel Psychology*, 1994, 44 (2): 333 – 352.

[314] Van den Heuvel, M. , Demerouti, E. , Bakker, A. B. How Psychological Resources Facilitate Adaptation to Organizational Change [J]. *European Journal of Work and Organizational Psychology*, 2014, 23 (6): 847 – 858.

[315] Van De Ven, A. H. , Poole, M. S. Explaining Development and Change in Organizations [J]. *Academy of Management Review*, 1995, 20 (3): 510 – 540.

[316] Van Steenbergen, E. F. , Van Der Ven, C. , Peeters, M. C. , Taris, T. W. Transitioning Towards New Ways of Working: Do Job Demands, Job Resources, Burnout, and Engagement Change? [J]. Psychological reports, 2018, 121 (4): 736 – 766.

［317］ Verquer, M. L. , Beehr, T. A. , Wagner, S. H. A Meta-analysis of Relations between Person-organization Fit and Work Attitudes ［J］. *Journal of Vocational Behavior*, 2003, 63 (3): 473 –489.

［318］ Vijayabanu, U. , Karunanidhi, S. Influence of Intra-individual Factors on Coping with Organizational Change ［J］. *American International Journal of Research in Humanities, Arts and Social Sciences*, 2013, 3: 243 –253.

［319］ Vijayabanu, U. , Swaminathan, V. D. Relationship between Job Satisfaction and Organizational Commitment on Coping with Organization Change ［J］. *International Journal of Information Research and Review*, 2016, 3 (1): 1636 –1639.

［320］ Visser, P. S. , Krosnick, J. A. , Lavrakas, P. J. Survey Research. In Harry T. R. , Charles, M. J. (Eds.). Handbook of Research Methods in Social and Personality Psychology ［M］. Cambridge: Cambridge University Press, 2000.

［321］ Vitaliano, P. P. , Russo, J. , Carr, J. E. , Maiuro, R. D. , Becker, J. The Ways of Coping Checklist: Revision and psychometric properties ［J］. *Multivariate Behavioral Research*, 1985, 20 (1): 3 –26.

［322］ Wanberg, C. R. , Banas, J. T. Predictors and Outcomes of Openness to Changes in a Reorganizing Workplace ［J］. *Journal of Applied Psychology*, 2000, 85 (1): 132 –142.

［323］ Wanberg, C. R. Antecedents and Outcomes of Coping Behaviors Among Unemployed and Reemployed Individuals ［J］. *Journal of Applied Psychology*, 1997, 82 (5): 731 –744.

［324］ Watson D, Wiese D, Vaidya J, Tellegen A. The Two General Activation Systems of Affect: Structural Findings, Evolutionary Considerations, and Psychological Evidence ［J］. *Joumal of Personality and Social Psychology*, 1999, 76: 820 –838.

［325］ Weesie, E. , Van Teeffelen, L. Psychological Barriers and Coping Strategies in Business Transfers Explored: Towards a Conceptual Model ［M］. *Research Handbook of Entrepreneurial Exit*, 2015, 184.

［326］ Weick, K. E. , Quinn, R. E. Organizational Change and Development ［J］. *Annual Review of Psychology*, 1999, 50: 361 –386.

［327］ Weiner, B. Judgments of responsibility: A Foundation for a Theory of Social Conduct ［M］. New York, NY, US: Guilford Press, 1995.

［328］ Welbourne, J. L. , Eggerth, D. , Hartley, T. A. , Andrew, M. E. ,

Sanchez, F. Coping Strategies in the Workplace: Relationships with Attributional Style and Job Satisfaction [J]. *Journal of Vocational Behavior*, 2007, 70 (2): 312 –325.

[329] Wiener, Y. , Vardi, Y. Relationships between Organizational Culture and Individual Motivation: A Conceptual Integration [J]. *Psychological Reports*, 1990, 67 (1): 295 –306.

[330] Wyatt Watson Worldwide. Workers' Mental Health and Stress Affecting Business Results in Canada [R]. 2007.

[331] Zerbe, W. J. , Paulhus, D. L. Socially Desirable Responding in Organizational Behavior: A Reconception [J]. *Academy of Management Review*, 1987, 12 (2): 250 –264.

[332] Zyphur M J, Zammuto R F, Zhang Z. Multilevel Latent Polynomial Regression for Modeling (in) Congruence Across Organizational Groups: The Case of Organizational Culture Research [J]. *Organizational Research Methods*, 2016, 19 (1): 53 –79.